ちくま学芸文庫

有閑階級の理論

［新版］

ソースタイン・ヴェブレン

村井章子 訳

筑摩書房

目次

ソースタイン・ヴェブレンと『有閑階級の理論』

ジョン・ケネス・ガルブレイス

そこには遊び心から来る独特の雰囲気がいつもあった。仕事に向かうときの彼の姿勢は、大方の経済学者の堅苦しさとは対照的だった。

ウェスレイ・クレア・ミッチェル

1

アメリカの伝説的人物と言えば、小説ではスコット・フィッツジェラルド、演劇ではバリモア一族だろう。経済学でこれに匹敵するのは、おそらくソースタイン・ヴェブレンではないだろうか。伝説的人物は人々の想像力を刺激し、次第に本物よりも大きくふくらんでいくのがつねである。そしてしまいには、イメージが一人歩きするようになる。ヴェブレンの場合もまさにそうだ。ヴェブレンは創造性あふれる頭脳を備えた偉大な人物であり、その頭脳が生んだ思想の驚くほど示唆に富む表現者であり伝道師であった。彼の一生は、一八五七年に中西部の開拓地で始まる。そして大学を転々とする生活は、一九二九年に亡くなるまで続いた。その生涯はある種の冒険にこと欠かなかったと言える。当時の学者の生活の標準からすれば、ヴェブレンが反逆児だったことはまちがいない。彼の著作にも、その生活にも、伝説を生み出す材料は豊富にあり、伝説の作者や演出者はそれらの材料を抜かりなく活用したと言ってよかろう。

アメリカの社会思想に関する限り、制度に関する発言や批判はすべてヴェブレンに帰す傾向がある。熱心なマルクス主義者がすべてをマルクスに帰すようなものだ。だがまだマルクス主義者の場合には、何が問題なのかをよくわかっていると考えられる。これに対して軽々しくヴェブレンに結びつける傾向は、われわれの時代の知識人が犯した過ちとしてこれ以上目につくものはないと言っていいほどだ。とりわけ、見かけ倒しの興味深い発言がなされると、さも自信ありげにもったいぶってヴェブレンが引き合いに出される。それを最初に言ったのはヴェブレンだとか、ヴェブレンはもっとうまいことを言った、という具合である。

ヴェブレンの人生から拵《こしら》え上げられた伝説は、一段と想像力によるところが大きい。貧しいノルウェー移民の子としてミネソタで過ごしたみじめで暗い少年時代、その反動による抑圧への頑強な抵抗、一九世紀末から二〇世紀初頭のアメリカの大学で学生あるいは教師として送った悩ましい日々、なぜか女性を惹き付け、また女性に惹き付けられる因果な性格、謹厳な学術界にそうした女性関係が引き起こす顛末、まともな人間にそっぽを向かれる著作……。彼についてのこの種の通説には、ほとんど事実の裏付けがない。

本来なら序文を書く者は、著者にまつわる神話を長続きさせるべきなのかもしれない。経済学は退屈な学問であり、社会学は往々にしてもっと悪い。ときに、この学問を職業にする連中もそうだ。だからヴェブレンのように後光で実際以上に輝く伝説になった人物の場合には、その後光を消すべきではないのだろう。経済学や社会学が退屈なのは、人間に関わるすべてのことはできるだけ淡々と扱うべきだとされていることに一因がある。学問とはそういうものだ。それでもそこには真実を求める困難な冒険があり、ヴェブレンの場合には退屈どころではなかった。彼の生涯はじつに興味深い。その少年時代は広く信じられているほどみじめではなかったにせよ、のちの著作にその根深い影響が表れていることはまちがいない。ヴェブレンはけっしてアメリカ社会に精通していたわけではないし、未来を予言したわけでもない。誤りを犯してもいる。おまけに、正確性と読み手を怒らせそうだと思われる表現のどちらかを選べる場合には、ヴェブレンはほとんど躊躇《ちゅうちょ》せずに後者を選んでいる。それにしても、金銭的利得の追求が男や女をどのような行動に走らせるかをあれほど醒めた視線で見抜いた研究者は、彼の時代にも、そのあとにも、一人もいない。

すべてを見透かすようなこの醒めた視線こそが、ヴェブレン伝説を支えていると言ってよかろう。この視線が見抜いたことは、今日でも読者を驚かす。ほかにも考慮に値する候補者はいるものの、一九世紀アメリカの経済学者が書いたおびただしい著作のうち、いまなお読み継がれている本は二冊しかないと言ってよい。一冊はヘンリー・ジョージの『進歩と貧困』、もう一冊は『有閑階級の理論』である。おもしろいことにどちらの本も、生産とは無縁の洗練された東海岸からではなく、開拓地から生まれた。開拓者精神が、ヘンリー・ジョージの場合は土地投機による貧困に、ヴェブレンの場合はゆたかさがもたらす見栄に鋭く反応したのである。だが両者の類似性をあまり強調すべきではあるまい。ヘンリー・ジョージはきわめて説得力のある考え方を提唱し、そのために彼の著作は今日もなお重要である。土地の私的所有と地代による利益追求の結果として、社会はおぞましい代償を払わされることになる、という主張がそれだ。一方、ヴェブレンの著作の扱う範囲は広く、富を所有または追求し、その富を裏付けに高い社会的地位を欲する人間のふるまいについて、時代を超えた分析を披瀝《ひれき》している。『有閑階級の理論』を一度も読んだことのないという人は、読書家とは言えない。最低限の教育しか受けていない人でも、出典は知らないままに「衒示的《げんじてき》消費」、「衒示的浪費」、「金銭的競争」といった言葉を耳にしたことが一度ならずあるだろう。

よくできた序文は、まずは読者がその本を読んで学べることを思慮に富む方法で示してくれるものである。独創的な頭脳の持ち主が序文を書く場合には、その本を読んだ読者にも気づけないようなことを教えてくれるかもしれない。それから、すこしばかり著者の経歴を紹介するのが序文の作法である。だがヴェブレンに関する限り、このやり方ではうまくいきそうもない。ヴェブレンの生涯と教育は、その後の著作にとって重要な意味を持つ。したがって、まずはそちらから始めるべきだろう。とりわけ『有閑階級の理論』には、ヴェブレンの若い頃の環境の影響が顕著にみられる（ヴェブレン自身もそう語っているし、それを信ずべき理由は多々ある）。そこで、最初に彼の生涯を振り返ってから、項を改めて本書について述べることにしたい。その後に、『有閑階級の理論』出版後の彼の生活と著作についてかんたんに触れることにする。

2

ヴェブレンの出自は、一見するとアメリカではありふれている。父トーマス・アンダーソン・ヴェブレンと母カリ・ブンデは、一八四七年にノルウェーから移民としてウィスコンシン州にやって来た。ソースタインが生まれる一〇年前のことである。珍しくもない話だが、彼らは移動のための、とりわけ長い航海のための資金集めにひどく苦労した。ヴェブレン家の財産と言えば一二人の子供たちだけで、ソースタインはその六番目である。ウィスコンシンの最初の農場は荒れ地だった。いろいろな情報からすると、西部にあると言われている土地よりも見劣りがするように思われた。一家は西へ移動し、一八六五年に再び移動する。こうして落ち着いたのが、現在ならミネアポリスから車で一時間ほどの距離にあるミネソタ州の草原地帯である。ヴェブレンの伝説によれば、暗い少年時代を過ごしたのはここだということになっている。だがこの土地を訪れた人なら、誰もそうは思うまい。それどころか、世界でこれほどゆたかな農村地帯はあるまいと感じられるほどだ。土地は黒々として肥沃で、納屋や家畜小屋は立派だし、サイロが林立している。とれすぎたトウモロコシを蓄えておく特別の容器もある。家は、しゃれてはいないがどれも大きくて快適だ。ヴェブレン一家が住んでいた家の写真が残っているが、白い柱が目につく感じのよい家で、広々としており、住み心地はよさそうだし、裕福な印象を受ける。もともとそこは植生がゆたかで開けた草地だったのだから、一〇〇年前にも十分な収穫が得られたにちがいない。トーマス・ヴェブレンは、このゆたかな土地を二九〇エーカー所有していた。彼や妻が、あるいは両親の話を日々耳にしている子供たちの誰かが、自分たちは不当な待遇を受けていると感じたとは、とても思えない。当時の中西部の農場主つまり自分の土地で働いていた家族のうち、故郷のノルウェーでこれほどよい暮らしをしていた人は一〇〇人もいなかっただろう。実際、ヴェブレン一家も自分たちが貧しいと感じたことはなかった。後年になって、極貧とされた伝説について訊ねられると、ソースタインの兄弟姉妹たちはときには愉快そうに、ときにはうんざりした様子でそう答えたものだ。

ヴェブレンの生涯のこの時期には、とくに目立つ出来事はない。出会いと別れ、苦労と報いは開拓地ではありふれたことだ。だがヴェブレン一家には、他の北欧移民とは異なる点がいくつかあった。一つは、故郷では腕利きの大工で家具職人だった父親のトーマスがすぐさま農場経営にも才能を発揮し、並みの農場主をしのぐ手腕を示したことである。ただし彼は、農場経営は自分一人でできるから、子供たちにはここを踏み台にして大きく羽ばたいてほしいと願った。トーマス以上にふつうとちがっていたのは、母親のカリである。カリは感性が鋭く、想像力ゆたかで、しっかりした知的な女性だった。彼女ははやくから家族の中の天才児を見抜き、守り、励ました。のちに家でも移民社会全体でも慢性的に人手が足りない状況になり、したがって仕事熱心であるほど称賛され、よく働く子供がよい子だとみなされるようになっても、ソースタインだけは大目に見られていたようだ。虚弱体質ということで彼にはたっぷりと休息が与えられ、読書三昧にすごすことができた。開拓地では、よほど見る目のある両親でないとこのような配慮ができるものではない。後年、兄弟の一人は「ソースタインの個性と頭脳」は母親から受け継いだものだと語っている。だが他の兄弟は、あれは遺伝ではなくて彼固有のものだと考えていた。

ソースタインは他の兄弟姉妹と同じく地元の学校へ通い、その後はいちばん近い町ノースフィールドにあるカールトン・カレッジ・アカデミー（現在のカールトン・カレッジ）に進む。姉のエミリーも一緒だった。ヴェブレン家の子供たちはみなカールトンを出ている。父親のトーマスは、独創的なアイデアで巧みに大学の費用を切り詰めた。当時は土地がひどく安かったから、町外れに小さな土地を買い、そこに家を建てて大学に通う間子供たちを住まわせたのだ。伝説ではソースタインの教育費を捻出するためにたいへんな苦労をしたことになっているが、それはちがう。ヴェブレンの長兄アンドリューの書いた手紙がミネソタ歴史協会に保存されているが、それによると「父はぎりぎり必要な援助しかしませんでした。だからソースタインは、ヴェブレン家で誰もがそうしていたように、支出をできるだけ切り詰めていました」という。義姉のフローレンス（オーソン・ヴェブレン夫人）は腹立たしそうにこう書いている。「義理の父には、子供たちの教育費を払えない理由などすこしもありませんでした。ええ、子供たち全員にたっぷり与えることができたはずです。何と言っても、アメリカでいちばん肥沃な土地に二つもよい農場を持っていたのですから」[*1]

それでも、ヴェブレン家の子供たちが大学まで進学したのは開拓地ではめずらしいことだった。当時の移民の子供たちは、大学へ行かずに農場を手伝うのがふつうだったからである。また、北欧の言語、文化、宗教に対応しているルーテル教会系の大学ではなく、アングロサクソン系宗派の大学を選んだこともめずらしい（カールトンは会衆派教会系である）。ヴェブレン家の人々が指摘するとおり、伝説はノルウェー移民、とりわけヴェブレン家の子供たちの孤独や疎外感を誇張している。たとえば父親は全然英語が話せず、ソースタインは意思疎通がうまくいかなかったというのだ。そんなことはありえない。とはいえ、地元の階級構成で言うと、町に住む商人の大半はアングロサクソンで、北欧出身者は農夫だった。だからヴェブレン家の子供たちは、その中では特殊な存在だったと言えよう。

カールトンは、開拓が西へ西へと進むのに伴って設立されたアングロサクソン系宗派の大学の一つである。大学を設けることで、経済や市民社会だけでなく文化も発展していると示したわけだ。当時の他の大学と同じく、カールトンもまちがいなくすばらしい教育機関だった。小さなリベラルアーツ・カレッジの例に漏れず、学者や熱心な教師にとっては天国である。当時は大学が新設されるとなると、大志を抱く教育者が聞きつけて必ずやって来たものだが、ヴェブレンが通った時代には、そうした一人にジョン・ベイツ・クラークがいた。クラークはのちにコロンビア大学に移り、アメリカ経済学界の重鎮となる人物である（彼は限界生産性の理論を最初に唱えた一人である）。ヴェブレンはクラークに師事し、クラークはヴェブレンをかわいがった。

しかしそれには想像力と忍耐力が必要だったにちがいない。というのもヴェブレンは演習の際に、後年のスタイルと手法の予兆をはやくも示していたからだ。たとえば、人間を鼻の形で分類するという発表をまじめくさって仰々しく行った。酔っぱらいを擁護したこともあるし、共食いを取り上げたこともある。さすがのクラークも、ヴェブレンが酩酊や中毒に好意的な発言をしたときには、たしなめる必要を感じたようだ。当時の中西部のアングロサクソン系の大学では、共食いのほうがまだ容認できるものだったらしい。ヴェブレンは、その後もずっと使い続けることになるスタイルで反論した。そこには価値判断は一切含まれていない。そもそも彼は、一滴も酒は飲まなかった。ヴェブレンの議論は純粋に学問的なものだったのである。

ヴェブレンはカレッジでの最後の二年を一年で終え、優秀な成績で卒業した。卒業論文のテーマは「ハミルトンの条件存在の哲学に対するミルの批判」である。この論文は当時高く評価されたが、いまは残っていない。カールトンでヴェブレンはエレン・ロルフと親しくなった。エレンは中西部の裕福な名家の子女で、ヴェブレンと同じく自立心が強く、内省的で、つまりたいていの学生とはちがっていた。それに、たいへん知的だった。二人が結婚したのは八年もつきあってからだが、それでも後年に結婚を後悔することになった。伝説によれば、ヴェブレンはつねに妻に無関心で不実な夫とされており、近づいてくる女性にはどういうわけか抵抗できなかったということになっている。まったくありそうもないことだが、ヴェブレンは次々に女にのぼせ上がったというのだ。ヴェブレン一家は、結婚の破綻のすくなくとも一部はエレンに原因があったと考えている。彼女は学校で教えることに疲れて精神が参っていた。セントポール文書保管所に保存された義姉の手紙には、憎々しげな、したがって必ずしも正確とは言えない調子で、「彼女はどうみても精神障害でした」と書かれている。[*2] 一つ言えるのは、この最初の結婚は不幸な結婚だったということである——二番目の結婚と同じように。

カールトンを卒業後、地元の学校で一年教えたのちに、ヴェブレンは哲学を学ぶためにボルティモアのジョンズ・ホプキンズ大学に入る。一八八一年のことだった。その頃、ジヨンズ・ホプキンズはアメリカ初のヨーロッパ型専門大学院としてさかんに売り込んでいた。しかしのちにヴェブレン自身が指摘しているように、広告はだいぶ誇大だったらしい。予算も、したがって教員も、ひどく乏しかった。しかもまわりは保守的な南部の町である。ヴェブレンはすっかり憂鬱になり、学期を終えないうちにやめてしまう。そして大学を渡り歩くという生涯続いた放浪（一度だけ長期にわたって中断した）を始めることになった。ヴェブレンが次に行ったのは、イェール大学である。ちょうどその頃、イェールでは大論争の真最中だった。気の利いた学者はビール産業に擬《なぞら》えて「知的発酵」と呼んだものである。論争の中心にいた当事者の一方は、哲学教授のノア・ポーターである。尊大な神のごとき人物で、当時のアメリカでは卓越した哲学者とみなされていた。もう一方は、社会学教授のウィリアム・グラハム・サムナー、こちらはハーバート・スペンサーのアメリカにおける信奉者であり擁護者だった。要するにポーターは、サムナーがスペンサーの『社会学原理』を授業で教えることを阻止したかったのである。ポーターは成功し、スペンサーはお蔵入りとなった。おそらくポーターが成功したのは、学長だったからであって、スペンサーの社会進化論を論破できたからではあるまい。ヴェブレンの後年の著作にはスペンサーの影響が色濃く見受けられる。自然選択説に全面的に依拠したわけではないが、あるものが生き残り繁栄するのに、他のものはそうでないことを説明する便利なツールとして活用している。言うまでもなく、選択の根拠になるのは倫理的価値よりも金銭的価値であることのほうが圧倒的に多いとされた。

イェールでの哲学論争やカントに関するヴェブレン自身の博士論文が後年の著作に与えた影響については、議論の分かれるところだ。私の直感では、影響はごくわずかだったと思う。物理学者であり数学者でもある長兄のアンドリューもそう考えていた。彼は、ソースタイン・ヴェブレンの思想の原点を探ろうとする質問に対して、首尾一貫して「誰かが彼の思想形成に大きな影響を与えたとは思いません」と頑固に答えている。ともかく、ヴェブレンは兄やミネソタの家族と農場に授業料を出してもらい、二年半イェールにいて博士号を取得した。ヴェブレンは教員になりたかった。だが、全体としてたいへん好意的な推薦状を何通も書いてもらったにもかかわらず、仕事が見つからなかったため、やむなくミネソタの農場に帰る。そこで膨大な時間を読書に費やし、ときに書いたりしながら、七年の歳月を過ごした。この頃、一時期健康を害していたとヴェブレンは語っている。アンドリューの後年の手紙によると、正真正銘の病気だったようだ。他の家族は、肉体労働アレルギーだろうと考えていたらしい。ヴェブレンは結婚し、エレンは少々の持参金を持ってきた。何度か奨められて大学教員の職に申し込んではみるのだが、正規のクリスチャンでないとわかるとただちに断られた。一八九一年、彼は大学放浪を再開する。今度はコーネル大学だった。

当時コーネルの経済学部の主任教授はローレンス・ラフリンだった。彼はイギリス古典学派の熱烈な信奉者で、アメリカ経済学会が社会主義に傾斜しているという理由から、学会のメンバーになることを辞退したほどの人物である。ラフリンとヴェブレンの出会いの様子をコロンビア大学のジョゼフ・ドーフマンが書いているので、紹介しよう。ドーフマンはアメリカ経済思想史のすぐれた研究者であり、ヴェブレン研究の第一人者でもある。彼の『ヴェブレン――その人と時代』(一九三四年)は、ヴェブレンを深く知りたい人なら誰でも必ず読む本だ。*3 それによると、ラフリンが「イサカの研究室にいると、毛皮の帽子をかぶり、コール天のズボンをはいた顔色の悪い男が入ってきて、ぼそぼそと『私がソースタイン・ヴェブレンです』と言った。彼は自分の研究業績を語り、仕事がなく暇にしていること、研究を続けたいことを訴えた。研究員の空きはすでに埋まっていたが、ヴェブレンの学才に感銘を受けたラフリンは学長に掛け合い、学内にも手を回して、特別の措置を講じてやった」という。

この描写は、ヴェブレンの服装や話し方を印象づけると同時に、ある重要なことを伝えている。ヴェブレンの人生では、彼の才能に気づき魅了される人間が必ず現れたということだ。数は少ないけれども力を持った人物である。ラフリンの場合がそうだったように、彼ら自身は保守的で、ヴェブレンとは考え方もちがえば、住んでいる世界もちがった。それでもこの人たちが、並外れてすぐれてはいるがじつに不器用な友を何度も助け、守ってくれることになる。

ヴェブレンはコーネルに二年足らずしかいなかったが、それでも学問上のキャリアにとっては十分な成果を上げることができた。彼らしくもなく正統的な論文を何本か書き、それが専門誌に掲載されたのである。その後ラフリンは新設されたシカゴ大学の経済学部長に招かれ、ヴェブレンを招《よ》んでくれた。ヴェブレンは助手として年五二〇ドルで雇われ、社会主義の歴史を教えるほか、新たに創刊された政治経済ジャーナルの編集を手伝うことになる。すでに三五歳になっていた。その後数年で準講師、講師に昇進し、授業と編集の仕事を続け、大量の評論、多数の論文を書いている。主なテーマを挙げれば、女性の衣装、野蛮時代の女性の身分、勤労本能、労働の嫌悪といったところで、どれも後年の著作を予告するものと言える。この時期にヴェブレンは講義のスタイルも開発した――これをスタイルと呼べるとすれば、の話だが。要するに教卓を前にして座り、低い声でぼそぼそしゃべる、それだけである。彼に興味を持ち、声が届く範囲に座った一握りの学生だけがこれを聞くのだった。ヴェブレンはまた、自分の何かが、おそらくは知性やふるまいや服装や皮肉めかした挑戦的な無関心が、女性をむやみに魅了することにも気づいた（いや、前々から気づいていたのかもしれない）。妻のエレンは、夫の愛情と関心を自分が独占しているわけではないらしいことに気づく。こうした女性関係のいざこざは、彼女にとっても、ヴェブレンが身を置くアカデミックな世界にとっても、許しがたいものだった。こうした状況で、つまりまだシカゴ大学で教えていて、ラフリンが彼のわずかな昇給を大学側に認めさせるにも、それどころか契約更新を勝ち取るにも四苦八苦している状況の一八九九年に、ヴェブレンは最初にして最大の著作を発表する。それが、『有閑階級の理論』だった。

3

『有閑階級の理論』を理解するには自分で読むしかないというのは、まさに至言である。これは驚嘆すべき本であり、その独特な表現は、英語で書かれた散文の傑作と言ってよい。ただし、重大な条件が付く。ヴェブレンの文章は、他の人の文章のようには読めないということだ。いくらか思想上の相違点はあるものの、おおむねヴェブレンの後継者と目されるウェスレイ・クレア・ミッチェルは、こう言ったことがある。「ヴェブレンの著作を十分に味わうにはかなりの教養が必要だ」。ヴェブレンのファンなら、この言葉に双手《もろて》を上げて賛成したいところだろう。だが実際は、もっと単純なことだ。ヴェブレンを理解したいなら、注意深くゆっくり読まなければならない――それだけである。読み手が啓発され、大いに楽しみ、深い満足感を味わえるのは、十分に時間をかけたときに限られる。

ヴェブレンの場合、言葉と思想が分ちがたく結びついている。彼の発想は刺激的で、辛《しん》辣《らつ》で、挑発的だが、文章自体も強力な武器だ。ミッチェルによれば、ヴェブレンはいつも「片目で自分の分析の学術的な価値を確かめ、片目で移り気な想定読者の反応を観察しながら」書いていたという。またヴェブレンは、ひどくひねくれた言葉の使い方で読み手をぎょっとさせる。厳密な用法から意味がずれているわけではない。だが使われる文脈が、控えめに言っても予想外なのである。ヴェブレンはこれを学問上の必要からだと弁明している。たとえば彼の名を不滅にした衒示的消費をめぐる議論では、何らかの支出がその人の「評判」を高めることに効果的に寄与する場合、その支出は一般に「無駄」であるという。そして、「評判になるためには、無駄な支出をしなければならない」というのだ。たしかにそのとおりではある。金持ちは有名になりたがる。無駄な支出は金持ちの評判を一段と高める。立派な服や家や調度や従者などは、評判を高める役には立っても生活上必須ではないから、どれも無駄だと言える。必需品でないものに対する支出は、浪費なのである。だが、有名、無駄、評判、浪費といった言葉をこんなふうに使うのはヴェブレンだけだ。浪費に関しては、少々説明が必要だと考えたのだろう。いかにもヴェブレンらしく自由で直截である。日頃から彼は「言葉というものには、つねに不足がつきまとう。ここではもっといい言葉がないから使われ……あちらでは悪い意味にとってはいけないという条件付きで使われる……」と言っていた。

そしてこう続けている。金持ちの妻が役に立つ仕事はしていないと誓うのは「労働の必要がないことは名誉と称賛の対象になっただけでなく、のちには品位を保つ必要条件となった」からだという。「名誉」「称賛」「品位」も正しい意味で使われてはいるのだが、これらの言葉が仕事をしないでぶらぶらすること、つまり怠惰と結びつけられるのはめずらしい。ヴェブレンによれば、大泥棒は小悪党よりも法律をすり抜けられる可能性が高い。なぜなら「不正に入手した財産を品よく使うことによって……洗練された趣味の持ち主はとくに感銘を受け、けしからぬ強奪行為に対しても道徳上の非難をゆるめがち」だからだという。不正に入手した財産の消費に「品がよい」という形容詞がつくことはめったにない。

『有閑階級の理論』は、いやヴェブレンの書いたものは何でも、こんな具合に読まなければならない。速く読もうとすると、言葉を通常の文脈上の意味に受けとってしまい、ヴェブレンが意図した正確だがあまのじゃくな意味を捉え切れない。浪費は悪いことだから尊敬される理由にはならないという思い込みから、怠惰が称賛や名誉や体面と結びつけられていることを見落としてしまうかもしれない。大泥棒と支出の関係となれば、なおのことだ。今回私は、ヴェブレンの表現が曖昧なところに解説を加えるつもりだった。そこで本文を改めて読み直し、必要と思われる脚注を書いてみた。だが結局、何も付け加える必要はないという結論に達した。ヴェブレンの文章は明晰で冴え渡っている。必要なのは、言葉をよく味わって読むことだ。この本は著者の意味するところを十全に伝えており、読み手はそれを存分に楽しむことが可能だ——ただし、たっぷり時間がある場合に。

ヴェブレンはこの本の原稿を書き上げると出版社に送った。その後何度か修正のために送り返され、最後は著者からの保証を要求されたと言われている。出版社が発行を渋った理由を推測するのはなかなか楽しい。技術的にも文法的にもこれ以上のものは書けまい。それにヴェブレンは当時すでに年季の入った編集者だったし、書き手としても新米ではない。おそらくは、読者を仰天させるようなへそ曲がりな言葉の使い方、そして皮肉や偶像に対する攻撃などを読んで、出版社は手にあまると感じたのだろう。それでも誰かが、そこにどれだけ多くのものがあるかに気づいたにちがいない。

4

『有閑階級の理論』のテーマを一言で言うのはさほどむずかしくない。これは、俗物根性と世間体について、これまでで最も網羅的に論じた本である。ここに書かれていることの一部は一九世紀末のアメリカ社会に当てはまる。アメリカ流資本主義が花開き、金ぴか時代と呼ばれた時代の絶頂期だ。だがそれ以外の多くの部分は、ものがあふれる現代とじつにみごとに符合する。

金持ちは社会的な地位を謳歌し、金持ちでない人はそれを非難してきた。なにしろ金持ちの地位を裏付けるのは資産だけで、徳や知性ではない。しかも彼らは財産や地位を使って、他の人が必要とする資源を盛大に無駄遣いし、自分たちの特権的地位に都合のいい社会構造を変えまいとする。金持ちは、財産や地位ゆえに許されている品のない不愉快なふるまいも批判されている。批判する側は、金持ちが現に権力も地位も自分たちより上であることは認めるにしても、金持ちにその地位に対する当然の権利があるとは思っていないし、そのようにふるまう権利があるとも認めていない。このような否定は義憤すなわち正義感から来る怒りを伴うのがふつうである。このように金持ちは、義憤の対象とみなされている。

ヴェブレンのすぐれて文学的な、しかし大論争を巻き起こした作品は、まさにこうした状況で登場したのである。彼は金持ちに一歩も譲歩しないし、個人的関心や情熱を何らかの形で示そうともしない。ヴェブレンにとって、金持ちは単に人類学的な標本にすぎない。金や財産を持っていることで、そのふるまいは一段と興味深く、一段と滑稽になる。自分自身をよくみせようとあれこれ手順を踏み、尊敬や称賛を切望するのは、どこにでも見られる人間の本性だ。この点では、名門ホイットニー一族にせよ、大実業家ヴァンダービルトにせよ、アメリカ初の百万長者アスターにせよ、パプアニューギニアの族長や「アンダマン諸島で出くわす先住民」と変わらない。なるほど、ヴァンダービルトやホイットニーたちの衣装や催事や儀式やあれこれの演出は、南洋の先住民よりだいぶ複雑ではあるだろう。だからといって、彼らの動機が先住民とちがうとは言えない。

じつのところ、金持ちが義憤の対象になるとは思いもかけないことだ。科学者は、原始的な部族が乱交をしたところで怒りはしない。アメリカの金持ちの社交儀礼にしても同じである。彼らの豪勢な晩餐会は、日常茶飯事という点で乱交と変わらない。未開民族の入れ墨は、上流階級のご婦人のコルセットに等しい。

ここで、ヴェブレンがこの本を書いたのは一九世紀末だったことを思い出してほしい。それはまだ、第一次世界大戦の勃発、レーニンの登場、民主政治の平等論によって既存の秩序が打ち砕かれる前だった。それは、紳士たちが自分は紳士だとまだ信じていた時代であり、すくなくともアメリカでは、ちがいを生み出すのは財産だと相変わらず信じられていた時代である。金持ちでない人の大半も、このことにおおむね同意していた。ヴェブレンはごく冷静に、いわゆる紳士の態度やふるまいを未開民族のそれと重ね合わせる。自分の評判を維持あるいは強化するためのさまざまな慣習の効用を吟味する。そしてこう指摘するのだ。「贈り物や饗応は、もともとは無邪気な見せびらかしとは異なる理由で始まったのだろうが、ごく早い時期からこの目的に役立つとされ、今日にいたるまでその性格を維持している。……贈答儀式や舞踏会といった金のかかる饗応は、とくに衒示的消費の目的に適うよう工夫が凝らされた」。傍点を振った箇所では、北米の先住民が行う贈答儀式が舞踏会と対等に扱われている。これ以上鮮烈な対比は考えられまい。

『有閑階級の理論』はまことに辛辣きわまりない著作であり、今後もそうみなされることになるだろう。だが、それだけではない。本書は富が行動に与える影響をじつにあざやかに、かつあからさまに描き出してみせる。この本を読んだ人は、モノの消費をこれまでと同じように見ることはできまい。ゆたかさがある程度以上になると、服や家や車や娯楽といったものから得られる楽しみは、主流派経済学すなわち新古典派経済学が愚かにもいまだに想定しているようには感じられなくなってしまう。モノの所有も消費も、言わば派手な幟《のぼり》なのだ。世間で認められた基準からすればこの人は成功者なのですよ、と宣伝しているのである。こうしたことをあきらかにした点で、『有閑階級の理論』は、これまでそうと認められてはいなかったが、重要な学問的業績と言ってよい。

とはいえ、まことに残念ながら、真理を説きあかすプロセスすなわちヴェブレンの洞察が提出されるプロセスの多くが、学問的に不自然であることも認めざるをえない。『有閑階級の理論』を書く前にヴェブレンが人類学についてかなり研究したことはまちがいない。彼は未開社会やその慣習について多くの知識を得、それを無造作に披露している。その様子は、その種の知識をもっとたくさん蓄えていることを示している——あるいはそう見せかけようとしているようだ。だが本文中には一切出典が示されていない。情報源を示す脚注も参考文献もないのだ。冒頭には、本書の記述は日常的に観察できることに基づいており、衒学的な学者の文献には依拠していないとの断り書きがある。五番街やニューポートについて書くなら、それでよいだろう。正確な又聞きの知識とみなすことは可能だ。だがヴェブレンには、パプアニューギニアの先住民を直接観察する機会はなかったはずである。

事実を言えば、ヴェブレンの人類学や社会学は、学問的裏付けというよりも対抗手段や防衛手段だった。ヴェブレンは人類学や社会学を活用して、同時代の最強の階級のふるまいをあきらかに（したがって笑いものに）した。それを学問の名を借りて、学問を楯にしてやってのけたおかげで、そして敵意や怒りの痕跡を一片たりとも表に出さなかったおかげで、彼はほぼ完璧に安全だったのである。蝶の羽根は不必要に装飾的だと動物学者が言っても、蝶は逆襲したりしない。マルクスが資本家の執拗な敵だとしても、資本家はびくともしない。だがヴェブレンはそうはいかなかった。アメリカの富裕層は、彼が何を言わんとしていたのか、あるいは彼が自分たちに何を仕掛けたのか、はっきりとは理解できなかった。学術的な見せかけや皮肉たっぷりの用意周到な説明のおかげで、じつはそこには使い方は正しいが軽蔑を潜ませた言葉がちりばめられていたにもかかわらず、ヴェブレンの文章は富裕層の理解力を超えるものとなったからである。

当時はこうした防衛手段が必要だったし、ヴェブレンにその必要性を痛感させるような兆候もたくさんあった。『有閑階級の理論』の執筆に取り組んでいた頃、シカゴ大学のリベラルな教授陣は富裕層からたびたび突き上げを喰らっていた。金持ち連中にしてみれば、経済学や社会学では自分たちの特権に有利になるような理論を教えてほしかったのである。雄弁で名高い政治家のチャウンシー・ドピューは、九〇年代半ばにシカゴの教授たちにこう言ったという（ジョゼフ・ドーフマンが引用した演説による）。「この大学が存続できるのはロックフェラーのおかげである。つまりこの学校は、有能な人間が蓄積した富の賢明な使い方の象徴というわけだ。コーネル大学も、ヴァンダービルト大学も、もっと古い大学も、事情は変わらない。どこもみな、寛大で立派な愛国的資産家の善意にすがって生き延びているのだ」。一八九五年に、シカゴ大学の公開講座すなわち学外生向け講座の政治経済学准教授を務めるエドワード・W・ビーミスは、シカゴの公共輸送の独占を批判した。大々的な贈収賄によってシカゴの路面電車メーカーに独占されていると言ったのである。ビーミスの准教授契約は更新されなかった。大学当局は、学内にいるお偉方同様、自分たちには嘘をつく権利があると信じていたらしい。ビーミスを解雇した愚行について、自分たちの判断は公共輸送独占騒ぎとは無関係であるし、学問の自由をいささかなりとも侵害するものではないと強弁した。地方紙は自分の立場をわきまえていた。大学のとった措置は健全な大学運営の利益を優先したものとして、拍手を贈ったのだ。大学人の責任を論じたシカゴ・ジャーナルの非の打ち所のない一文を紹介しよう。「職務遂行に対して大学から報酬を受け取る教授の義務は、すでに確定した真実を教えることであって、真実を追究することではない」。これはまさに当時の気風を表している。*4

『有閑階級の理論』の最後の章には「金銭文化の表現としての高等教育」という表題がついている。この章は、金銭文化が大学におよぼす影響についてのちに書かれる痛烈な論文を予見させるものだ（ヴェブレンは一九一八年に「アメリカの高等教育——実業家による大学経営に関する考察」を発表している）。この章でヴェブレンは、金銭文化と関連づけながら大学の保守的・自己防衛的な役割を強調する。「まったく新しい学説や、既存の学説からの乖離、とりわけ人間性に関わる理論の新説が大学で歓迎されることはなく、かなり遅れて、それも渋々受け入れられるだけである。知識の地平を拡げようと努める学者は、だいたいにおいて同時代の知識人からよく思われない」。ここでヴェブレンが誰のことを念頭においていたかは火を見るよりあきらかだ。別の箇所では「教育制度とその社会の文化水準との密接な関係を示すもう一つの例として、近年では大学などの学長に、聖職者に代わって実業家を据える傾向が出てきたことが挙げられよう」とも指摘している。

こうした環境で、このようなテーマを論じるとなれば、ヴェブレンにはあきらかに身を守る必要があった。学問の世界での彼の経歴を見ると、たびたび大学当局と悶着《もんちゃく》を起こしていたことがわかる。とはいえそれは、政治やイデオロギーの問題ではなく、彼個人の個性の問題であることがほとんどだった。彼は、時代の流れに乗っている平凡な同僚からは理解も評価もされなかった。彼らはすでに確立され定着した価値観を受け入れ、社会の支配的な階層に気に入られようとしている。そういう手合いの間にいると、ヴェブレンのような男は問題を起こしやすい。彼らにとって、自分たちの価値観に同調しない人間は、誰であれ地位と自尊心を脅かす存在にほかならない。ヴェブレンの手にかかると彼らはただのごますりの取り巻きに見えてしまうし、実際その通りだったからである。こうしたわけで、ヴェブレンは生涯を通じて反逆者とみなされた。それでも、彼自身が標的にした富裕層から攻撃されることはついになかった。

5

ヴェブレンは、自分に牙を剝く世界にいても政治とは無縁の立場を貫いた。彼は改革者ではなかったのである。プロレタリアだの、抑圧だの、貧困といったことには心を動かされなかった。ヴェブレンには、敵意はあっても革命の意志はなかった。

ヴェブレンの敵意は、その出自と結びつけて説明されることが多い。彼は移民の子であり、開拓者のきびしい生活を送った。あらゆる社会的基準からして北欧からの移民は当時二流市民とみなされており、ヴェブレンもまちがいなくそうだった。肌の色から瞬時に差別されない分、まだましだったというだけである。そのような背景を持つ人間が抑圧者に叛旗《はんき》を翻すのは当然の成り行きである。だから『有閑階級の理論』は、ヴェブレン一家が甘んじて受け入れざるをえなかった不当な待遇に対する彼なりの復讐なのである、云々。

だがこのような見方はヴェブレンに対する誤解だとここで断言しておきたい。彼の敵意は怒りや恨みに根ざすのではなく、冷笑あるいは愚弄から生まれたのだ。十年ほど前、私は大使という現代で最も暇な職業の暇な時間をつぶすために、短い本を書いた。あるスコットランド部族についての物語である。私はカナダのエリー湖北岸に生まれ育ち、この部族の間で暮らした。スコットランド人（まったく語源的に正確ではないのだが、当時私たちは自分のことをそう呼んでいた）は、北欧の移民と同じく、農場に住んでいた。町に住んでいるのはイギリス人だった。一九世紀のカナダでは、トロントのイギリス人が英国国教会と連携して政治的・経済的権益を追求する大会社のような具合に、アッパー・カナダの政治、経済から宗教、社交生活にいたるまでを、自分たちの有利になるように取り仕切っていた。

執筆中、私は若い頃の時代の空気をもう一度味わい、両親や隣人や町の住人に思いを馳せることを心地よく感じていた。近くの町の商店や農機具販売店の店主や賭博場の経営者よりは自分たちのほうが上だ、と勝手に信じていたことを思い出す。私たちは猛烈に働き、しっかり節約したが、それでも貧しかった。部族の中で偉い人の子供たちは高い教育を受け、その当然の結果として部族社会の政治を独占した。それでも町に住む人たちは、社会的地位は自分たちのほうが高いという態度をこれみよがしに示したものだ。なぜならスコットランド人ではなくイギリス人だし、長老派教会ではなく英国国教会に属しているからである。要するに彼らは、代理のそのまた代理であるとはいえ、古い支配階級の一員だと自負していた。彼らの仕事は(これを仕事と呼べるとすれば)、手を汚さないことだった。私たちは、そうした無意味な基準に頼って社会的地位を主張するのは愚かなことだと教えられた。だから町の人たちを羨んだりせず、親切にしてあげて心の中で軽蔑していた。そして、そのことを彼らに知らせてやるのを楽しんでいたと言ってよい。

この本を出版後に読者から寄せられた手紙の中で圧倒的に多かったのは、中西部で暮らすドイツや北欧出身の移民社会の人々からのものだった。本に書かれていたのは自分たちの子ども時代の空気そのものだという。「私もまさにそう感じていました。まるで自分のことが書かれているみたいでした」と。ヴェブレンの感じた空気もそうだったにちがいない。大勢のヴェブレンたちは、さしたる理由もなく、自分たちはすぐれた文化の代表者だと自認していた。そして地元のアングロサクソン系エリートの気取った行動や態度を軽蔑していた。『有閑階級の理論』は、この軽蔑の対象を階級構造にまで拡げたものと解釈できる。階級差別は、ヴェブレンが若い頃つぶさに観察したエリート連中の気取りの延長なのである。

6

『有閑階級の理論』が出版されると、評価は真っ二つに分かれた。名声ある権威的な地位に就いている人たちと、思考力のある人たちである。ヴェブレンは全体としてこの状況を楽しんでいた。ある地位の高い評者は、素人の書くこの手の本は「注意深く学問的な思想家」の間で社会学の地位を貶めると述べた。ここでは学問が、相変わらず正統性を守る隠れ蓑の意味で使われている。この評者は大まじめに、野蛮人のような無関係な集団と現代の金持ちを一緒くたにするのはまったくまちがっていると忠告した。別の平凡な学者は、金持ちは金を稼ぐから金持ちなのであり、経営者の巨額の報酬も農夫の乏しい収入も、経済効率で測定した社会貢献度に対する評価にほかならない、と控えめに述べた。その一方で、想像力ゆたかな人たちは大喜びしたものだ。アメリカ第一級の社会学者として評価の高かったレスター・ワードは、「本書は簡潔な表現、鋭い対句、風変わりだが愉快な文章に満ちあふれている。中には皮肉や風刺と受けとられるものもあるだろう。だが……使われている言葉は平明で誤解の余地はない……表現形式としては、擁護からも罵倒からもこれ以上ないほど遠ざかっている」と述べている。ワードは称賛しているのだが、すこしばかり行き過ぎのような気もする。当時やはり評判の高かった文芸批評家のウィリアム・ディーン・ハウエルズも熱狂的だ。彼もまたヴェブレンの術中に陥ったとみえる。「著者はきわめて冷静に分析を行っており、有閑階級に対するあからさまな敵意も好意もそこには見受けられない。有閑階級とはどういうもので、なぜどのようにそうなったのかを突き止めることが彼の関心事なのだ」(両者の発言を引用してくれたのは、またしてもドーフマンである)。本の売れ行きはさほどでなかったが、この本がどれほど長く売れ続けるかを予想できた者はほとんどいなかった。出版後、一九〇〇年にヴェブレンは助教授に昇進する。だが報酬は相変わらず微々たるものだった。

7

『有閑階級の理論』の出版後、ヴェブレンは社会的視点から見た営利企業の研究に取り組む。じつはこのテーマの予兆は、『有閑階級の理論』の最初のほうにもあった。英雄的行為と生産活動がそれである。前者は利益追求に邁進する営利企業、後者は生産に携わる企業と読むことができる（衝撃的なことを述べるときのヴェブレンらしいそっけなさで、「前者に分類される職業は、価値があり、誉れ高く、高貴である。英雄的な要素を含まない他の職業……は、価値がなく、卑屈で、品位に欠ける」と書かれている）。一九〇四年、ヴェブレンはこの点をより深く追究した『企業の理論』（邦訳勁草書房刊）を発表する。ヴェブレンの本がどれもあまり魅力的な仕上がりになっていないのは、製作費用のかなりの部分を乏しい収入から自費で負担するよう要求されたせいかもしれない。

『有閑階級の理論』のフランス語版（これはベストセラーになった）を紹介するにあたり、フランスの社会学者レイモン・アロンは、ヴェブレンは経済学よりも社会学のほうがすぐれていると言ったそうだ。これには私も賛成である。『企業の理論』の基本的な考え方はもっともらしく思える。私自身、初めてこの本を読んだときの興奮はいまも覚えている。バークレーの学生だった一九三〇年代のことだが、当時はまだヴェブレンの影響がかなり強かった。技術者が設計する機械的なプロセスの秩序立った合理性と、それを財務的に経営することの間には対立があるという。後者は競争と企業同士の攻撃にさらされており、それを解決すべく合併や独占を行えば、機械的なプロセスに内在する可能性を破壊することになる。だが、これでは袋小路にはまり込んでしまう。企業経営というものはヴェブレンが考えるより奥深いし、社会のニーズに生産を適応させる問題もそうだ。同じことがモチベーションやインセンティブについても言える。これは社会主義経済ではっきりしたことだ。社会主義経済は、機械的プロセスの合理性を収益性に転換する際に、ヴェブレンが想像したよりはるかに多くの問題に遭遇することになった。ヴェブレンが死んだ後の一九三〇年代には、ハワード・スコットによって政治的（狂信的と言うほうが適切かもしれない）なテクノクラシー運動が起き、一時期大いにさかんになる。もしこのとき科学者や技術者に経済運営のチャンスが与えられていたら、社会主義者と同じ問題に直面したにちがいない。『企業の理論』は二〇世紀前半には広く読まれたものの、『有閑階級の理論』ほど長く読み継がれることはなかった。

ヴェブレンは次々に本を書くが、その一方で、一九〇六年にはキャリアの漂流が始まる。彼は相変わらず地位が低かったし給料も低かったが、しかしある意味では有名だった。結婚生活は破綻しかかっており、他の女性からの誘惑にほとんど抵抗できない性分だ。ヴェブレンのいる世界は狭く、正統派の学者も、富裕層の中でヴェブレンの主張の意味が理解できた人たちも、みな彼を不快に思い敵意を抱いていた。とはいえヴェブレンは客寄せになれそうな人物ではある。ハーバード大学は、フランク・タウシッグの推薦もあり、経済学部にヴェブレンを招聘することを検討したが、やがて考えを変えてしまう。スタンフォード大学の初代学長を務めていたデイビッド・スター・ジョーダンはそこまで慎重ではなかったので、ヴェブレンを准教授として呼んだ。彼はスタンフォードに三年いたものの、その頃には家庭のごたごたが、つまりときにはエレンとの、ときには別の女性とのすったもんだが世間的なスキャンダルになっていた。大学側からの追及に疲れ切ったヴェブレンは、つい「女がすり寄ってきたら、どうすればいいって言うんです？」と答えてしまう。まことにごもっとも。しかし結局ジョーダンは、この客寄せ男を雇っておくわけにはいかないと判断する。学生はさほど名残惜しいとは思わなかっただろう。なにしろヴェブレンの評判に惹かれて受講する学生が毎年数十人はいたが、学期の最後になると一握り、ひどいときには三人しか残っていないという有様だったのだから。

スタンフォードを追い出されてヴェブレンは苦境に陥るが、またもや非国教徒の本能を持ち合わせた大物学者が救いの手を差し伸べる。当時のアメリカの経済学界で重鎮の一人であり、ミズーリ大学の経済学部長になっていた教え子のハーバート・J・ダベンポートだ。彼の尽力により、ヴェブレンはミズーリ大学で教えることになる。ここで彼は何人かの熱心な学生に出会い、彼らに強い影響を与えた。その一人がイザドア・ルービンである。ルービンはのちにフランクリン・ルーズベルト大統領やハリー・ホプキンス商務長官のアドバイザーになった人物で、後年ヴェブレンが窮地に陥ったときに何度も庇護者の役割を果たした。ヴェブレンはエレンと離婚し、一九一四年にアンヌ・ブラッドリーと再婚する。知的なやさしい女性だったが、結婚生活は六年しか続かなかった。アンヌは一九一八年に重度の精神病にかかり、二〇年に亡くなってしまう。結局、ヴェブレンはミズーリに腰を落ち着けることができなかった。第一次世界大戦中はワシントンの官庁で働き、次にニューヨークで雑誌の編集者になり、その後、新設された新社会科学学院の講師となっている。その傍らで執筆は続けていた。初期の著作と同様、これらの本は冷笑的で、そっけなく、そして鋭い洞察にあふれている。*5『企業の理論』の場合と同じく、後年の著作で深く掘り下げたテーマのほとんど全部は初期の著作に予兆があり、中には『アメリカの高等教育』のように『有閑階級の理論』で一章を充てて論じられたものもある。どの本も、『有閑階級の理論』ほどの成功を収めることはできなかった。社会的な地位の高い人々は、相変わらずヴェブレンの著作にショックを受けた。一九一九年のニューヨーク・タイムズ紙の書評では、『アメリカの高等教育』の評者を務めたブランダー・マシューズが「ヴェブレンの語彙は乏しく、一〇個か二〇個ほどの形容詞をうんざりするほど繰り返し使っている。文法は嘆かわしいほどまちがいだらけだ……」と書いている。だが『アメリカの高等教育』は、ヴェブレンが書いた中では最も説得力に富んだ簡潔な小論である。他の評者はもうすこし賢明な評価を下した。ほんとうに徐々にではあるが、ヴェブレンは天才であることが人々にわかり始めた。洞察力に富み、創造性ゆたかで、何物も恐れない。おそらくは当時最高の社会思想家なのだ、と。

だからと言って、ヴェブレンが名声を博したとか、高い報酬を得た、ということではない。名声や報酬は有名な人間のものになるのであって、知的な人間とは無縁なのである。

ヴェブレンの教え子たちは、たびたび彼を援助しなければならなかった。一九二〇年代半ば、歳をとり、貧しく、疲れた無口な男はとうとう東部を離れてカリフォルニアに隠棲し、一九二九年に亡くなった。

その死を悼んで、ネイション紙は「皮肉なウィットを発揮し、古い事実からまったく新しい意味を掘り起こす異才」と書いた。私がここに言葉を尽くして書いたことのすべては、この一文に表されている。ウェスレイ・クレア・ミッチェルはイギリスのエコノミック・ジャーナル誌に追悼記事を寄稿した。エコノミック・ジャーナルと言えば、当時世界的に最も権威ある経済専門誌である。ミッチェルは「あの好奇心に満ちた博学ぶり、あの皮肉、あの魅力的な表現、あの当惑させられるような価値の逆転を、われわれはもう目にすることはできない」と哀切に語り、同誌がヴェブレンの本を一冊しか書評に取り上げていないと付言した。一九二五年、『有閑階級の理論』の九刷が発行されるとの広告が出る。初版から二六年が過ぎていた。

原注

＊1　これらの手紙は一九二六年にジョゼフ・ドーフマンに宛てて書かれたものである。ド

ーフマンはヴェブレンのすぐれた評伝を書いたことで知られる。

＊2 フローレンス（オーソン・ヴェブレン夫人）の手紙（一九二六年）。ヴェブレン一族の初期の記録（"Thorstein Veblen: Reminiscence of his Brother Orson," Social Forces, December 1931）によると、彼女はエレンにひどく辛く当たったという。一方アンドリュー・ヴェブレンの未公開の発言（セントポール文書保管所による）では、二人は会ったこともないと述べており、記録に異論を唱えた格好になっている。

＊3 家族はこまかい点でドーフマンに不満を述べてきた。ミネソタ歴史協会の図書館には、大量の注釈のついたドーフマンの本のコピーが保存されているが、そこに書き込まれているのは姉のエミリー・ヴェブレンによる訂正や異議である。家族の歴史のこまかい点に彼女は異論を唱えており、他の家族同様、一家が貧しかったとか、移民社会から孤立していたという表現に抗議している。また、ドーフマンが載せた孤独でみすぼらしく内気そうなソースタイン少年の写真は誇張に過ぎると考えていた。

＊4 ビーミスの解雇騒ぎについては、最近になってハロルド・ベルキスト・ジュニアが調査を行っている。Harold E. Berquist, Jr., "The Edward W. Bemis Controversy at the University of Chicago," AAUP Bulletin, vol. 8, no. 4 (December, 1972) を参照されたい。調査ではくわしい事情があきらかになり、経済学部長のジェームス・ローレンス・ラフリンが相当に関与していたことも判明したものの、ベルキストの結論はシカゴ・ジャーナルと同じだった。

＊5 The instinct of workmanship, and the state of industrial arts (1914)（勤労本能と生

産技術), Imperial Germany and the Industrial Revolution (1915)(帝政ドイツと産業革命), An inquiry into the nature of peace and the terms of its perpetuation (1917)(平和の性質とその阻害要因), The Higher Learning In America: A Memorandum On the Conduct of Universities By Business Men (1918)(アメリカの高等教育——実業家による大学経営), The Place of Science in Modern Civilization and Other Essays (1919)(近代文明における学問の位置づけ), The Vested Interests and the Common Man (1919)(邦訳『特権階級論』), The Engineers and the Price System. New York: B. W. Huebsch (1921)(邦訳『技術者と価格体制』), Absentee Ownership and Business Enterprise in Recent Times (1923)(邦訳『アメリカ資本主義批判』)。晩年になって、ヴェブレンは故郷ノルウェーの神話の研究を再開した。生前に出版された最後の著作は、Laxdaela saga (1925) である。

有閑階級の理論［新版］

訳語について

野蛮時代の barbarian

「野蛮時代の」と一貫して訳出した。「野蛮時代」がヴェブレン特有の時代区分の呼称であることを踏まえ、「野蛮時代の文化」「野蛮時代の人々」のようにし、野蛮文化、野蛮人とはしなかった。ヴェブレンによれば、平和な原始未開時代の次に野蛮時代が訪れる。野蛮時代は、掠奪的な前期と準平和的な後期に分かれる。

衒示的消費 conspicuous consumption ／衒示的浪費 conspicuous waste

「衒示的消費」「衒示的浪費」と訳出した。過去には「誇示」「顕示」なども使われたが、ひけらかす、見せびらかす、という意味が込められている点で「衒示」がふさわしいと判断した。意味からすると「衒示的消費」より「衒示目的の消費」のほうが正確だと思うが、両者合わせて一〇〇回以上使われているため、一語で表せるほうを採用した。

生産活動・産業 industry

時代区分や文脈に応じて「生産活動」または「産業」と訳し分けた。

勤労本能 instinct of workmanship ／ workman

「勤労本能」と訳出した。この言葉については、本文中で以下のように記述されている。目的に適うよう働くことを好み、無駄な労力は嫌う。便益や能力をよいと感じ、無駄や浪費や無能力を悪いと感じる（第1章）

よりよい成果を求める生来的な傾向（第2章）

この本能によって、人間は事情が許す限りにおいて生産的な能力や人間に役立つものをよしとし、ものや労力の無駄をよくないとする。この本能は誰にでも備わっており、どんなに不都合な状況でも自ずと表れてくる（第4章）

人間の行動を導く究極の要素（第10章）

勤労本能は掠奪本能よりも古く本質的な本能だ。後者は前者から派生した特殊な発展形にすぎず……（第10章）

このように誰にでも備わっていると明記されており、また掠奪本能よりも古く本質的であることから、従来の「製作者本能」という訳語は範囲が狭すぎると考える。また、workman は農業についても使われており（第11章）、広い意味を持つことがわかる。

ちなみに製作に従事する労働者やいわゆる職人としては、本文中では handicraftsman,

artisan, mechanician が使われている（手工業時代の handicraftsman は現代の mechanician に相当すると説明されている〔第12章〕）。

制度 institution

「制度」と訳出したが、ヴェブレンの制度は通常とは異なる意味合いで使われているため、注意されたい。第8章では、「制度とは、本質的には、個人と社会の特定の関係や機能に関して定着した思考習慣である」と定義されている。よって「制度」という言葉が出てきたときに「思考習慣」と置き換えて読んでいただいてさしつかえない。

金銭文化 pecuniary

文化、競争、評判などさまざまな名詞を形容する形で、全体で三〇〇回近く使われている。「金銭的」と訳出するのが通例だが、日本語としておさまりが悪い場合も多く、訳し分けた。主なものを列挙すると、金銭文化、金銭的競争または財力の張り合い、金銭的体面または金持ちとしての体面、営利的職業、金銭的評判または財力の評判などである。

武勇 prowess

「武勇」と訳出したが、ヴェブレンの言う武勇には、力だけでなく謀略や狡智が含まれていることに注意されたい。また第11章では武勇を「掠奪的・競争的な思考習慣」と定義し、これは勤労本能が「他人と比較し差別化を図る習慣の下で……変貌を遂げた」ものと述べている。

生活様式 scheme of life

「生活様式」と訳出したが、この言葉はかなり広い意味で使われ、むしろ精神的な意味合いで使われることも多いので注意されたい。第8章では、「その時点で主流の精神的態度あるいは人生観」と定義されている。また第9章では、生活様式を気質特性と捉えている。

狩猟 sports／狩猟精神 sportsmanship

sportsmanは、古くはとくに狩猟家を指しており、日本語の「スポーツマン」とはかなり意味の範囲が異なる（たとえばツルゲーネフの"The Sportsman's Sketches"は『猟人日記』と訳されている）。本書の場合も、第10章に「スポーツマンと呼ばれる狩猟家と釣り師」と定義されている。この点を踏まえ、sportsは文脈に応じて「狩猟」または「スポーツ」と訳し分けた。

またsportsmanshipは「掠奪的でアニミズム的な思考習慣」と第14章で説明されており、いわゆる正々堂々のスポーツマンシップとはまったくちがうことに注意されたい。

ここでは狩猟精神と訳している。

スポーツマン sportsman ／スポーツや賭け事好きの人 sporting man
sportsman と sporting man は原文で使い分けられている。後者には「スポーツ好きの人」という意味と「賭け事好き、道楽者、遊び人」という意味があり、文脈に応じて訳し分けた。なお文脈によっては両方の意味を込めて「スポーツや賭け事好きの人」などのようにした。

まえがき

この研究の目的は、現代の生活における経済的要素としての有閑階級に着目し、その位置づけと価値を論じることにある。しかし議論の範囲をこのように限定するのは非現実的であることがわかった。この階級の起源と派生や社会生活の特徴など、ふつうは経済学の範疇とはみなされないことにも目配りしなければならないからである。

本書の議論は、経済理論のほか、おそらく読者にはあまりなじみのない民族学の概論に依拠した箇所もある。それらの理論的根拠については、序章でかんたんに説明した。読者の理解の助けになれば幸いである。くわしい解説は、アメリカ社会学ジャーナル第四巻に発表した一連の論文「勤労本能と労働の嫌悪感」、「所有権の起源」、「野蛮時代における女性の身分」を参照されたい。とはいえ本書の主張は、ある意味で目新しい民族学に過大に依拠しているわけではない。したがって、読者から見てしかるべき資料やデータの裏付けが不十分だと感じられる場合があるとしても、経済理論の記述としての価値をすっかり失ってしまうということはないはずである。

本書の主張を裏付け明確にするために使用した資料は、直接の観察や誰でも知っている事柄など日常生活から意図的に抽出したもので、身近でない抽象的な資料はあまり使用していない。このような方針をとったのは、一つには便宜上の理由からだが、もう一つには、誰もが知っている事象であれば誤解の恐れが少ないという理由からでもある。その結果、ひどく卑近な現象を引き合いに出しているとか、経済的議論の言及を免れてきた日常生活の私的な事柄を無神経に扱っている、というふうに見えるかもしれない。この点に関して、文学的・学問的素養の高い読者が不快にならないことを切に願う。

上記以外の補完的な資料や民族学の分野から借用した理論等も、よく知られた手近なものばかりであり、賢明なる読者には容易に典拠を推定できよう。このため、出典や情報源はあえて明記しなかった。同様に、主に補足説明のために掲げたすこしばかりの引用も、すべて広く知られたものであり、出典を示すにはおよばないと判断した。

第1章 序論

有閑階級の制度が最も発達した姿は、野蛮時代の文化が高度な段階に達した社会にみられる。たとえばヨーロッパや日本の封建社会がそうだ。これらの社会では、階級の区分が厳格である。階級間のちがいの中でも経済的にとくに重要な意味を持つのは、多くの階級に固有の職業が区別されていることだ。上位の階級は慣習的に生産活動を免除され、何らかの名誉を伴う職業に就くものとされる。どんな封建社会でも、最も名誉ある職業と言えば戦士である。そして通常は、聖職者が次になる。あまり戦争をしない社会であれば、聖職者が戦士を押しのけて上位になることもある。とはいえ戦士であれ聖職者であれ、上位階級が生産的労働を免除されるという決まりはほぼ例外なく守られており、労働の免除こそが、上位階級に属することの経済的象徴となっている。インドのバラモンは、その代表例と言えよう。野蛮時代の文化が発達すると、一括りに有閑階級と呼べるような階級の中でも顕著な差別化がみられ、それに応じた職業の区別も出現する。全体として有閑階級には、貴族階級と聖職者階級に加えてその従者の多くが含まれるため、この階級の職業は多様であるが、生産に携わらないという経済面の特徴は共通する。こうした非生産的上位階級のする仕事は、おおざっぱに言うと、統治、戦争、宗教、狩猟などである。

野蛮時代のかなり早い段階では有閑階級ははっきりした形をとっておらず、有閑階級の区別もこの階級内での職業の区別も、さほど緻密ではない。ポリネシア諸島では、今日でもこの段階をよく観察することができる。ただし大きな鳥獣類がいないため、狩猟は通常であれば与えられる名誉ある地位を占めていない。神話時代のアイスランドも、この段階を示す好例と言える。このような社会では、階級の間と各階級固有の職業の間には厳密な区別が存在する。肉体労働や生産活動など、生きるために毎日しなければならない労働と直接結びつくものは、何であれ下位の階級だけが行う。下位階級には奴隷などの使用人のほか、通常はすべての女が含まれる。貴族の間に位の差などが存在する場合には、位の高い女性貴族は生産活動を免除されるのがふつうであり、すくなくとも卑しい肉体労働は免除される。位の高い男性貴族は、単に免除されるだけでなく、慣習の定めにより、あらゆる生産活動に従事することを禁じられる。彼らにふさわしい仕事は厳密に定められており、すでに述べたように、統治、戦争、宗教、狩猟に限定される。この四種類が上位階級の生活様式を決定づけ、最上位の貴族すなわち王族や族長ともなれば、社会の慣習や常識からして、これ以外の活動を行うことは許されない。それどころか生活様式が高度化した社会では、狩猟でさえ最上位の人々にふさわしいとはみなされない。有閑階級であっても位の低い人なら、他の職業に就くことも不可能ではないが、それも、有閑階級の代表的な職業に付随する仕事に限られる。たとえば、武器・武具や戦闘用カヌーの製造・修理、馬・犬・鷹の訓練・調教、宗教儀式用品の調製などである。下位階級は、こうした付随的な名誉を伴う職業にも就くことはできない。彼らに許されるのは、あきらかに生産的な活動であって、かつ有閑階級の代表的な職業とほとんど関連性がないものだけである。

いま挙げた典型的な野蛮時代をさらに遡ると、よく発達した有閑階級はもはや見受けられない。ただしこの段階でも、有閑階級の制度につながる慣習、誘因、環境は存在しており、近い将来の発達の下地は整っていると言える。世界各地の遊牧狩猟民は、階級分化の原始的な段階を示している。北アメリカの狩猟民も、身近に見られる例証となろう。これらの部族は、はっきりした形での有閑階級を持つとは言えない。役割分担はあるし、そうした役割のちがいに基づく階級の区別もあるが、上位階級の労働の免除はまだ進んでおらず、「有閑階級」という名称を完全に適用するにはいたらない。しかし経済がこのような水準にとどまっている部族でも、男女の仕事を明確に区別するところまでは経済的機能の分化が進んでいる。そしてこの区別は、上下関係を生む差別的な性格のものだ。こうした部族ではほぼ例外なく、女は慣習の定めにより、のちの生産的職業の原型に当たる活動に従事させられる。男はこうした卑しい仕事を免除され、戦争、狩猟、宗教儀式を行うものとされている。このような厳密な差別はごく一般的にみられる。

こうした男女の分業は、野蛮時代の文化が発達したときに出現する勤労階級と有閑階級の区別にぴたりと符合する。職業が分化・専門化するにつれ、生産的な職業と非生産的な職業の間に一線が引かれるようになる。のちに産業の多くが生まれるのは、野蛮時代前期にみられる男の仕事からではない。野蛮時代が発達したのちも存続する男の仕事は、生産活動に相当しないもの、すなわち戦争、政治、狩猟、学問、宗教だけである。例外は漁業の一部と武器・玩具・狩猟用品の製造などだが、後者は産業と分類することがためらわれるほど規模が小さい。生産的な職業のほぼ全部は、野蛮時代前期に女の仕事とされてきたものから発展する。

野蛮時代の初めの頃に男の仕事とされていたものは、じつは女の仕事に劣らず集団の生活に不可欠であり、食糧の供給にも、集団が必要とする他の消費財の供給にも貢献していると言ってよい。男の仕事が見かけはこうした「生産的」な性質を持つため、従来の経済書では狩猟を原始的な産業の典型とみなしてきた。だが野蛮時代の人々は、そうは感じていなかっただろう。男の感覚からすれば狩猟は労働ではなく、したがってこの意味で女と一緒に分類されるべきではない。男の仕事と女のする単調な仕事とを同じように扱う粗雑な感覚でもって、前者を後者と一緒くたに労役に分類すべきではないのである。野蛮時代の社会では、男女の仕事には根深い差別がつねに存在した。男の仕事が集団の維持に役立つとしても、それは卓越した技量や能力の結果としてそうなっているのであって、女の単調な労役と比べて価値を貶めるようなことは許されない。

文化の歴史をさらに原始未開の時代まで遡ると、職業はそれほど細かく分化しておらず、階級や職業の上下関係も厳密ではないし、徹底もしていない。未開時代の文化に関しては、これという実例を見つけるのはむずかしい。「未開」と分類されている集団または社会のほとんどは、いったん進んだ段階に達してから退行した痕跡が見られる。しかし中には、原始的な未開状態の特徴をかなりはっきりと示す集団もあり、すくなくともその一部は退行の結果ではなさそうに見える。そのような文化は、有閑階級が存在しないという点でも、有閑階級の制度を特徴づける意志や精神性が欠ける点でも、野蛮時代の社会とは異なっている。経済上の階級序列がまったく存在しないこうした未開社会は、人類のごく一部を占めるにすぎず、ほとんど目につかない。この文化段階を示す好例と言えそうなものは、ベンガル湾に浮かぶアンダマン諸島の部族やインド南部のニルギリ高原のトーダ族に見られる。この集団が初めてヨーロッパ人と接触した当時の生活様式は、有閑階級がいない点で、この段階の典型だったと言ってよかろう。そのほかの例としては、蝦夷のアイヌが挙げられる。いくらか疑問の余地はあるものの、ブッシュマンやエスキモーの一部も含めてよさそうだ。さらに疑わしいが、メキシコ北部のプエブロ族の一部も同じ仲間と言えるかもしれない。もっとも、いま挙げた集団の全部とは言わないまでも大半が、現在の水準以上に高度化したことのない文化を維持しているのではなく、野蛮時代の後期の水準まで発達してから退行した可能性は大いにある。もしそうだとすれば、当面の目的に関しては慎重に扱わなければならない。それでも、真に「原始的」だった場合と同等の効果を持つ証拠としては有用と考えられる。

これらの集団は、明確な有閑階級を持たないこと以外に、社会構造や生活様式など他の面でも互いによく似ている。集団は小さく、その構造は単純で古代風だ。おおむね平和を好み、定住する傾向がある。そして貧しい。経済面では、私有財産制は一般的でない。だからといって、これらの社会が既存社会の中で最も小さいわけではないし、彼らの社会構造がすべての点において最も未分化というわけでもない。また、明確な私有財産制を持たない未開社会がすべてこの分類に含まれるわけでもない。とはいえ、平和をとりわけ強く好む未開集団はここに含まれると考えられる。いや、おそらくは平和志向を特徴とするすべての未開集団が含まれると言ってよかろう。この点は注目に値する。こうした社会の成員に共通してみられる顕著な特徴は、暴力や不正に直面したときに、いかにもお人好しらしい無能力を示すことである。

低い発達段階にある社会の慣習や文化的特徴から、有閑階級の制度は、原始未開の時代から野蛮時代への過渡期に徐々に出現したことがうかがえる。もうすこし正確に言うなら、平和を好む習性から好戦的な習性への過渡期に出現した。有閑階級が継続性のある形で出現するためには、次の条件が必要だと考えられる。第一に、掠奪《りゃくだつ》（戦争または大型の鳥獣の狩猟、またはその両方）が日常的に行われる社会であることだ。言い換えれば、こうした社会で萌芽期の有閑階級を形成する男たちは、力と謀《はかりごと》を使っての殺傷行為に慣れていなければならない。第二に、必要最低限の食糧が容易に入手可能で、社会の成員の相当数について日常的な労働への従事を免除することが可能でなければならない。有閑階級の制度は、古くからある職業の差別、すなわちある職業は尊く、ある職業は尊くないとする差別から生まれる。このような古い差別においては、尊い職業とは英雄的と呼べるようなものであり、尊くない職業とは毎日必要な労働で、英雄的と呼べるような要素とはまったく無縁の仕事を指す。

このような職業の区別は、現代の産業社会ではこれといった意味をほとんど持たないため、経済学者はあまり注意を払ってこなかった。経済の議論を導いてきた現代共通の感覚からすれば、これは形式的な区別であって、本質的ではないようにみえる。しかし現代の生活においてもこうした職業の差別はしぶとく存続し、よく見かける先入観となっている。たとえば使用人という職業を嫌悪する傾向は、その一例である。これは、人間に優劣をつけるような人格的な区別と言える。個人の人格の力がいまより直接かつ顕著にことの成り行きを決していた古い文化においては、英雄的な行為が日々の生活で重要な地位を占めており、それに対する関心が強かった。その結果、英雄的な要素を根拠とする区別は今日よりも必然性が高く、重要な意味があったと考えられる。したがって文化の発展過程における一つの現象として捉えれば、こうした職業の区別は本質的なものであり、説得力のある十分有効な根拠に基づくと言える。

何かを日常的に差別する根拠は、それを日頃見るときの関心が変化するにつれて、変わっていく。身近なものの中でも時代の関心がとくに集まるものが、際立って重要な意味を持つことになる。しかし別の視点から見て別の目的のために評価することが習慣になっている人にとっては、その差別化の根拠は薄弱だと感じられるだろう。人間の活動を目的や傾向で区別して分類する習慣が古今東西を問わず行われてきたのは、理論や生活様式を導き出すために必要だったからである。しかし生活のさまざまなことを分類する際に決め手となるものは、分類を行う動機自体に左右される。このため、分類の根拠も基準も、文化の発展とともに徐々に変わっていくことになる。評価の目的が変われば、それに伴ってものの見方も変わるからだ。したがって、文化のある段階で何らかの活動や階級に際立って重要と認められた特徴が、その後の段階での分類目的にとっても同じような相対的重要性を保つとは限らない。

とはいえものの見方の変化はゆるやかなので、いったん定着した見方が完全に覆されたり排除されたりすることはめったにない。こうしたわけで、生産的・非生産的という職業の区別は現在でも習慣的に行われている。現代のこの区別は、野蛮時代に設けられていた華々しい英雄的行為と単調な労苦との区別が形を変えたものである。戦争、政治、公的な宗教儀式、公的な祭事などに従事する職業は、生活物資の生産に携わる労働とは本質的に異なる、と一般に理解されている。職業の間の厳密な区分は野蛮時代前期と同じではないものの、おおまかな区分は消えていない。

今日の暗黙の共通認識では、あらゆる活動は、人間以外のものの活用を究極の目的とする場合に限り、生産的とみなすべきだとされている。人間が人間を強制的に使用する活動は、生産的とはみなされない。これに対して、人間以外の生物の生存環境を利用して人間の生活をよりよいものにする活動は、すべて生産的とみなされる。現に古典派の伝統を受け継ぐ経済学者は、人間の「自然を支配する力」を生産活動の特徴であると主張する。生産活動が自然に対して持つこうした力には、人間が野生動物の命や自然のさまざまなエネルギーを支配する力が含まれるとされ、ここに人間と野生動物を分ける一線が引かれる。

しかし時代がちがったり、人々の抱く先入観がちがっていたりすれば、この線は今日と同じようには引かれない。未開の時代や野蛮時代の生活環境では、境界線はいまとはちがった場所にちがった具合に引かれていた。野蛮時代の文化を擁する社会では、例外なく、一方に人間、他方にその食糧を含む二つの大きな集合の対立関係が強く意識され広く行き渡っていた。経済的な現象とそれ以外の現象の対立関係も意識されていたが、それは現代の見方とは異なる。彼らの社会では、人間と野生動物の間ではなく、生気があるものとないものとの間に境界線が引かれるのである。

よけいなことかもしれないが一言説明しておくと、ここで「生気がある」という言葉を使って表そうと試みた野蛮時代の観念は、「生きている」という言葉が表すものとはちがう。「生気がある」ものにすべての生物が含まれるわけではない代わりに、生物ではないものも多く含まれる。嵐、病気、滝といった自然の驚異が「生気がある」と認識される一方で、果樹や草木は「生気がある」とはみなされない。イエバエ、ウジ、レミング、羊といったおとなしい生物もそうだ（集合的に取り上げる場合は、この限りではない）。この説明からわかるように、生気は必ずしも内なる魂や精神を意味しない。アニミズムを信じていた未開の時代や野蛮時代の人々の考えからすると、生気あるものの範疇に属すのは、自ら動きを起こす習性を持つ（または持つとされる）点で畏敬の念を起こさせるものたちだ。広範囲にわたる多数の自然物や現象がそこには含まれる。生気あるものとないもののこうした区別は、無思慮な人の思考習慣にはいまだに残っており、人間の生命や自然の営みに関する一般的な理論にいまなお深い影響をおよぼしている。それでも、文化や信仰の初期段階に見られたほどには日常生活に浸透していないし、広く実際的な意味合いを持つわけでもない。

野蛮時代の人々の考えでは、生気のない自然物から与えられるものを加工したり活用したりするのは、生気のあるものや力に対処することとは次元の異なる活動である。両者を分ける線はあいまいなうえに変わりやすいものの、このおおまかな区別には現実味があり、野蛮時代の生活様式に影響を与えるだけの効果があった。この時代の人々は、生気があると分類したものは何らかの目的に向けて行動を始められると想像した。何らかの対象や現象が「生気がある」ものとされるのは、まさにこの目的に向かう行動にある。未開の時代や野蛮時代の無邪気な人々が何か驚くべき行動に遭遇した場合には、手近にある言葉、すなわち自分自身の行動を意識するときに即座に思い浮かぶ言葉でもって解釈するよりほかにない。そこで、何であれその行動を人間の行動と引き比べ、自ら動くものは行動主体として人間と同一視する。この種のものと遭遇した場合、とくにひどく恐ろしいふるまいや不可解な行動に対しては、生気がないものに対応する場合とは異なる精神や手腕をもって立ち向かわなければならない。このような事態にうまく対処することは勤労ではなく英雄的行為であり、勤勉ではなく武勇、すなわち力と狡智《こうち》である。

　生気があるものとないものというこの素朴な区別に基づいて、未開社会集団の活動は大きく二分される傾向にある。現代の言葉で言えば、英雄的行為と生産活動である。生産とは、無抵抗の（いわば命のない）材料から新しいものをつくることだ。それは作り手の手によって、新しい目的を与えられる。いまでも「命のない物質」と言うとき、そこには野蛮時代の人々が感じていた深い意味に近いものが込められている。これに対して英雄的行為のほうは、行為者に有益な結果をもたらすべく、他の行為者が他の目的に使っていたエネルギーを自分の目的に振り向ける。

英雄的行為と日々の労苦との区別は、男女の区別と一致する。男と女は単に体の大きさや腕力がちがうだけでない。決定的なちがいは気質にある。そのことが、早い段階から男女の分業を出現させたと考えられる。英雄的と形容できるような広い範囲の活動が男の仕事になったのは、男のほうが頑丈で体格がよく、急激かつ暴力的な身体的負担に耐えられるだけでなく、攻撃的で自己主張が強く、競争を好むからだ。体格、身体的特徴、気質のちがいは、未開社会ではさほど大きくないこともある。事実、よく知られた原始的社会の一部では、そうした男女のちがいはきわめてわずかで、とるに足らないほどだった。アンダマン諸島の部族はその一例である。しかし、こうした身体的・精神的なちがいに沿った役割の分化が始まるとほどなく、もともとあった男女の差は一段と拡大されることになる。そして、新しい職業区分への選択的な適応プロセスが始まり、積み重なっていく。その集団の居住地や周囲の動物相からして非常な腕力の行使が必要とされる場合には、とくにそうなりやすい。大きな獲物を日常的に狩る場合、腕力や機敏さや攻撃性はより重要になる。したがって、男女の役割分化はまずまちがいなく促進され、拡大される。また他の集団との敵対的な接触が始まれば、この役割分化はただちに英雄的行為と生産活動の区別へと発展することになる。

こうした掠奪的な狩猟者集団では、戦闘と狩猟が頑健な肉体を持つ男の仕事になる。それ以外の仕事は女がやる。この集団の成員で男の仕事に適していない者は、この点に関する限り女と同類ということになる。男の仕事である狩猟と戦闘には、どちらも掠奪的な性格を持つという共通点がある。猟師も戦士も、自分では種を蒔かずに収穫を得る。このような力と頭脳の強引な発揮が、辛抱強くものを生み出す女の仕事とちがうことはあきらかだ。男の仕事は捕獲による獲得であって、生産的な労働には当たらない。このような男の仕事が高度に発達し、女の仕事から大きく乖離すると、武勇の誇示につながらないような活動は、男にとって価値がないと考えられるようになる。この伝統が定着し社会の共通認識になると、この役割分担が行動規範となっていく。そしてこの段階の文化においては、武勇すなわち力と謀を要するもの以外は、それが仕事であれ捕獲であれ、誇りある男にとってては心情的に受け入れがたくなる。日々の生活で掠奪行為が繰り返され長い間に習慣化して集団に定着すると、生存競争の中で自分に反抗あるいは逃亡を図る相手を殺傷することや、反抗的態度を示す周囲の外敵を征服し服従させることが、頑健な肉体を持つ男の仕事と認められるようになる。英雄的行為と日常的労苦とのこの理論上の区別は、頑固かつ厳密に守られている。このため多くの狩猟民族では、男は自分が仕留めた獲物を自分で家に持ち帰ることが許されず、この卑しい仕事のために女を差し向けなければならないほどである。

すでに述べたように、英雄的行為と労苦との区別は、職業の間に設けられた一種の上下関係である。前者に分類される職業は、価値があり、誉れ高く、高貴である。英雄的な要素を含まない他の職業、とりわけ服従や隷属を伴う職業は、価値がなく、卑屈で、品位に欠ける。品位、価値、名誉といった概念は、人間または行為のいずれに適用される場合にも、階級や階級差別の発展においてきわめて重要であるから、この概念の起源と意味についてここで言及しておくことにしたい。この概念の心理学的な根拠はおおむね次のとおりである。

自然選択の結果として、人間は行動主体である。そして人間の考えでは、合目的的な行動の主役は人間にほかならない。人間はあらゆる行為の中に何かしら具体的・客観的かつ集団的な目的の達成を求めるような主体であるから、目的に適うよう働くことを好み、無駄な労力は嫌う。便益や能力をよいと感じ、無駄や浪費や無能力を悪いと感じる。このような傾向は、勤労本能（instinct of workmanship）と呼ぶことができよう。人間同士の能力が日常的に比較されるような環境や慣習の下では、勤労本能は競争や人に差をつけようとする感覚につながるが、その度合いは人々の気質に大きく左右される。絶えず比較して差別化するような社会では、目に見える成功が尊敬を勝ち得る根拠としての効用を持つため、誰もがそれをめざす。能力を証明すれば尊敬され軽蔑を避けられるため、勤労本能は能力の誇示による競争を招くことになる。

社会がまだ原始的な段階にあって、平和を好む習性を備え、おそらく定住はしているが私有財産制が未発達の場合には、個人の能力は、主に集団の生活改善につながるような仕事の中に一貫して示されることになる。したがって、そのような集団の成員の間にみられる経済的な競争では、自分がいかに生産活動に役立つかを競い合うことが中心になる。とはいえ競争を煽る要因は強くないし、その規模も限られている。

社会が平和を好む未開状態から掠奪を好む生活へと移行すると、成員間の競争条件は変化する。互いに張り合う機会と誘因が大幅に増えると同時に、その規模は大きくなり、切迫したものとなる。男の活動は功名や野心の様相を強く帯び始め、狩猟や戦闘の成果を比較して差別することが容易になるにつれて、ひんぱんに行われるようになる。武勇を戦利品の形で証明することが男の思考習慣の中で重要な地位を占めるようになり、戦利品は生活を彩る不可欠のものとなる。狩猟または襲撃の掠奪品や戦利品は、卓越した力の証拠として尊敬される。侵略はおおっぴらに容認され、掠奪品は侵略の成功を示す文句のない証拠となるのである。この段階の文化では、力の誇示として尊敬に値するのは武力抗争だと認識され、掠奪や脅迫によって有用な品物や奉仕を勝ちとることが、抗争の勝利を示す証拠として広く認められる。その結果、掠奪以外の方法で物を手に入れることは、壮健期の男にとっては価値がないとされるにいたる。そしてまさに同じ理由から、生産的な労働や人に仕える仕事は同じように低く見られる。こうして英雄的行為や掠奪による財物の取得と生産的な労働との間に貴賤の区別が生まれ、労働は軽蔑され、いやなものとされた。

野蛮時代の原始的な人々にとって、「尊敬に値する」とは優勢な力の発揮以外の何物でもなかったと思われる。当時はまだこの言葉の意味は単純明快で、多義的用法や派生語の出現で意味合いがぼやけるようなことはなく、「尊敬に値する」とは「恐るべき」ことであり、「価値がある」とは「力にまさる」ことだった。尊敬される行為とは、結局のところ、勝利に終わったと認めうる侵略行為だったのである。そして侵略が男と獣の対決を意味する場合には、何よりも尊敬に値するのは強い腕力の発揮である。あらゆる力の誇示を人格や意思力に結びつけて解釈する古い素朴な習慣の下では、力を称える傾向は一段と強い。原始的な部族や、もうすこし進んだ文化を持つ人々の間でよく使われていた尊称には、一般にこうした素朴な敬意が込められている。族長を呼ぶときや王や神を崇めるときに使われる尊称や称号は、これらの人物に圧倒的な暴力や抵抗不能の破壊力の裏付けを与える。このことは、文明化の進んだ今日の社会にもいくらか当てはまる。たとえば紋章の図案として猛獣や猛禽が好んで使われることは、この見方を裏付ける。

尊敬や価値に関して野蛮時代の人々が抱いていたこうした共通認識に従えば、生命を奪うこと、とりわけ獣であれ人間であれ恐るべき敵を殺すことは、最も尊敬に値する行為である。そこで殺戮という高貴な仕事は、殺戮者の力の表現として、殺戮行為そのものにも、その行為に用いられる道具や手段にも最高の価値を与える。武器は敬うべきものであり、たとえ戦場や山野でごくつまらぬ獲物を狙う場合であっても、それを使うことに敬意が払われる。対照的に、生産に使用するものは賤しいとされる。この時代の共通認識では、生産の道具や手段を扱うことは、頑健な肉体を持つ男の尊厳を傷つけるのである。かくして労働は忌むべきものとなる。

ここでは、文化が進化する過程で、当初は平和を好んでいた原始的な集団が、戦闘を集団の公然の仕事とする段階へ移行すると仮定している。だからといって、おだやかな平和と善意の時代から、戦闘が日常化する段階へ唐突に移行したわけではない。また、掠奪的な文化への移行と同時に、平和な生産活動がすべて消えてなくなったわけでもない。社会的発展の初期段階でも多少の争いは必ずあったと言ってよく、女をめぐる争いは大なり小なり起きていたと考えられる。よく知られた原始的集団の習慣や類人猿の習性もこのことを裏付けているし、周知のとおり、人間の生まれついての性的衝動もそのよい例証となろう。

となれば、ここで仮定した平和愛好期などありえない、という反論が提出されるかもしれない。たしかに文化の進化の過程では、どれほど遡ってみても必ず争いが起きているものだ。しかしここで問題なのは、戦闘に関する限り、不定期で散発的だったか、高頻度で日常的だったかということではない。好戦的な心理が常態化し、何事も争うことを前提に判断する習慣が広く根付いていたかいないか、ということである。掠奪的な文化の段階に達したと言えるのは、掠奪志向が根付いて集団の成員の精神的特徴とみなされるようになったとき、戦闘が人々の生活観で支配的な地位を占めるようになったとき、集団の共通認識として戦闘能力を基準に男やものごとを評価するようになったときである。

以上のように、平和を好む段階と掠奪を好む段階との本質的なちがいは精神的なものであって、物理的なものではない。精神的な特徴の変化は、集団生活の物質的条件の変化に伴って起こり、掠奪志向に有利な物質的条件が出現するにつれて徐々に顕在化する。掠奪文化が出現するかどうかは、生産の上限次第だ。生産手段が発達し、生産に従事する者の生計維持に加えて戦闘を行う余裕が生じるにいたるまでは、いかなる集団や階級でも、掠奪が習慣化し定着するということはない。したがって平和から掠奪への移行は、生産の技術的知識と道具の活用にかかっていると言える。同様に、武器が発達して人間が猛獣を打ち負かせるようになるまでは、掠奪は実行不可能である。言うまでもなく、道具の発達も武器の発達も、同じことをちがう視点から述べたにすぎない。

何かにつけて力に訴える習慣の結果として戦闘が男の思考の中心を占め、生活の支配的な特徴となっている場合には、その集団の生活は掠奪志向と言えるが、そうでなければ平和志向と言ってよいだろう。集団は、程度の差こそあれそうした掠奪志向に染まりうるのであって、そうなった暁には、生活様式や行動規範には大なり小なり掠奪願望が反映されることになる。このように掠奪志向や習慣や伝統が重なり合って発展していくうちに、掠奪的な文化の段階に徐々に到達するのだと考えられる。掠奪志向や習慣を発展させるのは、平和より掠奪に適した性質、伝統、行動規範を出現させ維持させるような集団生活環境の変化なのである。

原始的な文化に平和を好む段階があったとする仮説の証拠は、その大部分を民族学ではなく心理学に拠っている。ここではくわしく立ち入る余裕がないので、現代文化に残存する人間の原始的性質について論じた後段に譲ることにしたい。

第2章　財力の張り合い

文化の進化の過程で、有閑階級は私有財産制と時を同じくして出現した。この二つの制度は同じ経済的要因の産物であるから、これは必然だったと言える。有閑階級も私有財産制も、その初期の段階では、社会構造の同一の要素をちがう切り口から見たものにすぎない。

当面の目的に関する限り、有閑階級と私有財産制が関心の対象となるのは、あくまで社会構造の構成要素として、言い換えれば一つの習俗や慣習としてである。労働を怠る習慣があれば有閑階級が生まれるわけではないし、ものの使用や消費といった物理的な行為がありさえすれば私有財産制が形成されるわけでもない。よって怠惰がいつ始まったかとか、消費目的で実用品を占有する習慣がいつ始まったかといったことは、本書の研究の対象とはならない。ここで取り上げるのは、一つは習俗としての有閑階級の起源と性質であり、もう一つは慣習的な権利あるいは要求としての所有権ひいては私有財産制の起源である。

有閑階級と勤労階級の区別を遡ると、野蛮時代前期にみられる男女の分業に行き着く。同様に、私有財産制の最も古い形は、その社会で頑健な肉体を持つ男が女を所有することだった。このことは、女が男のものになるというふうに一般的な言葉で表現するほうが、当時の人々の生活感覚に合っているだろう。

女を所有する習慣が現れる前から、有用な品物の占有が行われていたことはまちがいない。その証拠に、現存する原始的な社会を見ると、女を所有する習慣はなくとも物の所有は行われている。どんな社会でも、さまざまな実用品を個人的に使うために所有することは、男女を問わず行っている。だがそうした実用品は、占有・消費した人間によって所有されたとは考えられていない。ちょっとしたものを日常的に占有・消費することは、所有権を云々するまでもなく行われており、外生的な事物に対する慣習的権利の正当性といった問題は発生しない。

女を所有する習慣が、野蛮時代前期に女を捕虜にしたことから始まったことはあきらかである。女を捕虜にして占有した当初の理由は、戦利品としての効用にあったと考えられる。敵から女を奪って戦利品とする行為が、女を所有する形の結婚につながり、ひいては男を家長とする家族制を出現させた。その後、奴隷の範囲は女だけでなく捕虜や賤民にも拡大され、また所有婚の相手も捕虜だけでなく一般の女に拡大された。このように、掠奪的な生活環境での男同士の張り合いが、一方では力で支配する結婚形態に、他方では私有財産制に結びついたと言える。この二つの制度は、発展の初期段階には分ちがたく融合していた。どちらも、自分の英雄的行為を何らかの継続的な結果で誇示して自らの武勇を証明したいという、勝利を手にした男の欲望の産物である。またどちらの制度にも、掠奪的社会に横溢する征服欲を満たす効果がある。かくして所有の概念は、女の所有から発展して女の労働の産物の所有も含むようになり、人だけでなく物の所有権が生まれた。こうして、財の所有権の制度が徐々に整っていった。この発展の最終段階では、消費財としての有用性が最も重要な価値となりはするが、それでもなお富は、所有者の優越性を示す名誉ある証拠としての効用を失ってはいない。

たとえ未発達な形でも私有財産制が見られるところでは、経済活動は財の所有をめざす人同士の闘争という性格を帯びる。この闘争を本質的には生存競争であると解釈することが経済学の通例であった。とくに、現代流の古典派経済学の教義に固執する学者にこの傾向が強い。たしかに生産活動の効率が低かった時期の大半においては、生存競争に近かったことはまちがいあるまい。また自然の恵みがきわめて乏しく、たゆまぬ不断の労働の見返りとしてごくわずかな生活の糧しか得られないところでも、そうだっただろう。しかし発展する社会では、技術の進歩が次の段階に到達し、生産効率が向上して、生産活動に従事する者は必要最低限をかなり上回る生活の糧を得られるようになる。生産活動がこの段階に達したときにもなお繰り広げられる財の獲得合戦は、経済学では、財の消費を通じた生活の快適性の増進、より正確には肉体的快適性の増進を求める競争と解釈されることが多い。

財を獲得して蓄える目的は、その蓄えた財を消費することにあると解釈されてきた。ここで、消費をするのが所有者本人か、所有者と生活を共にする世帯（当面の議論に関する限り理論上は所有者と同一視される）であるかは問わない。これが、すくなくとも経済学の観点からみて財の獲得の合理的な目的と考えられ、最低限これを考慮することが経済学の任務となっている。こうした消費はもちろん、消費する者の肉体的欲求、すなわち肉体的快楽の欲求を満たすと考えてもよいだろうし、もうすこし高級な欲求、すなわち精神的・美的・知的欲求を満たす役にも立つにちがいない。後者は財への支出を通じて間接的に満たされるのだが、これは経済学に通じた読者ならよくご存知だろう。

しかし、消費が継続的な財の蓄積を促すと言えるのは、財の所有をかつての素朴な意味とはかけ離れた意味で解釈した場合に限られる。所有の根源的な動機は、他人に負けまいとする対抗心なのである。そしてこの動機は、私有財産制の発展過程にも、この制度に関わる社会構造のあらゆる側面の発展過程にも作用し続ける。富の所有は名誉をもたらし、それは上下の差別を伴うということだ。財の消費や獲得にはさまざまな誘因があるにしても、これ以上的確な説明は見当たらない。とりわけ富の蓄積についてそう言える。

言うまでもなく、ほぼすべての財が私有財産になっている社会では、貧しい人々が食い扶持を稼ぐ必要性につきまとわれ、これが財の獲得の強力な誘因となっていることを見落とすべきではない。日々肉体労働に従事し、生活基盤が不安定で、ほとんど財産を持たず、蓄えもないのがふつうであるような階級にとっては、生活を維持し肉体を楽にする必要性が、当面は財の獲得の強い動機となるだろう。だがこれから論じるように、こうした貧しい階級にとってさえ、肉体的欲求に基づく動機が、よく言われるほど支配的であるとは限らない。一方、その社会で富の蓄積を主に担う階級にとって、生計の維持だの肉体的安楽だのはすこしも重要な誘因ではない。つまり私有財産制は、生活必需品とは無関係のところから始まって制度化されていったのである。財の獲得を促す支配的な誘因は、そもそもの始めから、富を得て差をつけることにあった。そして一時的な例外を除けば、その後の発展過程で他の動機が優位になることはなかった。

財産は、戦勝の戦利品として持ち帰った掠奪品から始まった。集団が原始共同体を脱したばかりの状態で、敵対する集団との接触がまだひんぱんにある場合には、所有された物品や捕虜の主たる効用は、奪った者と奪われた者とのちがいを際立たせ差別することにあった。個人の利害とその個人が属す集団の利害を分けて考える習慣は、あきらかにもっとあとで生まれたものである。立派な戦利品を持ち帰った者とそうでなかった者を集団内で比較して差別することは早くから行われており、これが物の所有の効用を形成する一要素となっていたことはまちがいない。だがはじめのうち、それは決定的な要素ではなかった。男の武勇はやはり主に集団の武勇だったし、掠奪品の所有者は、自分は集団の名誉維持に貢献したのだと考えていた。このように集団の視点から英雄的行為を評価することは、のちの発展段階でも見られる。とりわけ、戦場での名誉ある行為についてそう言える。

だが私有財産の習慣が定着し始めると、物の所有の動機となっていた比較や差別の視点も変わっていく。いやむしろ、一方の変化は他方の変化の反映と言うべきだろう。単純な捕獲や強奪によって財を獲得していた私有財産の初期段階から、私有財産（奴隷）に依存した組織的生産の萌芽期への移行が始まると、集落は、程度の差こそあれ自給自足する生産共同体に発展する。すると所有はもはや戦勝の証ではなく、集団内での所有者が非所有者に優越する証となる。つまり比較して差別することが、主として所有者と非所有者の間で行われるようになる。財産は依然として戦利品の性格を帯びてはいるものの、文化が進むにつれて、集団内の財の獲得競争で成功した証という性格を帯びるようになる。それに競争と言っても、遊牧生活の半ば平和なやり方によるものとなる。

ある社会で、日々の生活においても男たちの思考習慣の中でも生産活動が掠奪行為よりも次第に重要になってくると、富は次第に英雄的な掠奪行為を誇るものではなくなり、一般的な優越と成功を象徴するものとなる。こうして定住による生産活動の発展とともに、富の所有は評判と尊敬を約束するものとして相対的な重要性と効力を獲得する。武勇の直接的な証拠といったものに敬意が払われなくなったわけではない。また、掠奪行為の成功や戦争での英雄的行為が人々の賛同や称賛を得られなくなるとか、さほどの殊勲を立てられなかった競争相手から妬《ねた》みを買うことがなくなったわけでもない。ただ、力の優越を直接的に誇示することによって他人に差をつける機会自体が、範囲も頻度も減ったのである。その一方で、生産活動を積極的に拡大し、遊牧生活の半ば平和な方法で蓄財をする機会は増え、範囲も広がった。さらに重要なのは、財産というものが、英雄的あるいは象徴的な偉業とは別種のめざましい成功を表す、わかりやすい証拠になったことである。その結果、財産は尊敬を確実に約束するものとなる。社会の中でそれなりの地位を維持するには、ある程度の財産を持っていることが必要になり、評判を保つには財産の獲得・蓄積が必須となる。こうして財の蓄積が能力の証とみなされるようになると、富の所有は尊敬を勝ち得る単独の決定因という性格を帯びる。財の所有が、当人の努力により自ら獲得したものであれ、相続財産としてただ受け継いだものであれ、評判を約束する要因になるのである。当初は能力の証拠としてのみ評価されていた富の所有は、それ自体が称賛に値するものとみなされるようになり、ひいては富自体が本来的に尊敬に値するものとなって、その所有者に名誉を与える。さらに文化が円熟すると、親や祖先から受け継いだ富のほうが、努力して勝ち得た富よりも名誉なものと考えられるようになった。とはいえこのような区別が出現するのは金銭文化が高度に発展してからのことであるので、後段で取り上げる。

もっとも、富の所有がそれなりの評判やひとかどの社会的地位の根拠として定着したとしても、多くの人々から最高の尊敬を勝ち得るのは、やはり武勇と英雄的行為となるのかもしれない。長いこと掠奪文化の規律の下で暮らしてきた人々の思考習慣には掠奪本能が色濃く反映されているし、その結果として掠奪能力を称賛する習慣も浸透している。彼らの考えでは、人間が手にしうる最高の名誉をもたらすのは、何といっても戦場で発揮される卓越した掠奪的な能力、あるいは政治の場で発揮される掠奪に近い能力なのである。とはいえ社会においてまずまずの地位を手に入れるためであれば、掠奪能力に代わって財の獲得と蓄積が評判を勝ち得る手段となった。社会的にみて相当の地位を得るには、明確な基準はないものの、ともかくもある程度の富を持っていなければならない。掠奪文化の初期段階と同じく野蛮時代の人々も、自分が属す部族における標準的な肉体的能力、ずる賢さ、武器を操る技術を備えていなければならなかった。評判を得る条件は、状況に応じて富の場合もあれば武勇の場合もあったが、いずれにせよ標準を上回ることが称賛に値するとされた。

社会では、武勇あるいは富がこのあいまいな基準を下回ったら、仲間からの尊敬を勝ち得ることはできない。しかも、自己評価の裏付けとなるのは一般に仲間からの尊敬であるから、自尊心も傷つけられることになる。仲間から馬鹿にされてもずっと自尊心を保てるのは、よほど変わった人物だけだろう。あきらかな例外と言えるのは、強い信仰心の持ち主に多い。とはいえ彼らは、自分の行為をすべて見通している超自然的存在からの仮想の称賛をよりどころにしているので、ほんとうの意味での例外とは言いがたい。

こうしたわけで財産の所有は、世間の尊敬を勝ち得る要因になると同時に、自尊と呼ばれる自己満足を得る必須条件にもなる。一人ひとりが個別に財を保有する社会では、自分と同じ階級に属すと思われる人たちに劣らぬ財を持つことが、心の平安を保つために必要だ。いくらかよけいに持つことができれば、さらに喜ばしい。もっとも、財を新たに獲得し、その新しい富の水準に慣れてしまうと、すぐさま以前ほどの満足は得られなくなる。持てる財がどれほどであっても、つねに現在の財の水準が、新たな富の獲得の出発点になりやすい。そして新たに富を獲得すれば、それが新たな満足の基準を形成するとともに、隣人と比較した自分の財の新しい格付けとなる。この点に関する限り、財の蓄積の目的は、財産面で他人より高い位置付けになることである。比較の結果、自分の格が低いとなれば、ごくふつうの人間は自分の運命を絶えず不満に思いながら暮らすことになる。しかしその社会なり自分が属す階級なりの標準的な財の水準と言えるものに到達するやいなや、この慢性的不満は消滅する代わりに、今度は自分と平均的な人間との富の格差を一段と拡げようと躍起になって努力するようになる。財による比較と差別が行われる限り、人は財を競い、財力に対する評判を際限なく追い求め、競争相手より格上になることに無上の喜びを見出す。

富を求める欲望の性質上、何か一つの項目でさえ十二分に満たされることはまずない。ましてあらゆる種類の富に関して欲望を満足させるなど、言うまでもない。富がいかに広く均等に、あるいは「公平」に分配されるとしても、社会の富が全体として増えただけでは、この問題の解決策とはなりえない。なぜなら人々の欲望は、財の蓄積において他人を出し抜くことにあるからだ。ときに主張されるように、財の蓄積を促す要因が生活必需品や肉体的安楽の欠如であるならば、生産効率が向上するどこかの時点で、その社会の経済的欲求は全体として満たされると考えられる。だが財の蓄積を競うのは、本質的には他人との比較に基づく評判を得るためである以上、最終的な到達地点はないと言ってよい。

だからといって、他人を財力で上回り、その結果として仲間から尊敬と羨望のまなざしで見られたいというこの欲望以外に、財の獲得・蓄積の誘因がないと言うつもりはない。近代産業社会の富の蓄積過程のどの段階でも、より快適な生活や欠乏の回避を求める欲望が動機として存在する。ただしこれらの欲望が満たされるかどうかは、財力を張り合う習慣に大きく左右される。肉体的安楽や体裁のよい生活をどうやって実現し、何に支出するかをかなりの程度決めてしまうのは、他人に負けまいとする対抗心なのである。

また富がもたらす権力の追求も、財の蓄積を促す動機となる。行為主体としての人間には、目的に適う行動を好み、無駄な努力を嫌う傾向が備わっている。この傾向は、帰属する集団との無条件・無差別な連帯感を基調とする素朴な共同体文化を脱してからも、失われることはない。自己中心的になって身勝手な行動が横行する掠奪段階に移行しても、この傾向はなお保たれ、生活様式を決定づける特徴となる。経済的動機の根本には、達成を喜び無駄を嫌う傾向がつねに存在するのであって、この傾向はたとえ変化したように見えても、表れ方や行動の直接の対象が変わるにすぎない。私有財産制の下では、確実に目的を達成する最も手近な手段は、財の獲得と蓄積によって得られる。人間同士の利己的な対立がはっきり意識されるようになると、よりよい成果を求める生来的な傾向すなわち勤労本能は、財の蓄積で他人に勝とうとする方向に向かいがちだ。他人の財と比べて優劣をつけ相対的な成功を収めることがごく当たり前の目的となり、他人との比較で優位に立つことがまっとうな目的と認められるようになるのである。こうしたわけで、無駄な努力を嫌う傾向は、財力を張り合う動機と深く結びつくと言ってよい。かくして競争相手が金銭的成功を収めたとなれば、あら探しをしてあれこれけちをつけるなど、財力で評判を得ようとする争いはますます過熱する。富の蓄積を誰もが納得できる形で誇示すること、すくなくともそれをめざすことが立派な努力とされるのである。このように財力を競う対抗心は、人々を富の蓄積に駆り立てる動機の中で最も影響力が強く、かつ範囲も広い。

蛇足ながら、「差別」という言葉で形容した対象のいずれについても、毀誉褒貶の意味合いは一切込めていないことをお断りしておく。この言葉は、あくまで技術的な意味での人間同士の比較を記述するために使っている。比較の目的は、外見的または内面的な何らかの相対的な価値について人間を評価・序列化し、自他ともにまずまず正当と認められる程度に評価を確定することにある。ここでは何らかの価値基準に関してのみ比較していることを理解してほしい。

第3章　衒示的閑暇

　前章でおおざっぱに述べた財の獲得と蓄積の競争は、他の経済的要因や見栄の張り合いなどで妨げられない限り、人間を勤勉と節約に向かわせる直接的な効果を持つはずである。下層階級、すなわち財を獲得する通常の手段が生産的労働であるような階級に関する限り、現にある程度までそういう結果になっている。このことは、定住農耕社会の勤労階級にとりわけよく当てはまる。このような社会では財産がかなりの程度分割され、法律や慣習によって、勤労階級にも勤労の成果の分け前が大なり小なり確保されているからだ。下層階級は、いやでも働かないわけにはいかない。だから労働に従事することは、すくなくとも彼らの間では、さして体面を傷つけることにはならない。むしろ、労働は生計の手段として広く認められているので、仕事の腕がいいと評価されれば、ある種の対抗的なプライドを満足させられる。そもそも彼らが競い合えるものはこれしかないことが多いのである。生産効率や節約の面でしか競えない人々が蓄財で評判を得ようとすれば、いくらかは勤勉と節約の増大につながるだろう。だがそこに見栄や対抗心といった二次的な要因（後段で論じる）が入り込んでくると、富裕な階級はもとより貧しい階級でも、勤勉や節約に向かう傾向は弱まったり逆転したりする。

さしあたっての関心の対象である富裕な階級では、事情が異なる。この階級でも、勤勉と倹約を促す誘因がないわけではない。しかしその作用は、財力の張り合いに伴う二次的な欲求のために大幅に抑制されて効果がほとんどなくなり、この階級の大方の人が勤勉や倹約をする気をなくす。中でもとくにその大勢の人に強く働きかけるのは、生産的労働を拒絶する欲求である。野蛮時代にはとくにその傾向が強く、掠奪文化の段階では、労働は弱者のすることだとか主人に服従することだと男たちは考えるようになった。こうして労働は劣等者の象徴となり、地位のある男にはふさわしくないとみなされるようになる。労働を賤しいものとみなすこの伝統は、いっこうに消えることがなかった。それどころか、長く無条件に受け入れられた結果、社会における差別化の進行とともに、この伝統的な見方は絶対的な力を持つようになる。

人々の尊敬を勝ち得て維持するためには、単に富や権力を持っているだけでは不十分で、富なり権力なりが証拠に裏付けられていなければならない。尊敬というものはじつは証拠に払われるからである。富の証拠はその人の重要性を他人に鮮明に印象づけ、忘れさせないようにするとともに、自己満足の形成と維持にも大いに貢献する。最も原始的な段階を除くあらゆる文化において、ふつうの生まれの人間は、「体裁のよい生活環境」と「下賤な仕事からの免除」が確保されれば心やすらぎ、自尊心を保つことができる。しかし生活環境なり、日々の仕事の種類・量なりが、心ならずもこの標準から逸脱してしまった場合には、仲間からの評価をとくに意識しないとしても、人間としての尊厳を傷つけられたように感じる。

人間の生活に貴賤を設けるこうした古い理論上の区別は、今日もなお当時の力を失っていない。このため上流階級では、賤しい労働に本能的な嫌悪感を抱かない人はまずいない。私たちは、自分が日頃から卑しい労働と結びつけて考えているような職業に、体裁の悪い汚らしい感じを鋭く嗅ぎつける。高尚な感覚の持ち主からすると、従来使用人のやることとされてきたある種の仕事は精神を汚すと感じられる。俗悪な環境、みすぼらしい安物の住居、卑賤な生産的職業は頭から拒絶され、疎んじられる。そのようなものは、精神的に満足できる生活、すなわち高尚な思索を行う生活にはまずもって受け入れられない。ギリシャ哲学の時代から今日にいたるまで、立派で気高い人間的生活を送る必須条件は、ある程度の閑暇と、食うための生産的労働からの断絶であると賢者たちは考えてきた。文明化された人間の目から見れば、閑暇のある生活は、それ自体としても、それがもたらす結果も、美しく高貴なのである。

閑暇を始めとする富のこうした主観的でわかりやすい価値は、その大部分が、二次的に派生したものだ。この価値の一部は、他人の尊敬を勝ち得る手段としての効用から成り立っている。残る一部は短絡的な思考の結果である。つまり労働に従事するのは能力が劣る証拠だと長らく考えられてきたため、短絡的に、労働それ自体が本質的に賤しいとされた。

厳密な意味での掠奪期を通じて、またこれに続く準平和期ではとくに、有閑生活は、財力ひいては権力を示す最も手近で決定的な証拠となる。そのためには、有閑紳士が傍目から見て安楽な生活を送れることが条件となる。この段階では富は主に奴隷で成り立っており、富と権力の所有がもたらす便益は、もっぱら奴隷による人的奉仕とその直接的産物という形で表れる。そこで、労働からの免除をこれ見よがしに示すことが金銭的成功の証拠として認められ、評判を得る根拠となるわけだ。逆に、生産的労働への従事は貧困と服従の象徴であるから、その社会で評判を得る根拠にはなりえない。財力の張り合いが拡がっても、勤労と節約の習慣が一様には促進されないのは、このためである。むしろ逆に、この種の張り合いは間接的に、生産的労働への従事を厭う方向に作用する。仮に未開の段階から受け継がれた伝統では、労働がまだ卑しいものとみなされていなかったとしても、労働は貧困の証だということになれば、不名誉と結びつくのは避けられない。かくして掠奪文化の伝統では、生産的労働は頑健な肉体を持つ男にはふさわしくないから、やるべきではないとされた。そしてこの伝統は、掠奪的な生活様式から準平和期に移行する過程で消えてしまわずに、逆に強化されたのである。

有閑階級の制度は私有財産制の出現と同時に発生したわけではないにしても、生産的な職業が不名誉とされた結果、私有財産制の初期の産物として生まれたことはまちがいない。有閑階級は、理論上は掠奪文化の初期から存在していたのではあるが、掠奪文化から金銭文化への移行とともに新たな重要性を帯びるようになった点は、注目に値する。理論上だけでなく現実の「有閑階級」が登場するのはこの時点からであり、完全な形での有閑階級の制度はこのときから始まる。

厳密な意味での掠奪文化の時期には、有閑階級と勤労階級との区別は、ある意味で形式的なものにすぎなかった。頑健な肉体を持つ男は、卑しい労働と考えるものから何とか遠ざかろうとするが、実際には狩猟などの活動は集団の生存に大きく貢献していた。これに続く準平和期になると、有体財産としての奴隷、家畜、牛飼いや羊飼いなどの隷従階級が出現する。こうして生産活動が活発化すると、もはや狩猟など英雄的行為に分類される活動に依存しなくとも、社会は存続できるようになる。このときから有閑階級の生活は、あらゆる有用な労働からの免除をひけらかすという特徴を持つようになるのである。

このように文化が成熟段階に達したときの有閑階級を特徴づける標準的な職業は、じつは文化の初期段階とまったく変わらない。すなわち、政治、戦争、狩猟、宗教儀式である。ややこしい理論的細部にむやみにこだわる人は、これらの職業もときに間接的に「生産的」だと言い張るかもしれない。だがさしあたり重要なのは、有閑階級の人間がこれらの職業に就くときに通常抱くあきらかな動機は、生産的な労働によって富を増やすというものでは断じてないことである。なるほど文化がこの段階であれ、他の段階であれ、政治と戦争のすくなくとも一部は、これに従事する人々の金銭的利得のために行われる。そうはいっても、その利得は占領や強奪といった名誉ある方法で得られるものだ。これらの職業は、本質的には生産ではなく掠奪なのである。狩猟についてもおおむね同じことが言えるが、いくらかちがいもある。社会が厳密な意味での狩猟段階を脱すると、狩猟は次第に二つの異なる職業に分化する。一つは営利目的の商売である。この場合には英雄的な要素はほぼ存在しないか、儲けのためにやっているという非難を打ち消すほどには見当たらない。もう一つはスポーツである。こちらは、掠奪本能をひたすら発揮する行為だ。スポーツには金銭的誘因はなく、しかもそれとはっきりわかる英雄的行為の要素を多少なりとも備えている。それ自体として称賛に値するものとして、発達した有閑階級の生活様式にみごとに溶け込んだのは、生産的労働の要素をいっさい含まない後者のほうだった。

労働の必要がないことは名誉と称賛の対象になっただけでなく、のちには品位を保つ必須条件となった。富の蓄積の初期段階では、財産を持っている人は、評判を得る根拠としてひどく露骨かつ横柄にそれを誇示した。やがて労働の免除が富の標準的な証拠になり、ひいては社会的地位の標準的な証拠になると、富の誇示は閑暇の価値を一段と強調することになる。「顕著な表徴は存在そのものの表徴である」(1)。こうして動かしがたい人間性の法則に従い、長い間には閑暇だけが取り出され、それ自体が称賛を呼び起こし品位を高めてくれると人々は考えるようになる。翻って生産的な労働は、やはり同じ経過をたどって、二重の意味で本来的に無価値なものとなる。労働は世間的に貶められただけでなく、自由民として生まれた地位の高い男にとっては社会的に禁じられ、立派な生活には相容れないものとなった。

このような労働の忌避は、生産活動の出現に伴う階級分化に強い影響をおよぼす。人口密度が高まり、掠奪者集団が定住して生産活動が始まると、所有権を司る支配層や慣習の力が増し、範囲も拡大する。そうなると、単純に掠奪によって富を蓄積するわけにはいかなくなる。しかし労働が禁忌《きんき》であることの論理的帰結として、高貴な生まれだが富を蓄えられない男は、生産的労働で財を得るわけにもいかない。彼らに残された道は乞食か窮乏しかない。かくして、衒示的閑暇すなわち閑暇をひけらかすことをよしとする行動規範が何物にも阻まれずに世間に浸透した場合には、二流の、というよりも偽の有閑階級が出現することになる。すなわち、ひどく貧しく不安定で劣悪な窮乏生活を送りながらも、恥を忍んで収入を得るための仕事に就くことは事実上できない有閑階級である。栄光の日々から零落した紳士淑女は、今日でもよく見かける。少しばかりの肉体労働すら軽蔑する感覚は広く行き渡っており、文明化された人々の間でも、金銭文化がさほど発達していない人々の間でも見受けられる。感受性の鋭い人が長い間上流階級の習慣に染まると、肉体労働を恥と思う感覚が強くなりすぎて、生死のかかった場面でさえ、自己保存本能を押しのけてしまう。たとえば体面を守ろうとするあまり、自分の口に自らの手で食物を運ぶくらいなら餓死することを選んだポリネシアの酋長の逸話がそうだ。なるほどこのような行為におよんだ一因が、酋長の人格が過度に神聖視されたか、禁忌が厳格すぎたことにあることはまちがいない。この禁忌はおそらく酋長の手が触れることによって伝わるため、その手が触れたものはすべて食べてはいけないことになってしまうのだろう。とはいえこの禁忌自体は、労働を卑しいものとみなし、品格と相容れないと考える習慣から派生したものである。したがってこの意味で解釈すれば、酋長の行為は見かけ以上に、閑暇を尊重する規範に適うと言えよう。これより適切かどうかはともかく疑問の余地のない例として、あるフランス王の逸話が挙げられる。この王様は、品格を守ろうとする精神力が強すぎたせいで命を落としたと伝えられる。玉座の移動を職務とする侍従が不在の間、火の前に我慢して坐り続けたため、尊い体はすっかり焦げて手の施しようがなかったという。だがこの行為によって、王様はキリスト教徒としての最高の尊厳を穢《けが》れから守ったのである。

名誉よりも命を重んじ、生きんがために人生の意味を失うは最大の罪と心得よ。(2)

すでに述べたとおり、本書で使う「閑暇」という言葉は怠惰や無為を意味しない。この言葉が意味するのは、時間の非生産的な消費である。第一に生産的労働は卑しいという考えから、第二には怠惰な生活を送れるだけの財力があることを誇示するために、時間は非生産的に費やされる。有閑紳士の生活を目にした人たちは、紳士の生活を申し分なく彩るうるわしい閑暇を目の当たりにして、感嘆することだろう。そうはいっても、有閑紳士の生活がつねに見物人の前で繰り広げられるわけではない。生活の一部は、どうしても人々が見ていないところで行われることになる。となれば有閑紳士としては名誉を守るためにも、人目に触れない時間について説得力のある説明を用意し、非生産的に過ごしていることを証明しなければならない。非生産的に使われた閑暇の有形かつ持続的な結果を示せば、このことは間接的に証明できる。これは、有閑紳士に仕える職人や使用人の労働を持続的な有形の成果で見せびらかすという、よくあるやり方とさして変わらない。

生産的な労働の持続的な成果とは物質的な生産物であり、その多くは消費財である。英雄的行為の場合には、戦利品や掠奪品というわかりやすい形で有形の結果を誇示することが可能だし、よく行われてもいる。文化が発達すると、勲章など名誉の印を身につける習慣が登場する。こうした徽章類は、英雄的行為の公認の証になるとともに、その回数や名誉の度合いを明示する役割も果たす。人口密度が高まり人間関係が複雑に多重化するにつれ、生活のあらゆる面が洗練され吟味されていくが、この過程で戦利品も体系化されて、階級、称号、地位、勲等を表すようになる。その代表例が、紋章や勲章である。

経済的観点から閑暇を一つの職業とみなした場合、有閑生活と英雄的行為を行う生活とは共通点が多い。また前者を特徴づけ、その品位の基準となる成果は、英雄的行為による戦利品との共通点が多い。しかし職業としての閑暇を厳密に定義し、英雄的行為からも、本質的に有用な目的を持たないうわべだけの生産的職業からも峻別するなら、この狭い意味での閑暇は、ふつうは物質的な産物を生まない。そこで閑暇の成果は、「非物質的」な何かで測ることになる。その非物質的な何かは、似非《えせ》学問や似非芸術だったり、人間の生活向上には直接結びつかないような事柄についての知識だったりする。今日見かけるものには、たとえば古語、神秘学、正書法、統語法、韻律論や、家内音楽・家内芸術、衣服・家具・調度品の最新のしきたり、娯楽、スポーツ、犬や競走馬など競技用に飼育される動物についての知識などがある。これらの知識が属す分野は、時間を生産的労働に費やしていないことを証明したいがために勉学が始まったり普及したりしたわけではあるまい。だが、時間の非生産的消費の証拠として役立つと認められなかったら、有閑階級の標準的な教養として存続し、その地位を保つことはできなかっただろう。

こうした教養は、ある意味では学問の一部とみなせるのかもしれない。これらのほかに、学問と肉体的鍛錬や技量との中間に位置づけられるものとして、社交的なたしなみがある。礼儀、作法、公式の儀式典礼に関する知識など、一般に礼節として知られるものがそうだ。

この種のたしなみは、さきほどの知識以上に目立つし、多くの人の目に直接さらされる。その結果、評判の根拠としての閑暇を裏付けるものとして、広く要求されるようになった。注目すべきは、礼節の一部である公式儀礼の知識が男の評価の中でとくに重視されたのは、文化が発展した段階よりも、衒示的閑暇が名誉の証として大層もてはやされた時期だったことである。準平和期にさしかかった野蛮時代の人々は、礼儀作法に関する限り、あきらかにたいへん育ちのよい紳士である（後代の最高度に洗練された男たちは別として）。社会が家父長制の時代から遠ざかるにつれて礼節が次第にすたれていくことはよく知られているし、すくなくとも現在ではそう考えられている。古い流儀の紳士たちは、現代の産業社会では上流階級でさえ礼儀作法がお粗末だとさんざん歎いてきた。まして厳密な意味での勤労階級では儀礼的な決まりごとが忘れられ、別の言い方をするなら生活が粗野で低俗になる。このことは、鋭い感性を持つ人々からすれば、文明の発展がもたらした最大の害悪の一つだった。忙しく働く人々の間でこうした知識が失われたことは、非難はさて措き、ある一つの事実を物語っている。礼儀作法というものは有閑階級の産物であるとともにその象徴であって、身分制度の下でのみ発達する、ということだ。

礼節が生まれた、というよりも派生した理由を探すとすれば、おそらく他の何よりも、いかに時間をかけて習得したかを誇示するために育ちのよい人間が躍起になって努力したことに求めるべきだろう。礼節が工夫され洗練されたのは、美的な表現の面で新しい階級を印象づけることが直接の目的である。礼儀作法の儀礼的な決まりごとの大部分は、人類学者や社会学者がよく言うとおり、その始まりも発達も、相手の敵意を取り除きたいとか、こちらのよき意図を示したいといった願望がもとになっている。そしてこの最初の願望は、のちに文化が発展しても、礼儀をわきまえた人間のふるまいから消えてなくなることはまずない。礼節は、洗練された立ち居ふるまいであるとともに、優位性や従属性や関係性を表していた古い行動習慣が象徴的に存続したものだと言われる。要するに礼節の大部分は身分関係の表現であり、一方は主で一方は従であることを無言の動作で象徴的に示す。掠奪的な思考習慣とその結果としての主従関係が、現在広く生活様式の特徴となっている地域では、ふるまいの事細かな決まりがむやみに重視され、階級や称号を杓子定規に守ることに情熱が注がれるが、これは、野蛮時代後期の準平和期に遊牧民が理想としていたことに近い。当時の精神が生き残っている例は、ヨーロッパ大陸の一部に見られる。これらの社会では、礼節はそれ自体に価値があるとして敬意が払われる点が、やはりかつての理想に近いと言える。

礼儀作法は象徴や無言の動作として始まり、何らかの事実や属性を象徴的に伝える効用しか持たなかった。だが人間関係の表現ではありがちなことだが、まもなく変容を遂げ、礼節それ自体が実質的な効用を持つと一般に理解されるようになる。礼節は、もともとの象徴した内容からおおむね切り離されて、それとして神聖視されるようになった。礼儀作法を破ってしまうことを誰もが恐れるようになったのである。そして礼節を身につけていることは、人間として優れていることの外面的な証であると同時に、優れた精神の持ち主であることの完全な証とみなされるようになる。礼を失することほど、本能的な嫌悪感を引き起こすものはめったにない。作法を杓子定規に守ることに本質的な効用を認めるようになった結果、単なる作法違反を、違反者の本質的な価値と切り離して考えられる人はほとんどいなくなった。宗教の教義に対する違反は大目に見られても、作法違反は許されない。「礼節が人をつくる」からだ。(3)

このように礼節に、実行する側にとっても見物する側にとっても本質的な効用があることは、まちがいない。だが、礼節に内在的な価値を認める感覚だけでは、礼節やしつけが流行した真の根拠とはなりえない。その究極の経済的根拠は、閑暇、より正確には時間や労力の非生産的な使用に名誉が付与されたことに求めるべきだろう。礼節というものは、閑暇なしには発達しえないからである。作法の知識や習慣は長い時間をかけた末に身につくものであり、洗練された趣味や礼儀作法や生活習慣は育ちのよさを示す格好の証拠となる。というのも、そうしたものを身につけるには時間と努力とお金が必要なため、時間とエネルギーを労働にとられる人たちには手が届かないからだ。礼節に関する知識を備えていることは、上流階級の生活のうち世間に見られずに過ごす時間も、金銭的利益とは無縁の学芸の修得にたしかに費やされたことを示す明白な証拠となる。つまり礼節の価値は、有閑生活を証明することにある。逆の言い方をするなら、閑暇が財力の評判を得る標準的な手段であることを考えると、それなりに裕福な体裁を取り繕いたい者は、礼儀作法に精通しなければならない。

誉れ高き有閑生活のうち、見物人がいないところで費やされる時間が評判の獲得につながるのは、同じ階級の似たような競争相手が示す成果との比較や測定が可能で、実際に検証できるような有形の結果が提示された場合に限られる。有閑生活の流儀に適うやり方でそうした効果を持つのは、単に長期的に仕事をしないことである。当人が無頓着で、有閑階級らしい悠揚迫らぬ様子をとくに身につけようとしなくとも、仕事と無縁であれば自ずとそれが表れるはずだ。とりわけこのような有閑生活が数世代にわたって続いた場合には、人格形成にも、さらには日頃の態度やふるまいにも、はっきりそれとわかる影響を恒久的にもたらすと言ってよかろう。とはいえそうした代々にわたる有閑生活の特徴や、ひたすら習慣によって身につく礼儀作法の精通といったものには、一段と磨きをかけることが可能だと考えられる。組織的なきびしい規律をもって、名誉ある閑暇の証拠となりうるものに抜かりなく注意を払い、精力的に集め、労働をしていないことを誇示すれば、有閑生活を一段と強調できる。また熱心に努力してそれなりの投資もすれば、有閑階級の礼儀作法に関して熟達の域に達することができよう。逆に言えば、熟達の度合いが大きく、金銭的利益など有用な目的には直接何の役にも立たない儀礼に精通しているという証拠が明白であるほど、そのために要した時間や物量は大きいわけであるから、それによって得られる評判も大きい。こうしたわけだから、よき礼節の競い合いにおいては、礼儀作法の習慣を身につけることに多大な労力が払われる。こうして微に入り細にわたる礼儀作法が包括的な規律に発展し、評判を傷つけたくない人はみなそれに従うことが求められるようになった。並行して、礼儀作法の源となったこの衒示的閑暇は、やがて立ち居ふるまいの修練や、消費財の吟味と上品な消費方法といった美的教育に充てられるようになる。

これと関連して注目に値するのは、念入りに模倣し几帳面に鍛錬を積んでいけば上流の人格や作法に独特の特徴をそっくり身につけることができるため、教養ありげな階級が意図的に生み出され、しかも多くの場合これがひどくうまくいったことである。こうして相当数の家族や家系が、いわゆる紳士気取りをしているうちに、生まれも育ちもよい家柄へと変貌を遂げた。こうした手っ取り早い近道を通って誕生した即席の名家は、礼節の修練に長い年月をかけてはいるが、しかしあまり苦労せず自然に身につけてきた代々の有閑階級の家柄に、有閑階級の構成要素としてけっして劣らぬ地位を占めている。

しかも、品のよい消費のやり方には時代ごとに広く認められた作法の基準というものがあって、どの程度それに一致しているかを判定することができる。だから、理想からどの程度外れているか、この人とあの人で比較することもできるし、作法や育ちの尺度でもって、誰彼をだいたい正確に格付けすることも可能だ。そしてこの件に関する限り、閑暇の使い方にはとくに関係なく、基準に適う度合いだけに基づいておおむね妥当に評価できる。だが品格を判別する美意識のほうは、衒示的閑暇を好ましく感じる価値観につねに支配されており、この価値観に合わせて絶えず変化する。このように人を格付けする直接的な根拠はちがうのではあるが、育ちのよさを判定する基準となるのは、やはり大量の時間を傍目からもわかるように浪費することだ。この原則の範囲内で多少のちがいがあるとしても、それはあくまでも形式や表現上のもので、本質的なものではない。

日常の人付き合いで示される丁重なふるまいの多くは、言うまでもなく、気配りや好意の直接の表れである。だからこうしたふるまいのほとんどは、何か根拠を持ち出すまでもなく、なぜそれをするのか、なぜ称賛の対象になるのかを説明できる。だが礼儀作法の決まりごととなると、話はちがってくる。礼儀作法は、身分の表現にほかならない。使用人など金銭的に従属する目下の者に対する態度が、かつての露骨な支配者然とした様子からかなり改められ和らいだとはいえ、やはり身分関係の優越者の態度であることは、注意深い観察者にとっては当然ながら明白である。同様に、目上の者、そして同等の者に対してもだいたいは、多かれ少なかれ一般に追従の態度をとる。位が上であることを意識した紳士淑女の堂々たるふるまいは、その何よりの証拠と言えよう。彼らのふるまいは、その権威と経済的自立を物語ると同時に、優越や優美とはこういうものだ、と非常な説得力をもって人々の感覚に訴えかける。礼儀作法が最も完全かつ成熟した姿で出現するのは、自分たちより上位者がおらず、同等者もほとんどいない最上位の有閑階級においてである。また、下の階級にとって行動規範となるような最終的な礼儀作法の形式を定めるのも、この最上位の有閑階級だ。彼らの掟は何よりもまず身分の掟であって、俗悪な生産的労働とは相容れないことをはっきりと示している。服従を要求することに慣れ、明日の心配などしたことのない人間のひどく自信ありげな様子や慇懃無礼なふるまいこそは、紳士の生得の権利であると同時に、紳士を紳士たらしめる基準でもある。しかも世間はそれをひどくありがたがり、こうした挙措をいかにも優越者らしいとみなし、卑しい生まれの平民はよろこんでひれ伏し追従するのである。

前章で述べたように、私有財産制は人間の所有、それも主として女の所有から始まったと考えられる。財産としての人間の獲得を促す要因は、第一に支配し隷属させたがる傾向、第二に所有者の武勇の証拠としての効用、第三にこの財産が提供する人的奉仕の効用にあったと考えられる。

人的奉仕は、経済発展の過程で特殊な地位を占めている。準平和期、とくにその中でも産業の初期段階では、人間を財産として所有する主たる動機は、一般に人的奉仕の効用にあったと思われる。つまり労役に価値があったということだ。だからといって、所有された人間が持つ他の二つの効用の絶対的重要性が減じたわけではない。むしろ生産活動の活発化に伴う生活環境の変化により、人的奉仕の効用が顕著になったと言うほうが当たっている。女や奴隷が富の証拠としても富を蓄積する手段としても大いに価値があることは、言を俟たない。遊牧民族の場合には、奴隷は家畜とともに、利益目的の投資対象としてごく一般的である。女奴隷の存在は準平和期の文化の下で営まれる経済生活の一特徴であり、この文化段階にある人々の間では、女が価値を表す単位になるほどだった。たとえばホメロスの時代がそうである。こうした状況では、生産体制が有体財産としての奴隷に依存していること、そして女が一般的に奴隷であることにほとんど疑問の余地はない。このような体制の下で広く見受ける重要な人間関係は、主従関係である。多くの女を所有していること、さらには主人の身の回りの世話や主人のための財の生産に従事する奴隷を所有していることが、富の証と認められるようになる。

やがて分業が始まり、主人への奉仕や世話は一部の使用人の専任の仕事となる一方で、厳密な意味での生産活動にのみ従事する者は、自分の所有者との直接の人的関係が次第に疎遠になっていく。同時に、家事を含む人的奉仕を主な役割とする使用人は、営利目的の生産活動を次第に免除されるようになる。

このときまっさきに免除されるのは、多くの場合、妻、より正確には正妻である。社会が発展して定住段階に達すると、女の恒常的な供給源を敵対する部族からの掠奪に依存することは現実的でなくなる。文化がこの段階まで発展すると、正妻は一般に家柄のよい女であるため、それだけになお一層、卑しい労働から免除する傾向に拍車がかかる。よい家柄という概念がどのように生まれたかとか、それが婚姻史においてどのような地位を占めるかといったことは、ここでは論じる余裕がない。さしあたっては、よい家柄とは、蓄積された富や不動の特権といったものに長らく親しんだ末に高貴になった家柄だと理解しておけば十分である。こうした祖先を持つ女が結婚相手として好まれるのは、有力な親族と姻戚関係になれることに加え、ゆたかな財や大きな権力と結びついた家系そのものに高い価値があると考えられているからだ。良家の出の妻は、夫に買われる前は父の有体財産だったように、買われた後は夫の有体財産であるが、それでもなお父からよい血筋を受け継いでいることに変わりはない。となれば、実際には同類である使用人の卑しい労働に従事させることは、心情的に受け入れがたい。こうしたわけで、いかに全面的に主人に隷属していようと、また同じ生まれの男たちに比べていかに劣った位置づけであろうと、血筋は受け継がれるという理由で、妻は奴隷より上に位置づけられることになる。そしてこの理屈が認められ権威を持つようになると、上流階級の特徴である閑暇の特権を妻にもいくらか与えるべきだとされるだろう。よい血筋は遺伝するという原理を背景に、所有者の富が許す限りにおいて妻の労働免除の範囲は拡大し、ついには生産的労働のみならず、卑しい家事労働も免除されるようになる。産業が発展し、財産が比較的少数の手に集中するようになると、上流階級の富の標準的な水準は上昇する。すると、生産的労働さらには家事労働からの免除を促すこの傾向は一層強まり、正妻以外の妻がいる場合にはその女たちにも、また主人の身近に仕える使用人にも適用されるようになる。主人の身辺から遠い使用人ほど、こうした労働からはなかなか免除されない。

主人の財力が許す場合には、従僕や護衛といった特別な使用人階級が発達する。この種の人的奉仕がきわめて重要性を帯びるようになるためだ。何はさておき大切なのは価値と名誉を体現する主人の身体であり、その尊敬すべき社会的地位にとっても、本人の自尊心にとっても、有能な専任の側仕えを持つことは欠かせない。これらの使用人は、ほかにどんな仕事があるとしても、主人の側近くに仕えることがつねに主たる任務となる。こうした専任の使用人は、実際の仕事以上に見せびらかす役に立つ。また、単に見せびらかすために召し抱えられているわけではない場合でも、主人に支配欲を発揮する機会を与えて満足させる役割を果たす。なるほど、富の増大に伴い家の中に家具調度品の類が増え、したがって仕事が増えることは事実である。とはいえ、そもそも調度品が増えるのは快適に暮らすためと言うよりは評判を得るためなのだから、この新たな必要性はさして重要ではない。この種の仕事は、それぞれに特化した使用人の数を増やすことによって、みごとに遂行される。その結果、家事や身の回りの世話をする使用人は増え続け、その仕事はますます分化すると同時に、彼らを生産的労働から免除する傾向に拍車がかかる。この手の使用人は主人の財力の証拠として価値があるのだから、その職務はだんだんに減っていき、しまいには名目だけの仕事しかなくなる。絶えず主人の側近くに仕えていて人目につきやすい使用人はとくにそうだ。かくして使用人の効用の大半を占めるのは、生産的労働からのこれ見よがしの免除と、この免除による主人の富と権力の誇示になる。

このように衒示的閑暇を演じさせる目的で大勢の使用人を雇う慣行が大幅に発展を遂げた末には、その奉仕をことさら見せつけるためには女より男のほうがよいということになる。とりわけ給仕などの召使いに容姿端麗で体格のよい男を使えば、より効果的であるし、金がかかっていることもよくわかる。よって、時間と労力を一段と多く浪費していることをひけらかすには、男のほうが適している。こうして有閑階級の経済においては、かつての家父長制時代の多忙な主婦とよく働く下女の組み合わせに代わって、貴婦人と下男の組み合わせが登場することになった。

階層や職業を問わず、また経済発展がどの段階であっても、貴婦人と下男の閑暇は表向きは勤労だという点で、紳士の当然の権利である閑暇とは異なる。その仕事の大部分は、主人の世話だとか身の回りの品々の手入れなどにこまごまと注意を払うことにある。こうしたわけだから、貴婦人と下男の閑暇は、生産的な労働をほとんどしないという意味での閑暇であって、あらゆる見かけ上の労働が回避されているという意味ではない。貴婦人や家事使用人の仕事は相当な労力を要することが多いし、一家の快適な暮らしに欠かせない場合も少なくない。彼らの労働は、主人や家族の物理的・精神的な快適さをもたらす限りにおいて、生産的労働とみなすべきである。よって、こうした有益な労働を差し引いたのちに残る部分が閑暇として使われると言うべきだろう。

とはいえ、現代の日常生活で家事に分類されている仕事の多くは、そして文明化された人々が求める快適な暮らしの「効用」の大半も、言わば儀式のようなもので、形式にすぎない。したがってこれらは、本書で使う意味での閑暇の演出と分類してしかるべきである。なるほどほとんど形式上の意味合いしかないとしてもなお、体裁を取り繕うためにぜひとも必要だとか、心地よく暮らすために必要だということはありうるかもしれない。しかしじつは、形式的だという時点ですでに必須なのである。というのも私たちは、そうした労働がないと形式上の美しさや価値は整わないと教え込まれてきたからだ。労働が行われないと不快に感じるのは、ただちに物理的に困るからではないし、美的感覚に障るからでもない。この推論が正しいなら、こうした家内の役務に費やされる労働は閑暇に分類すべきである。そして、経済的に自立し決定権を持つ家長以外の者が行う場合には、それは閑暇の代行ということになる。

家事の名目で主婦や使用人が演じる代行閑暇は、単調でつまらない仕事になりがちである。評判の獲得合戦が僅差の競り合いになっている場合はとくにそうだが、現代はまさにそうした状況になりやすい。そうなった場合、この種の使用人階級の仕事を含む家事は、閑暇の代行よりも労力の無駄遣いというほうが当たっているだろう。だが代行閑暇という言葉を使えば、この種の家事の由来を示せるほか、その効用の重要な経済的根拠を明示できるという利点がある。こうした家事は、一定量の時間と労力をこれ見よがしに浪費したという事実でもって、主人あるいは一家に財力の評判をもたらす手段として、役に立つのである。

かくして、代行閑暇を演じて正統な主有閑階級の評判を高める役割を担う、派生的な準有閑階級が出現する。この準有閑階級は、日常の生活様式の特徴によって、本来の有閑階級と区別される。主人階級の閑暇は、ともかくも見かけ上は、労働を毛嫌いする性癖を思う存分発揮することであって、このような閑暇は主人の幸福や生活満足度を高めると考えられている。これに対して生産的労働を免除された使用人階級の閑暇は、ある意味で主人から強要された演技であって、通常の閑暇のように主に自分自身の快楽に向けられるわけではない。使用人の閑暇は当人自身の閑暇ではないのである。本来の有閑階級の下位層が使用人に成り下がったのではなく、専門の使用人の場合には、その閑暇はだいたいにおいて、主人の生活の見映えをよくするための役務に充当される。そしてこの従属関係を、使用人は態度や生活様式で如実に表すことになる。このことは、妻がまだ主人の奴隷だった時代、すなわち家父長制が堅持されていた時代の妻にも、おおむね当てはまる。有閑階級の生活様式にふさわしい要件を満たすためには、使用人は従属関係にあることを単に態度で示すだけでなく、どのように主人に付き従うかをよくしつけられ、その鍛錬の成果を誇示しなければならない。使用人も妻も、自らの役割を果たし服従の態度を示さなければならないのはもちろんのこと、従属者としての技巧を習得し、人目につくように効果的に従属関係を示すという要件を巧みに満たさなければならない。今日でも、従属関係を適切に表現する能力と技術は、高給をもらう使用人の重要な効用であり、血筋のよい妻の大切な美質の一つでもある。

よい使用人に何よりもまず求められるのは、自分の立場をはっきりとわきまえていることだ。要求された物理的な結果を出す方法を知っているだけでは不十分で、そうした結果をしかるべき形で表現する方法を心得ていなければならない。主人に仕えるのは、物理的な仕事ではなく精神的な仕事と言ってよいだろう。こうして、使用人が代行閑暇を演じる方法を規定した精緻な作法の体系ができあがる。この作法からの逸脱は、どれほど些細なものであっても、非難の対象になる。けっして主人が物理的に困るからではないし、使用人の側の服従心の欠如を示すからですらない。非難の対象になるのは、結局のところ、使用人が十分な訓練を受けていないことを示すからである。主人に仕える作法に習熟するには時間と労力を要するので、使用人が高度な訓練を受けていることがあきらかな場合には、その使用人は生産的な労働を日常的に行っておらず、過去にも行っていなかったと言える。つまりこの使用人の存在は、閑暇の代行を過去にまで遡って明白に証拠立てることになる。よく訓練された仕事ぶりは、すぐれた技量を好む主人の本能的な欲求に応え、生計を自分に依存する者に優越性を誇示する性癖を満足させるが、効用はそれだけではない。訓練の行き届かない使用人が現時点での閑暇の衒示にとどまるのに対し、よく訓練された使用人の仕事ぶりは、過去に多くの時間と労力を費やしたことを証明するという効用を持つ。万が一にも紳士の給仕頭なり馬丁なりが、主人の食卓あるいは馬車に仕える際に、日頃は畑仕事や羊飼いをしているとうかがわせるような不慣れなやり方を露呈したら、これはもう重大な不手際である。そのようなお粗末な仕事ぶりは、その家の主人にはよく訓練された使用人の奉仕を確保する能力がないことを意味する。それはつまり、使用人を精緻な作法体系に従って奉仕させるのに必要な時間と労力の消費と訓練に対して、費用を負担する能力がないことを意味するのである。使用人の主たる効用が主人の財力を証明することにある以上、使用人の仕事ぶりが主人の財力の欠如を物語るとすれば、その使用人は本来の存在理由を台無しにしたと言えるだろう。

このように書くと、訓練の行き届かない使用人は、金がかかっていないことや役に立たないことをただちに連想させる点がよろしくないのだと受け取られるかもしれない。だがもちろんそうではなく、両者の関係は間接的である。ここで見られることは広く一般にも見受けられる。最初は何か理由があって認めたものも、そのうちにそれ自体が本質的によいものに見えてきて、そのように思考習慣の中に位置づけられるようになるものだ。だが立ち居ふるまいの作法の場合には、その発展を促した習慣や気質と調和しているか、せめて矛盾しない限り、好ましくは思われない。使用人を抱えるのはあくまで代行閑暇を演じさせるためであって、人的奉仕のこれ見よがしの消費をさせる必要からである。となれば、使用人のしつけを手短かに済ませて周知の習慣から逸脱するなどもってのほかであることは、まずもってあきらかだ。いやしくも代行閑暇には金をかけるべきだという認識から、これに関する人々の好みや価値基準が形成され、それが間接的かつ選択的に作用した結果、慣行からの見苦しい逸脱は容認されず、排除されていくことになる。

世間に評価される富の基準が次第に高くなると、ありあまる財力を誇示する手段として使用人を活用するやり方も洗練されていく。財の生産に従事する奴隷を所有し維持することは富と武勇の証拠となるが、何も生産しない従者を雇い続けることは、富と地位の一段と強固な証拠となる。こうした次第で、何をするでもなくつねに主人の側に侍っている従者という階級が出現する。彼らの唯一の仕事は、そうした側仕えを通じて、主人にはこれほど長時間の非生産的奉仕を消費する財力がある、と証明することなのだ。よってこの手の従者は、多ければ多いほどよいことになる。こうして主人の名誉の維持のために時間を費やす使用人たちの間に、分業が発生する。主人のために財を生産する集団と、主人のためにこれ見よがしに閑暇を消費する集団である。後者はだいたいにおいて妻、とくに正妻が中心となって、どれほど消費したところで主人の財産は磐石だと誇示する役割を果たす。

以上のように、家内役務の性質と発展の経緯をいくらか理想化しながらおおまかに示したが、これがもっともよく当てはまるのは、産業と文化の発展段階において本書で準平和期と呼ぶ段階である。人的役務が初めて一経済制度として位置づけられ、社会の生活様式の中で大きな役割を果たすようになるのは、この段階である。文化の発展段階で言うと、厳密な意味での掠奪期のあとにこの準平和期が出現し、連続するこの二つが野蛮時代を形成する。準平和期の特徴は平和と秩序が形式的に守られることだが、まだこの段階の生活は抑圧や階級対立が多すぎるため、言葉の真の意味で平和と言うことはできない。経済的視点を離れた大方の目的のためには、身分制度期とでも名づけるほうがよいかもしれない。この段階の人間関係のあり方やこの段階の文化における男たちの精神性は、身分という括りでうまく説明できるからだ。しかし、経済発展の観点から産業の動向やその特徴を記述するためには、「準平和」という言葉がふさわしいと思われる。西洋文化に属す社会に関する限り、経済発展のこの段階はおそらく過ぎ去った。ただし例外もあり、少数ながら非常に特徴的な一部の社会では、野蛮時代の文化に特有の思考習慣がさほど変わらずに残っている。

人的役務は、とくに財の分配と消費に関して、今日もなお重要な経済的意義を持つ。とはいえこの方面でさえ、その相対的な重要性は、あきらかにかつてほどではなくなっている。代行閑暇が最も発達したのは過去のことであり、今日それが見られるのは、上流の有閑階級の生活様式の中だろう。現代の文化は、古代文化の伝統、慣習、思考習慣の保存という点で、この階級に負うところが大きい。

現代の産業社会では、日常生活をより快適かつ便利にしてくれる装置や工夫が高度に発展している。その結果、身の回りの世話をする従僕をはじめあらゆる種類の家事使用人は、昔から使っていて評判を落としたくないという理由でもない限り、めったに雇われなくなった。唯一例外と言えるのは、身体や精神を病んだ人の世話をするために雇われる人たちだろう。だが彼らは家事使用人ではなく、専門的な訓練を受けた看護人に分類すべきである。したがって例外といっても見かけの例外にすぎない。

たとえば、今日の裕福な家庭が家事使用人を雇い続けるとしたら、その直接的な理由は(表向きには)、近代的な調度や設備類の維持に必要な仕事をするのは家族にとって耐えがたい、ということにある。なぜなら、第一に裕福な家の者には多くの「社会的義務」があって多忙であり、第二にはやるべき家庭内の仕事が多すぎ大変すぎるからだ。この二つの理由は、次のように言い換えることができよう。第一に、体裁を保つという至上命令からして、裕福な家庭の人間は外見上すべての時間や労力を閑暇の見せびらかしに費やさねばならない。そのために訪問、ドライブ、クラブ、裁縫奉仕団、スポーツ、慈善団体などの社交にいそしむことになる。こうしたことに時間とエネルギーをとられる人たちは、これらの義務を果たすには衣装など消費の見せびらかしにも気を配らなければならず、ひどく面倒だが、どうしてもやらねばならないのだ、と称している。第二に、財の消費を見せびらかす必要上、住居、家具、装飾品、衣装、食事など生活を彩るさまざまな品物が精巧になり、誰かの手を借りない限り、正しい作法に従って扱うことがむずかしい。体面を保つための雑多な仕事をこなす使用人に絶えず接するのは、裕福な家庭の人間にとっては、ふつうは愉快なことではない。それでも日用品の消費という面倒なことの一部を押し付けられるので、彼らの存在は受け入れられ給金が払われる。家事使用人や側仕えの召使いが目立つように配置されるのは、多少の快適さを犠牲にしても、それなりの財力を誇示する精神的な必要性が優先されるからである。

現代の生活においては、代行閑暇は家事と呼ばれるものの中に最大限に表現される。家事は、家長一人のために行われる役務ではなく、むしろ一組織としての家庭、すなわち表面的には主婦が主人と対等であるように見える組織の評判のために行われる仕事へと、目下急激に変貌しつつある。しかし家事を行う場である家庭が古代の所有婚に縛られなくなると、家事も当然ながら、もともとの意味の代行閑暇の範疇にはおさまらなくなる（雇われた使用人による代行は別である）。代行閑暇は身分制または主従関係の中でのみ成立するのだから、いかなる時点であれ身分関係が消滅すれば、生活の大半の部分で代行閑暇も消滅することになるからだ。しかしこの点に、さらに次の但し書きを付け加えておきたい。仮に家長を主人と主婦が担うようになっても、家庭が存続する限り、家庭の評判のために行われる非生産的労働はやはり代行閑暇に分類すべきだということである。ただし代行閑暇の意味は以前とはすこし変わり、かつてのように家族の所有者たる家長のためではなく、擬人的な組織としての家庭のために行われる。

第4章　衒示的消費

前章では、代行閑暇を演じる準有閑階級の発展と勤労階級という大きな集団との分化について論じるとともに、使用人の間での分業にも言及した。閑暇の代行を主な任務とする一部の使用人は、やがて新たな仕事を兼務するようになる。それは財の消費の代行であり、制服の着用や広い使用人部屋はその代表例と言えよう。これに劣らず目立ち、かつはるかに広く行われている代行消費としては、有閑紳士の妻など家族による衣食住回りの消費が挙げられる。

だが経済の発展過程では、こうした上流の女たちが出現するだいぶ前の時点から、財力を証拠立てるための消費がそれなりに高度化し、組織的に行われるようになっていた。このような消費の分化が始まったのは、財力と正当に呼びうるものが出現する前だった可能性もある。この現象は掠奪文化の初期段階まで遡ることができ、その萌芽は掠奪期以前だったとも考えられる。財の消費におけるこの最も原始的な分化は、おおむね形式的な性質であるという点でのちに見られる分化と似ているが、蓄積された富の差に依拠しない点が異なる。富の証拠としての消費の効用は派生的に生じたもので、思考習慣には以前から根強く存在していたが、やがて新しい目的に沿った形で表れたと考えられる。

掠奪文化の初期段階では、頑健な肉体を持つ男から成る上位階級と労働に従事する女から成る下位階級というおおざっぱな分け方が唯一の経済的区分だった。当時理想とされていた生活様式では、女が生産したものを消費することが男の仕事だったのである。女に割り当てられるのは労働に伴う消費にすぎず、労働を続けるための手段であって、当人の快楽や満足のためではなかった。財の非生産的な消費は、第一に武勇の証拠として、また高位の人間の特権として名誉とされる。そして第二には、それ自体が本質的に名誉なものとなる。とりわけ大勢が欲しがるものの消費がそうだ。たとえば極上の食べ物、そして多くの場合稀少な装飾品の消費も、女子供には禁じられた。また男にも劣等の階級（奴隷）が存在する場合には、この禁忌はその者たちにもおよんだ。文化がさらに発展すると、こうした消費の禁忌は、より厳格ではっきりした慣習へと変質することもある。だが消費の差別が維持される根拠が禁忌であれ、慣習であれ、いったん根付いた消費様式の特徴は容易に変わるものではない。準平和期に達し、有体財産としての奴隷がその基本的な生産を支えるようになると、卑しい勤労階級は生存に必要なものしか消費してはならないという決まりができ、厳格に適用されるようになる。贅沢品や快楽は、その性質上、有閑階級に帰属するとされ、この禁忌を背景に、ある種の食品、とくにある種の飲料は、上流階級以外けっして消費してはならないものとなった。

食べ物に関しては、酒や麻薬など中毒性のあるものの消費において、格式張った差別が最も顕著に表れる。これらが高価であれば、高貴で名誉に値すると考えられる。したがって、こうしたものがよほど安価に手に入る国でない限り、卑しい階級、とくに女は、こうした刺激物を摂ってはならないとされた。古代から家父長制の時代にいたるまでずっと、これらの贅沢品を用意し管理することは女の仕事であり、それを消費することが生まれも育ちもよい男の特権だった。この種の刺激物を思うさま摂取していれば、酩酊にとどまらず病的な症状が表れるものだが、それすら尊敬に値すると受け取られるようになった。そうした症状は、高価な贅沢品に耽溺できるだけの身分であることを間接的に証明するからである。刺激物に溺れた挙げ句に虚脱状態に陥ることさえ、一部の人々の間では男らしいとして手放しで称賛された。それどころか、過剰摂取に起因する病気の名称が「高貴」や「血筋の良い」の同義語としてふだんの会話で使われるといった現象まで生じている。金のかかる悪習が高い身分の印として慣習的に受け入れられ、それが美徳とみなされて社会の尊敬を勝ち得ていたのは、文化の比較的早い段階に限られる。だが、そうした悪習をよしとする風潮は長い間根強く残り、そのおかげで、富裕あるいは高貴な男は酒や麻薬に溺れてもあまり非難されずに済んでいる。まさにその裏返しで、女や未成年者や卑しい身分の者が酒や麻薬に耽溺しようものなら、一段と強く非難される。古くからのこうした差別扱いは、今日の進んだ人々の間でも効力を失ってはいない。有閑階級のつくった手本が慣例化して強制力を保っているところでは、女たちは刺激物を慎む昔ながらの習慣をいまも守っていることが多い。

上流の女たちが長らく実行してきた刺激物の節制をこのように解釈するのは、常識を捨て置いて論理の高度化に躍起になっているように見えるかもしれない。しかし、すこしでも調べれば容易にわかることだが、女たちが節制をとりわけ厳しく守っている場合、その一因が絶対的な慣習にあることはまちがいない。こうした慣習の力が最も強いのは、一般には家父長制の伝統が力強く息づいていて、女が有体財産とみなされているような地域である。この伝統はだいぶゆるやかになり、その影響範囲も狭まったものの、いまなお重要性を失っていない。この伝統の下では、有体財産である女は生存に必要なもののみを消費すべきとされ、それ以上消費してよいのは、主人の快楽や評判に貢献しうる場合だけである。真の意味での贅沢品の消費とは、消費する当人の快楽となるような消費であり、それは主人であることの証となる。主人以外の者がそのような消費をするのは、容認されている場合に限られる。人々の思考習慣が家父長制の伝統の下で形成され、それが根付いているような社会では、贅沢品の消費に関する禁忌が生き残っており、自由を持たない隷属階級による贅沢品の使用は非難の対象になる。隷属階級が使ったことで主人の快楽がひどく損なわれるなど、その使用がとうてい正当化できないような贅沢品となれば、なおさらである。西洋文明において大集団を形成する保守的な中流階級は、いま挙げた理由のいずれかによって、隷属階級が刺激物を用いることを嫌う。そして、酒や麻薬に関する禁忌を女がたいそう忠実に守っているのは、家父長制が色濃く残ったゲルマン文化の中流階級であるという事実を見落とすわけにはいかない。そこでは、家父長制の伝統の衰退に伴い留保条件があれこれ付きはしても、女の消費は主人に利する場合に限られるという原則は、正しいし拘束力があるものとされている。女たちの衣装や身の回り品への支出は原則から外れるではないか、という反論が出るかもしれない。だがよく調べれば、この例外は本質的なものではなく、表面的だということがわかる。

経済発展の初期段階では、気前のよい消費は有閑階級に限られていた。とくに高級品、理想的には必要最低限の生活物資を超えるあらゆる消費がこの階級に限られていたのである。やがて平和期に達して私有財産制が登場し、賃金労働あるいは小規模家内手工業に基づく生産体制が出現すると、このように消費を制限する伝統は、すくなくとも形式上は次第に消えていく。だがその前の準平和期は、後代の経済活動に影響をおよぼすような有閑階級の伝統の多くが形成され整っていった時期でもあったことから、この伝統は慣習法のような効果を持っていた。そして消費の規範として君臨し、これに違反すれば非常識とみなされて遅かれ早かれ排除された。

こうしたわけだから、準平和期の有閑紳士は、生存と健康維持に最低限必要なもの以上に消費するのはもちろんのこと、消費するものの質に関しても条件を付けられることになる。紳士は最高の食べ物、飲み物、麻薬、住居、奉仕、装飾品、衣装、武器装具、娯楽、魔除け、偶像、神像を思う存分消費するものとされる。これらの品物が次第に改良されるのも、より洗練された上等な品物で買い手の快楽や満足度を高めることがその主たる動機や目的であることは、言うまでもない。とはいえ、それが紳士の消費の唯一の目的というわけではない。世間の評判が何より重要であるから、評判になりそうな改善や改良だけが生き残ることになる。選り抜きのよい品を消費することは富の証拠であり、尊敬に値する。逆に、そうした上質の品物をたっぷり消費できないのは、財力にも審美眼にも乏しいことの証拠となる。

食べ物、飲み物を始めあれこれの質的優劣がこうして几帳面に区別されるようになると、有閑紳士の生活様式はもとより、美意識の修練や知的活動にも影響をおよぼすようになる。もはや紳士は、羽振りがよく腕っ節が強いだけでは足りない。言い換えれば、権力と財力と勇気を持ち合わせているだけでは不十分である。世間に馬鹿にされたくなかったら、審美眼を養わなければならない。消費する品物を選ぶに当たって、高貴なものとそうでないものの微妙なちがいを見分けることが要求されるからだ。かくして有閑紳士は、食材、酒、装身具、高級な衣装、建築物、武器、遊戯、舞踏、麻薬の目利きになる。このような美的感覚の涵養には時間と労力を要するため、こうした努力が必要になったときから有閑紳士の生活は忙しくなる。表向きの閑暇をそれらしく見せかける技を学ぶことにも、大なり小なりエネルギーを費やさねばならない。紳士たるものはしかるべき品をふんだんに消費しなければならないと同時に、品よく消費する術を知っていなければならない。要するに紳士の有閑生活は、あるべき姿で営まれなければならないのであり、ここから前章で述べた礼節が発展する。血筋のよい人々の礼節や生活様式は、衒示的閑暇や衒示的消費という条件を満たす品目なのである。

貴重な品物をこれ見よがしに消費することは、有閑紳士が評判を獲得する手段である。だが富が増えるにつれて、当人が一人でいくらがんばったところで、それだけでは十分に富を誇示できなくなる。そこで、豪華な贈り物をするとか、金のかかった響宴や娯楽に招待するといった形で、友人や競争相手の手助けを借りることになる。贈り物や饗応は、もともとは無邪気な見せびらかしとは異なる理由で始まったのだろうが、ごく早い時期からこの目的に役立つとされ、今日にいたるまでその性格を維持している。このように贈り物や饗応の効用には長い歴史があり、だからこそ習慣になったと言えよう。ポトラッチと呼ばれる贈答儀式や舞踏会といった金のかかる饗応は、とくに衒示的消費の目的に適うよう工夫が凝らされた。そこでは、招待主が張り合っている当の相手が、見せびらかしの対象に利用される。競争相手は、招待主に成り代わって消費すると同時に、招待主一人では使い切れないありあまる贅沢品が消費されたことの証人になる。また、招待主が礼儀作法に精通していることの証人にもさせられる。

もっと穏当な動機から贅沢な饗応を催す場合も、もちろんあるだろう。大勢がにぎやかに集う習慣は、おそらくは祝祭や宗教に起源があると考えられる。こうした動機はその後の発展段階でも見られるが、やがてこれは唯一の動機ではなくなる。今日の有閑階級が催す祭礼や饗宴には、宗教的な目的はごくわずかしかない。大半は気晴らしやお祭り騒ぎが目的にしても、そうした饗応によってちがいを見せつけるという目的もある。もっともらしい無私な動機を隠れ蓑にしていても、効果的に差別化の目的を果たしているのである。それでも、こうした社交的な娯楽の経済効果が減ってしまうということはない。財の代行消費が行われるうえ、礼儀作法の洗練という労力と費用を要する修練も誇示できるからだ。

富の蓄積が進むとともに、有閑階級の役割や構造は一段と発達し、階級内での上下関係が出現し、かなり複雑な身分階層が体系化される。こうした階層化は、遺産相続や、これに伴う家の継承により一段と進む。名家を受け継げば、義務として閑暇も受け継がなければならない。すると中には、有閑生活を当然送るべき名家が、そのために必要な富を伴わずに継承される場合も出てくる。高貴な血筋が、世間の評判になるような気ままな消費を維持できるだけの財産なしに受け継がれることは、十分にありうる。その結果、すでに言及したような無一文の有閑紳士階級が出現する。名家と貧困の混血のようなこうした有閑紳士たちは、身分制度の谷間に落ち込む。出自か財産、あるいはその両方で最上位またはそれに近い階層の紳士たちは、身分の低い者や財産の乏しい者より上になる。こうして下に位置づけられた者たち、とくに無一文や最も低い身分の有閑紳士は、従属や忠誠を誓って有力紳士に取り入る。そして庇護者から評判のおこぼれに与り、有閑生活を送る手段のお裾分けも頂戴する。こうして有力紳士の取り巻きに、あからさまに言えば家来や従者になるわけだ。庇護者に養ってもらい金銭的支援を受けていることで、彼らは庇護者の地位の証人になるとともに、そのありあまる富の代行消費者となる。もっとも、取り巻き紳士の多くは存在感が薄いため、代行消費者の役割を十分に（それどころか全然）果たせないのだが、それはそれとして、庇護者の家来や寄食者になっておれば、無条件に代行消費者に分類できるだろう。そしてこれらの者や、貴族階級でも身分の低い者の多くがまた、妻、子供、使用人、従者といった多少なりともまとまった代行消費者集団を引き連れているのである。

このように階層化された代行閑暇と代行消費の体系全体は、次の決まりごとに縛られている。すなわち閑暇や消費を代行する役目は、そもそも閑暇と消費を与えてくれたのが主人であることや、代行の結果として高まった評判は主人に帰すべきであることを、はっきり示すような方法や条件あるいは表示の下で果たさねばならない。これらの者どもが主人や庇護者のために代行する消費や閑暇は、主人の側から見れば自分の評判を高めるための一種の投資である。饗宴や褒美の場合にはこのことははっきりしており、誰もが承知しているので、評判はただちに招待主や庇護者のものになる。閑暇や消費の代行を家来や従者が行う場合に、それに伴う評判が主人に向けられるのは、これらの者どもがつねに主人の近くに侍っており、誰のおかげで食べているかが万人にあきらかであるからだ。こんな具合に評判を確保しようとする集団の規模が大きくなるにつれて、代行された閑暇の価値が誰に帰属するのか、より明確に示す方法が必要になる。そこで、制服や紋章やお仕着せといったものが流行になった。制服の着用は強い従属関係を暗示し、さらには実質であれうわべであれ、隷従関係さえ意味すると言ってよい。制服を着ている者は、おおむね二種類に分かれる。自由な者と隷従する者、または高貴な者と卑しい者である。同様に彼らの行う仕事も、高貴な仕事と卑しい仕事に分かれる。言うまでもなく実際には、この区別が一貫して厳密に守られるわけではない。卑しい仕事の中でもさほど下等でないものや、高貴な仕事の中でもさほど上等でないものを一人の人間が行うことは珍しくない。それでも、全体として二つに区別できることは見落とすべきではあるまい。いくらかややこしいのは、見かけの仕事の性質に基づくこの第一の貴賤の区別が、仕える相手あるいは制服を支給した主人の地位に基づく第二の貴賤の区別と対立しうることだ。本来の有閑階級にふさわしい仕事、たとえば政治、戦争、狩猟、武器装具の管理などあきらかに掠奪的な仕事に分類できるものは貴く、勤労階級が当然やるべき仕事、たとえば手工業などの生産的労働や使用人の奉仕などは卑しい。ところが、きわめて高い地位の人のために行われる卑しい仕事は、非常に貴いものとなりうる。たとえば、女王付きの女官や侍女、国王の馬丁頭や猟犬係の仕事などがそうだ。最後に挙げた二つからは、この方面の一般的な原理を導くことができよう。すなわち、卑しい仕事であっても、戦闘や狩猟といった有閑階級の仕事と直接結びつくようなものであれば、それに伴う名誉を容易に獲得できるということだ。このように、それ自体としては卑しいとされる仕事に名誉が与えられることがありうる。

やがて平和な産業発展段階を迎えると、制服を着用し武器を携えた徒食の従者集団を雇っておく習慣は次第にすたれる。そして、主人や庇護者の紋章を帯びて寄食者が行っていた代行消費は、制服を着用した使用人に限られるようになる。これが励行されるようになると、制服は隷従関係の証となり、さらに言えば卑しい奴隷根性の表れとなる。武器を携行する従者の制服にはいくらか誇らしさがあるが、制服を着用するのが使用人だけになると、その誇らしさは消え失せる。そして着用を強要される者にとって、制服はつねに不快なものになる。現実の奴隷制度廃止からまだ時があまり経っていないため、奴隷根性という汚名を着せられることには誰もがいまだに敏感だ。このような嫌悪感は、会社が自社の社員を見分けやすいよう支給する制服の場合にも顕在化することがある。それが嵩じて我が国では、制服の着用が義務づけられている公務員を、軍人か文官かを問わず嫌うほどになっている——拒絶反応を起こすほどではないにしても。

隷従関係の消滅とともに、一人の紳士に付き従う代行消費者は全体として減る傾向にある。そして閑暇の代行を行う使用人の数がなおのこと減るのは言うまでもない。いつもではないがだいたいにおいて、この二つの集団はほぼ重なる。消費や閑暇の代行をまず任されるのは妻とくに正妻であるから、代行の役目を果たしてきた者が減っていくと、当然の成り行きとして最後にやはり妻が残る。上位の階層では大量の消費や閑暇を代行する必要があるため、現在でも妻のほかに多数の使用人がこの務めを果たしている。しかし階層が下になると、ある層以下ではこの役目が妻だけに委ねられるようになる。現在の西洋文化社会では、下位の中流階級がこれに当たる。

するとここで、奇妙な逆転現象が起きる。この下位中流階級ではふつう、一家の主人は暇があるふりなどしない。周囲の事情のために、そのような習慣はすたれている。ところが妻のほうは、一家と主人の名誉のために、いまだにせっせと閑暇を代行する役割を果たす。現代の産業社会の階層を下がっていくと、比較的高い階層で、一家の主人自らの衒示的閑暇という第一次要素は消滅する。中流階級の一家の主は、経済的事情から、今日のふつうの勤め人と同じく、生計を立てるために労苦の性格の強い仕事に自ら手を染めざるをえなくなっているからだ。だが、妻による閑暇と消費の代行や使用人による補助的な閑暇の代行といった派生的要素のほうは、評判を守る必要性を軽んじるわけにはいかないというわけで、慣行としていまだに健在である。自分の妻が、世間の常識が要求する程度の代行閑暇をしかるべき形で演じられるよう、男が仕事に精を出す光景はけっして珍しくない。

このような場合に妻が代行する閑暇は、言うまでもなく、単に怠惰や無為を表す形では行われない。閑暇はほぼ例外なく、何らかの仕事や家事あるいは社交的な娯楽の形で使われる。とはいえそれらをよく調べてみれば、妻が有益な仕事や役に立つ仕事をしていないことを示すだけで、それ以上の役割はほとんど果たしていないことがわかる。礼節について述べた箇所ですでに指摘したように、中流階級の主婦が時間と労力を費やす習慣的な家事の大部分は、この類いである。妻が熱心に飾ったり片付けたりした成果に、中流階級のしつけを受けて育った男たちが満足しない、とは言わない。しかし装飾や整頓を好ましく感じるのは、こうした無駄な労力の証をことさら求めるような作法の下で美的感覚を養われてきたからにすぎない。要するに家事の成果に満足するのは、それをよいものと思うように教え込まれてきたからなのである。こうした家事の中には、形と色を上手に組み合わせるなど、言葉の正しい意味において美的と呼べるような事柄への配慮も多く含まれており、いくら無駄な労力といっても、それなりに美的価値のある成果がときに達成されることは否定できない。しかしここでとくに言いたいのは、家の中を心地よくしようと主婦が労力を費やすのは、時間と物資の浪費を見せびらかす衒示的浪費の法則に基づいた伝統に従っているのだ、ということである。美や心地よさがもし実現できたとすれば、それは大なり小なり偶然の産物なのだが、ともかくもそれは、無駄な労力という経済の一大原則に適う手段や方法によって実現しなければならない。かくして中流家庭が所有する物のうち、見てくれがよく評判を得られそうな物と言えば、衒示的消費によって入手した品物か、主婦による代行閑暇を証明する品物となる。

妻による代行消費は、代行閑暇の場合と比べ、かなり下の階層でもいまだに必要とされている。形式的な整理整頓といった無駄な仕事をほとんどしないような階層や、見かけの閑暇を装う試みすら意識的には行わない階層より下であっても、世間体を保つ必要上、やはり妻には一家と主人のために一定の財をこれ見よがしに消費することが求められる。もともとは理論上も実際にも生産の担い手であり男の有体財産だった妻は、古い制度が進化を遂げた結果として、男が消費する財を生産するという役割から、男が生産する財を儀式的に消費する役割を果たすようになったわけである。とはいえ、いまも理論上は、妻はまちがいなく夫の有体財産である。なぜなら閑暇や消費の代行を日常的に求められるのは、自由を許されない使用人であることとの不変の証だからだ。

中・下流階級の家庭に見られるこうした代行消費は、有閑階級の生活様式を表現しているとは言えない。そもそもこれらの階級は有閑階級に属していないのだから、有閑階級の生活様式が間接的に表現されたと言うべきだろう。有閑階級は、世間の評判という点で社会構造の頂点に位置づけられ、その生活様式や価値観は、その社会の評価の基準となっている。すると下の階層はみな、この基準にできるだけ近づかねばならぬと考える。近代文明社会では階層間の境界があいまいになり、固定的でもなくなっている。そうした状況では、上の階級が定めた基準は、社会構造の一番下の階層にいたるまで、問答無用で強制的な影響力を持つ。そして各階層に属す人々は、すぐ上の階層で流行中の生活様式を理想とし、それに近づこうと精力を注ぐ。そうしないと体面も自尊心も傷つきかねないため、うわべだけでも世間的に認められた基準に従わざるをえない。

高度に組織化された産業社会では、結局は財力がないとよい評判は得られない。そして財力を誇示して評判を得るための手段は、一つは閑暇であり、もう一つは財の衒示的消費である。このため下の階層でも可能な限りはこの両方が用いられ、低い階層の場合には、その大部分が妻と子供に委ねられている。さらに階層が下がり、妻が閑暇の見かけさえ装えないようになっても、財の衒示的消費のほうは相変わらず妻と子供が行う。一家の主人も衒示的消費ならいくらかはできるはずだし、実際にもしていることが多い。だがさらに下がって貧民窟すれすれの極貧階層になると、まず一家の主人が、次いで子供も、体面のために高価な財を消費することをやめる。そして事実上妻だけが、一家の財政的体面を保つことに貢献することになる。どんな階級も、つまりおそろしく貧乏であっても、習慣化した衒示的消費を一切せずに済ますことはない。衒示的消費が完全に打ち切られるのは、やむにやまれぬ必要に迫られたときだけである。ありとあらゆる悲惨や不足を耐え忍んだのちにようやくのこと、ついに安物の装身具や金のあるふりをあきらめるわけだ。単なる物理的な不足に屈して贅沢な欲求や精神的欲求の充足を気弱に断念してしまった階級や国は、一つとして存在しない。

衒示的閑暇および衒示的消費の拡大に関する以上の分析から、評判を保つという目的に関して両者が等しく持つ効用は、あきらかに浪費だと言える。この浪費という要素は両者に共通しており、前者においては時間と労力の、後者においては財の浪費を意味する。どちらも富の所有を誇示する手段であって、通常は同等と考えられる。よってどちらを選ぶかは、別種の決まりごとに縛られない限り単に宣伝上の便宜の問題であり、経済発展の段階に応じて適宜どちらかが選択される。要するに、閑暇や消費を見せつけたい相手にどちらが効果的に届くか、ということが問題となるのである。過去の例を見ると、この問題の答がどちらになるかは、社会環境によって異なることがわかる。

社会または社会集団が十分に小さく密集していて、少々の評判が立つだけでも十分相手に届くような環境、すなわち、評判に気をつけなければならない人間関係の範囲が友人知人や噂好きの隣人の間柄にとどまるなら、閑暇も消費も同じように有効である。したがって社会発展の初期段階では、どちらもほぼ等しく役に立つ。だが階層化が進んでより広い範囲の人間を相手にしなければならなくなると、体面を保つ通常の手段としては、閑暇より消費のほうが有効になってくる。のちの平和な経済発展期には、とくにそうだ。伝達・移動手段の発達により個人は大衆の目にさらされるようになるが、その大衆はと言えば、自分たちの注視の下で行われる財（そしておそらくは血筋）の誇示以外に判断材料を持たないからである。

現代の産業化も、経路こそ異なるが、やはり同じ方向に作用する。産業社会の必要上、個人や世帯は隣り合って住むことになるが、それぞれの間には近所付き合い以外にはほとんど接触がない。物理的な意味での隣人は、社会的には隣人でもなければ、ときには面識さえないのである。それでも、そうした隣人がその場限りにせよ評価してくれれば、大いに役に立つ。他人の日常生活を意地悪な目で観察する人たちに財力を印象づけるには、金を使う能力があるのだと絶えず示すほかに現実的な手段はない。また現代の社会では、こちらの日常を知らない大勢の人の集まりに出かける機会も格段に増えている。教会、劇場、舞踏会、ホテル、公園、商店などがそうだ。こうした場所で行きずりの人に強い印象を与え、注視されて自己満足を得るためには、言ってみれば走っている人でも気づくようにでかでかと自分の財力を広告しなければならない。こうした次第で、現在の流れはあきらかに衒示的閑暇よりも衒示的消費の効用を増やす方向に向かっている。

もう一つ注目すべきは、体面を保つための消費の必要性や評判を得る手段としての消費の効用が最も大きいのは、人間関係の範囲が広く人の移動が多い社会だという点である。都市の家庭のほうが、農村の家庭よりも、衒示的消費に多くの所得を割り当てる必要性に強く迫られる。その結果、体面を保つ必要からその日暮らしに追い込まれる家庭は、農村よりも都市のほうが多い。たとえばアメリカの農家と都会の職人一家の所得が同じだったとしても、前者の立ち居ふるまいが田舎くさいのは言うまでもなく、着ているものもあきらかにあか抜けない。都会の住人が衒示的消費に固有の自己満足の追求に生まれつき熱心だというわけではないし、農村の住人が財力の誇示に生まれつき無関心なわけでもない。ただ都会では、財力の証拠に対する反応やその一時的な効果がはるかに強いため、衒示的消費がひんぱんに行われるようになる。都会の住人は互いに相手を出し抜こうと張り合い、衒示的消費の標準を押し上げるので、体面を保つための支出が都市ではますます増えていく。そして、この押し上げられた標準を満たすことが必須となるのである。しかるべき暮らしの標準は階級ごとにそれぞれ高くなるので、自分の階級から脱落したくなかったら、何としてもその体裁を繕わなければならない。

都会では田舎よりも、ふだんの暮らしの中で消費が重要な要素となる。田舎では、消費はある程度まで貯蓄と安楽な暮らしに置き換えられ、それが近所のうわさ話を通じて広まり、結局は消費と同じように財力の評判を得ることができるからだ。こうしたゆたかな暮らしぶりやありあまる閑暇（それが傍目にわかる場合）の多くは、言うまでもなく衒示的消費の項目に分類できる。貯蓄の多くもそうだ。都会の職人の貯蓄が相対的に少ないのは、あきらかに彼らの置かれた環境では、農場や小さな農村に住んでいる人たちに比べ、貯蓄が有効な宣伝手段とならないことが一因になっている。一方農村部では、どの家の内情も暮らし向きも村中に知れ渡っている。もっとも、職人や都市の勤労階級にとって貯蓄が有効な宣伝手段でないということだけをまず取り上げるなら、彼らが貯蓄を大幅に減らす理由にはならないように見える。だが体面を保つための出費の標準が次第に押し上げられれば、貯蓄を妨げる効果は、積もり積もってひどく大きくならざるをえない。

評判を保つというこの必須条件が発動される代表的な例を、公の場で酒や食事やタバコをおごる習慣に見ることができる。こうしたことを慣習的に行うのは、一般に都市の労働者や職人、そして都会に住む下位中流層である。中でも渡りの印刷職人は、この種の衒示的消費をさかんに行う手合いとして知られ、挙げ句の果てに世間に眉をひそめさせるほどである。渡り印刷職人特有のこうした習慣は、彼らにそもそも道徳的欠陥があるせいか、印刷業というものに何かしら道徳的な悪影響があるからだろう、とみなされている。ここで、印刷所のごくふつうの植字室や印刷室で働く人々の実態を考えてみよう。ある印刷所あるいはある都市で習得した技能は、他の印刷所あるいは他の都市で容易に活用できる。言い換えれば、その印刷所あるいは都市固有の訓練に起因する硬直性は乏しい。また、この職業には平均以上の知性が必要とされ、情報通でもなければならない。労働需要が場所によってわずかでも変動すれば、印刷職人はすぐさまそれを活かす才覚を備えている点で、他の職人を上回る。だから彼らは出身地にこだわる硬直性にも乏しい。しかも印刷職人の賃金はまずまず高いので、比較的気軽に移動できる。このため印刷職人の移動性はきわめて高い。明確に定義され、かつ十分な規模を持つ他のどの職人集団よりも高いと言ってよかろう。渡り職人は絶えず新しい人々と知り合う。その関係は一時的あるいは一過性のものではあるが、それでも高評価を得ることは当面の役に立つ。人間には見せびらかしの性癖があるうえに、いい仲間と思われたいという気分も手伝って、その目的に適うのであれば気前よく出費することになりがちだ。ここでも、他の場合と同じく、この流儀がはやり出すとすぐに慣習として定着し、体面のしかるべき標準と化してしまう。そして次にはこの標準が出発点となって一段と華々しい消費へと進む。同じ職業仲間がみな当然のものとして守っている散財の標準におとなしく従っても、何の値うちもないからだ。

以上のようにわたり印刷職人の間では他の平均的な職人の場合よりも散財の習慣が浸透しているが、その理由のすくなくとも一部は次の要因にある。一つは他の職人より移動性が高いこと、もう一つは人間関係や交流が一過性であることだ。しかし結局のところ、こうした散財を迫られる根本的な理由は、優越性や財力の誇示にほかならない。フランスの農民が倹約と吝嗇《りんしょく》に走り、アメリカの富豪が大学や病院や美術館を建立したがるのも、この同じ性癖からである。衒示的消費の必要性が、消費を慎む人間本性によって相当程度打ち消されない限り、職人や都市の勤労階級と同じ状況に置かれた人々にとっては、貯蓄など理論的に不可能である——たとえ賃金がよくて大いに稼いでいたとしても。

富を所有し誇示することのほかに、評判を得るための基準など他の決まりごとに従う必要もあり、そうした必要性も大がかりな衒示的消費を強く促した。単純に宣伝効果だけで比べれば、衒示的閑暇と衒示的消費は、財力の張り合いに関して始めはほぼ五分五分だったと考えられる。経済が発展し集団の規模が拡大するにつれて、閑暇は次第に宣伝効果が乏しくなり、役に立たなくなる一方で、財の衒示的消費は絶対的にも相対的にも次第に重要性を増し、ついには生活必需品以外のすべての財が衒示的消費に動員されるようになると考えることは可能であろう。しかし実際の発展過程は、この理論上の行程とはいくらかちがっていた。たしかに最初は閑暇のほうが有効だった。そして準平和期を通じて、閑暇は富の直接的な証拠としても、体面を保つための標準的な要素としても、財の無駄な消費よりさかんに用いられていた。その後は消費が活用されるようになり、今日でも消費の衒示のほうが圧倒的に多用されていることに疑いの余地はない。とはいえ、最低限の生活必需品以外のものがすべて見せびらかしに使われるほどではない。

評判を勝ち得る手段として始めは閑暇のほうが効果的だったのは、古い時代における職業の貴賤の区別に由来する。閑暇がぜひとも誇示すべき晴れがましいものとなったのは、ひとつには賤しい労働からの免除を意味するからだった。古い時代の階級の貴賤は職業の貴賤という差別に基づいており、この伝統的な区分が、準平和期の初期に体面の絶対的な基準となったのである。閑暇が今日もなお富の証拠として消費と同じく有効であるという事実からも、閑暇の重要性がよくわかる。当時の人々が置かれていた比較的狭くて安定した人間関係においては、閑暇がきわめて効果的だったうえ、あらゆる生産的労働を蔑む古代の伝統も手伝って、金のない有閑階級を大量に出現させた。さらには、共同体の生産活動を必要最小限に抑える気配さえうかがわれたほどである。実際には生産活動のこれほど極端な抑制は行われなかったが、これは、評判が人々を縛る以上に厳しく労働義務に縛られた奴隷が、勤労階級の必要最小限を上回る生産を強制されたからだった。やがて、評判を得る手段としての衒示的閑暇の活用は相対的に減っていく。その理由の一つは、富の証拠としての消費の効果が相対的に高まったことにあるが、もう一つは衒示的浪費を嫌う別の要因にある。

この別の要因とは、勤労本能である。人間はこの本能によって、事情が許す限りにおいて、生産的な能力や人間に役立つものをよいとみなし、ものや労力の無駄を悪いとみなす。この本能は誰にでも備わっており、どんなに不都合な状況でも自ずと表れてくる。したがって、何らかの出費が実際にはどれほど無駄であろうと、すくなくとも見かけ上はもっともらしい理屈をつけなければならない。特殊な条件下では、この本能が英雄的行為や階級差別の追求に姿を変えることは、すでに指摘したとおりである。勤労本能は、衒示的浪費の法則と衝突する場合には、実質的な有用性へのこだわりというよりもむしろ、あきらかに無駄なものは醜悪だという断固たる感覚として発揮される。この本能は生来の好き嫌いの感覚といったものであるから、主として感覚的に受け入れられないものにはただちに反応する。一方、熟考を要するものに対しては、すぐには反応しないし、さほど拒絶的でもない。

労働が奴隷のみまたはおおむね奴隷によってなされた時代には、人々は生産活動に対する軽蔑にすっかり囚われているため、勤労本能が生産に役立つ方向に十分発揮されることはなかった。だが、奴隷や身分制を伴う準平和段階から、賃金労働者と金銭取引を伴う平和な産業段階に移行すると、この本能は俄然効果を現し始める。そして人々の価値観の形成に強い影響を与えるようになり、やがては自己満足の形成を助ける一要素にもなっていった。本人には如何ともしがたい要因を別とすれば、何らかの目的をめざす意欲がまったくないとか、何か役に立つものや現象や関係を作り出す衝動にまったく駆られない大人は、今日ではほとんどいない。なるほど勤労本能に基づくこうした意欲や衝動が、閑暇をひけらかして評判を得るとか、実用性は下品だとして排除するといった、もっと卑近で強力な誘因に屈し、見てくれだけになってしまうことはありうる。たとえば「社会的義務」だの、似非芸術や似非学問の素養だの、家の片付けや装飾、裁縫奉仕団の活動、衣服の仕立て直しや着こなし、あるいはトランプやヨットやゴルフ、その他さまざまなスポーツの熟達といったものがそうだ。だが、陶器の卵を入れた巣にめんどりが坐るからといって抱卵本能の反証にならないのと同じで、状況によって下らぬ行為に成り下がるからといって勤労本能の存在が否定されるわけではない。

このように平和期になると、何らかの目的を持ったある種の活動（ただし、個人や集団に利益をもたらすような下品な生産活動であってはならない）が不安定ながらも求められるようになった。これが、現代の有閑階級と準平和期の有閑階級との姿勢のちがいである。すでに述べたように、かつての奴隷制と身分制の下では、純粋な掠奪目的以外に精力を使うことは悪とされ、その風潮に抵抗することはまずできなかった。とはいえその頃は、敵対する集団や集団内の従属階級に対して、直接的な攻撃や弾圧をしかけるような職業がまだ存在した時代である。それが圧力を和らげエネルギーを発散させる働きをしていたおかげで、有閑階級は実際に有益な職業には就かずに済んでいた。いや、見かけが有益な職業にさえ就かなかった。この点に関しては、狩猟の習慣も同様に役立っている。やがて社会が平和な産業期に移行し、土地の占有が進んで狩猟の機会が激減すると、有益な職業を求めるエネルギーは別の方向へ向かわざるをえなくなる。また奴隷労働の消滅とともに、有用な労力につきまとう屈辱感も和らいでいった。こうして勤労本能がますます強く作用するようになる。

生産活動に対する抵抗感もいくらか薄れ、従来は掠奪行為に向けられていたエネルギーは、いまやいかにも有用な目的に向かうようになった。そして何の目的もない閑暇は軽蔑されるようになる。とくに有閑階級の中でも多数を占める平民出身者は、「高貴なる暇(4)」の伝統になじまないこともあって、その傾向が強い。その一方で、生産的な性格の職業は何であれ相変わらず低く見るという世間体の基準は根強く残っているため、有益または生産的な職業を認める傾向が現れたとしても長続きはしない。だから、有閑階級の衒示的閑暇に変化が表れたとはいっても、それは表面的であって、本質的なものとは言いがたい。そこで、見かけを取り繕う行動によって、この矛盾する二つの傾向に折り合いがつけられている。ややこしい儀礼的な行事や儀式張った社会的義務が開発され、社会改善を謳う見かけ倒しの目的を公式名称に示す団体が設立され、さまざまな集会や茶話会が催される、といった具合である。この手の集まりの目的はと言えば、自分たちのしていることの経済的価値について深く考える暇をなくすことにほかならない。もっとも目的を取り繕ったこうした試みの中には、見分けがつかないように紛れ込んだ格好で、何らかのまじめな目的をめざすそれなりに有用な努力が存在することも少なくないが。

代行閑暇というより狭い領域でも、同様の変化が進行した。家長制が支配的だった頃の主婦は、世間にわかるようにひたすら怠惰に時間を過ごしていたが、時代が進んで平和期に入ると、熱心に家事をこなすようになる。こうした家事労働の発展過程の顕著な特徴は、すでに述べたとおりである。

以上のように、財、役務、生活面の衒示的消費の推移を俯瞰してあきらかに言えるのは、消費する当人の評判を効果的に高めるには、不要な贅沢品に金を使わなければならない、ということである。つまり浪費をしなければならない。ただの必需品を消費しても何の意味もないのである。最低限の必需品さえ事欠く貧乏人と比べるなら話は別だが、そのような比較からはひどく凡庸な世間体を保つ支出の基準が導かれるだけで、浪費の基準にならないことは言うまでもない。ただし生活には、富以外にも比較と差別につながるものさしは存在する。徳性、肉体的能力、知性、芸術的能力などがそうだ。こうした能力の比較が昨今の流行だが、じつはこの種の比較は金銭面の比較と分ちがたく結びついており、切り離せないほどである。このことは、知性、芸術的な才能、技能の発現に関して現在行われている評価の仕方にとくによく当てはまる。よって、実際には財力のちがいにすぎないものが、知性や芸術的才能のちがいと解釈されることが多い。

「浪費」という言葉をここで使わねばならないことをある意味で残念に思う。この言葉が日常生活で使われるときには、軽蔑の意味を孕《はら》んでいるからだ。しかし本書でこの言葉を使うのは、同種の動機や現象を表すもっと適切な言葉がほかに見当たらないからにすぎない。だから、生産物や生活の不適切な消費を表す悪い意味にとらないでいただきたい。経済理論の観点から言えば、この種の消費は、他の消費より正当でもなければ不当でもない。ここで「浪費」と呼ぶのは、この種の消費が全体としてみれば人間の生活や幸福に寄与しないからであって、消費をする当人にとって労力やお金の無駄遣いであるとか誤った使い方だということではない。その消費を選んだ時点で、浪費と非難される恐れのない他の消費と比較した相対的効用の問題は片付く。なぜなら、どういう形の消費を選ぼうとも、またその消費の目的が何であろうと、それを好むという点からして当人にとっては効用があるからだ。経済理論の範疇に限っては、当人にとって浪費かどうかという問題は持ち上がらない。よって、本書で技術的な用語として「浪費」という言葉を使ったからといって、衒示的浪費というレッテルを貼られた行為の動機や目的を非難する意味合いはまったくないのである。

だが別の観点から見れば、日常生活では「浪費」という言葉に無駄遣いといった非難の意味が込められていることは一考に値する。それが通常の意味になっていること自体が、勤労本能の表出にほかならない。浪費に対する非難が当たり前になっているのは、いかなる労力も快楽も、そこに全体として生活あるいは幸福の向上が認められない限り、どこか居心地が悪いことを表している。経済的な事柄が無条件の賛同を得るためには、個人ではなく人類全体にとっての効用という基準に合格しなければならない。ある人が他人との比較で相対的あるいは競争的に利益を得るというだけでは、経済的な判断としてよしとするわけにはいかない。したがって、他人と張り合っての消費などというものは、この点からは認められないことになる。

厳密に言えば、衒示的浪費に該当するのは、財力を張り合うために行われる支出だけである。ただし、何らかの品目を衒示的浪費と分類するに当たっては、そのための支出がいま言った意味での浪費として当人に認識されていなくてもかまわない。標準的な生活において当初はまずもって浪費とみなされていたものが、やがて当人にとっては必要不可欠になることは珍しくない。こうしてその品目は、その人の日常的な支出項目の一つとして外せないものとなる。これに該当し、いま述べた経過を如実に示す品目の例として、絨毯、タペストリー、銀器、給仕人、シルクハット、糊の効いたシーツ類、宝飾品や正装用の衣装といったものが挙げられよう。とはいえ、これらのものが習慣化したのちに必要不可欠になったという事情は、その支出を技術的な意味で浪費と分類しうるかどうかとは何の関係もない。何らかの支出が浪費であるかないかを分ける基準は、その支出をするのが誰であっても、その人の生活の向上に直接役立つかどうか、ということである。これこそが勤労本能による判定の根拠であり、経済上の真理や妥当性をめぐる問題で最終判断を下すのは、この勤労本能なのである。こうした問題は冷静かつ良識的に判断すべきであるから、個人の習慣や社会の慣習という既存条件の下で、ある消費が当人の満足や心の平穏につながるかどうかは無視しなければならない。そうした条件下で身についた個人の好みや習慣や世間体の基準は度外視して、支出の結果が生活の満足度や快適性に関して差し引きでプラスになるかどうかが問題になる。習慣化した支出は、財力を比較して差別化を図る慣行に根ざす限りにおいて、浪費とみなすべきである。すなわち、財力の評判や他人と比較しての経済的成功を促す要因がなければ習慣化も規範化もしなかったような支出は、浪費に当たる。

何らかの支出対象は、必ずしも全面的には無駄でなくとも衒示的浪費に該当しうる。ある一つの支出は有用にもなれば無駄にもなるのであり、当人にとっての効用も両者がさまざまな割合で混ざっている。一般的に消費財は無駄な要素が多く、生産財には有用な要素が多いけれども、消費財はもちろん、じつは生産財にも、その効用には両方の要素が入り込んでいる。一見すると見せびらかしの役にしか立たないような品物でさえ、ともかくも見かけは有用な目的を必ず見つけることができる。逆に、何らかの産業用途に設計された機械や設備でさえ、人間の労力による最も原始的な道具同様、よく観察すれば、衒示的浪費の痕跡か見せびらかしの習慣の形跡がたいていは見つかるものだ。こうしたわけだから、何らかの品目や役務の主目的や主要素があきらかに衒示的浪費にあるとしても、その効用が有用性とはいっさい無縁だと決めつけるのは正しくない。またあきらかに有用なものについて、直接間接を問わずいかなる浪費の要素もそこには含まれていないと主張するのも、正しいとは言いがたい。

第5章　生活の金銭的基準

　現代社会では大半の人々が、肉体的に快適な生活に必要とされる以上の支出をしている。その直接の理由は、消費する品物の量と質に関して慣習的な体面の基準に適う暮らしをしたいということであって、何も自分たちの消費の額で他人を上回りたいからではない。とはいえ体面の基準は絶対不変のものではないから、ぜひともこれを守らねばならぬとか、これを上回ったらもうそれ以上は望まなくなる、ということはない。この基準は融通無碍であって、財力が何らかの理由で拡大し、それに慣れ親しむ時間があり、その結果として新たにもっと巨額の支出をできるようになれば、基準は無限に押し上げられる。富の拡大に応じて支出を増やすのは容易だが、いったん増やした支出を減らすのはむずかしい。習慣化した支出の多くの品目は、よく見ればほぼ完全に無駄遣いであり、つまりは見栄のためだけなのだが、いったん体面上の消費の中に組み込まれ、生活様式を形成する不可分の要素になってしまうと、もはやなしで済ますのは困難だ。この点では、快適な生活に直接寄与する品目や、生命や健康の維持に必要な品目をなしで済ますのに劣らないほどである。つまり、見栄を張るための衒示的浪費は心の満足をもたらしてくれる働きがあり、快適な生活や生存といった「低級」な欲望を満たすための支出以上に必要不可欠なものとなりうる。高い生活水準を引き下げるのは、すでに低い生活水準をなお下げるのに劣らず困難であることは、よく知られている。もっとも前者の場合は精神的な困難だが、後者の場合は生活の肉体的快適さが大幅に損なわれる可能性がある。

衒示的消費は、縮小は困難でも拡大は比較的容易であり、実際にも当然のごとく拡大されている。消費を増やす手段を持ち合わせている人が、傍目にわかるように消費を増やさないということが万に一つでもあれば、世間は理由を説明してほしいものだと感じる。そして納得できる弁明がなされなければ、その動機は吝嗇《りんしょく》であるというありがたくないレッテルが貼られてしまう。これに対して、消費を増やす要因があればすぐさま増やすという人は、まともとみなされる。このことから、多くの人々がめざす支出の基準は、過去の支出の平均値ではなくて、多少背伸びすれば手の届きそうな理想だということがわかる。そのような基準をめざす動機は、対抗心である。比較され差別されることに煽られ、ふだんから自分と同類とみなしている他人を上回りたいという気持ちに火がつくのだ。一般に、ある階層はすぐ上の階層を羨んで張り合うが、下の階層やはるか上の階層と比べることは滅多にないと言われる。ここにも、先ほどと本質的に同じ誘因がうかがわれる。言い換えれば、体面上の支出の基準は、他の見栄の張り合いと同じく、世間の評判の点ですぐ上の階層の慣習によって決まる、ということだ。したがって階層が明確に分かれていない社会では、体面維持の条件や消費の基準はそのあいまいな階層を上へ上へと遡り、地位も財力も最も高い有閑階級の習慣によって決定づけられることになる。

こうしたわけで、どんな生活様式が社会的に見映えがよく立派と認められるかを決めるのは、この有閑階級の役目となっている。社会で許容される生活様式の理想の姿を自らの言動で示すのも、彼らの役割だ。だが上位の有閑階級が果たすいくらか教育的なこの役割は、いくつかの重要な制約に縛られる。まず、こうした形式的な事柄に関する一般大衆の思考習慣を、有閑階級がいきなり好き勝手に変えるとか覆すといったことはできない。何らかの変化が大衆に浸透し、習い性となったものの見方を変えるにいたるまでには時間がかかる。有閑階級から遠く隔たった階級の習慣はなかなか変わらないし、社会的流動性が小さく階級間の格差が顕著な場合にも時間を要する。だが時間が十分にあれば、有閑階級がその社会における生活様式の形式や細部を決定づける余地は大きい。とはいえ、世間の評判というものの本質に関する限り、有閑階級がもたらしうる変化はごく狭い範囲にとどまる。なるほど彼らの言動が下の階級に対して強い影響力を持つことはまちがいない。しかしこのお手本が評判を得るための行動規範と化し、下の階級の習慣や価値観を形成する過程では、衒示的浪費の必要性は勤労本能によって大なり小なり緩和されることになる。

ここにさらに、人間本性のもう一つの原動力である掠奪本能も作用する。掠奪本能は、一般的な性質としても心理的要素としても、対抗心と勤労本能の間に位置づけられる。社会的に許容される生活様式の形成において掠奪本能が果たす役割は、後段で取り上げることにしたい。

よって評判を得るための条件は、対象となる階級の経済状況、伝統、精神的成熟度に適応しなければならない。ここで注意したいのは、当初はそれがどれほど強力で、かつ評判獲得の基本条件に合致していたとしても、次のような場合には効力を失うことである。それは、時の経過とともに、あるいは下の階級への浸透とともに、文明社会で体面を保つという究極の目的に反することがあきらかになったとき、言い換えれば、金銭的成功を比較してちがいを見せつけるという目的に寄与しないと判明したときである。

どの社会のどの階級においても、評判を得るための支出の条件が生活水準の決定に大きな影響をおよぼすことは、はっきりしている。そして、ある時代またはある社会環境における生活水準が、見栄のための支出の形態や、この種の「高級な」支出が消費に占めるべき割合の決定に多大な影響をおよぼすこともまた、あきらかだ。このとき、社会に定着した生活水準は、主に禁止の方向に作用する。すなわち、いったん習慣化した衒示的支出の縮小をほぼ必ず阻む方向に働く。

生活水準は習慣とよく似た性質を持っており、何らかの刺激に対する反応の仕方や度合いが習慣化したものだとも言える。習慣化した水準からの後退がむずかしいのは、すでに形成された習慣を壊すのがむずかしいのと同じことである。一方、水準の押し上げは比較的たやすい。生活はさまざまな活動によって営まれており、それを消費などの形で表現することに抵抗がなくなれば、新しい方向へ拡大しやすいからだ。そしていったん習慣化したら、環境に変化が起きて抵抗が高まっても、たとえば零落して消費による富の表現が困難になっても、人は習慣化した自己表現の機会を求めずにはいられない。このように生活水準の向上を何らかの形で表現することが一度容易になり、それが習慣として根付くと、その方向で生活を続けることに対して外部から阻害要因が出現しても、打ち消してしまうということが起こりうる。各人の生活水準を決定づけるのは、さまざまな習慣、つまりは生活の営みの習慣的な表現の仕方や方向性であるが、これは人によって多くのちがいがある。同様に、外部要因が出現したときに消費による自己表現にどこまで固執するか、どの形での自己表現にこだわるか、といったことも各人各様だ。

つまり今日の経済学説に倣《なら》って表現するなら、人間はどの支出項目の切り詰めも嫌うにしても、項目によってその度合いは異なる、ということだ。したがって、習慣化した消費をやむなく断念する場合でも、どうしても断念したくない項目が出てくる。人々が最も頑強に固執する品目や種類は、いわゆる生活必需品、つまり生存に最低限必要な物資である。言うまでもなく生活必需品というものは、範囲が厳密に決まっているわけではないし、種類や数も固定されているわけではない。しかしさしあたっては、生活の維持に必要な、ある程度限定された消費財のまとまりと理解しておけばよいだろう。この必要最低限の物資は、支出を徐々に切り詰めるときに、最後の最後に断念されると考えてよい。言い換えれば、個人の生活を支配する習慣の中で最も古くから根付いているもの、すなわち生命体としての生存にかかわるような習慣に基づく消費は、必要不可欠なものとして最後まで残る。この必要最低限を上回るのが高級な欲望ということになり、それは個人または集団の後天的習慣に基づいている。こうした欲望は誰もが持っているわけではないし、その度合いもまちまちである。この種の高級な欲望、たとえばある種の刺激物の常用、宗教的救済、高い評判などの希求は、場合によっては低級な基本的欲求よりも優先されることがある。一般に、長く破られずに続いてきた習慣や、生活が移り変わる中で前の習慣に近いものほど、持続性が強い。また習慣に感化されたり習慣に反映されたりした人間性の特質や傾向が、ある集団の生活の営みとすでに深く結びついている場合や、その集団の過去の生活と密接に関連づけられる場合には、その習慣は一段と強固なものになる。

習慣の形成しやすさは人によって異なるし、断念しやすさも人によってちがう。このことから、習慣の形成が単に期間の長さの問題ではないことがわかる。祖先から受け継いだ気質の傾向や特徴も、個人の生活様式を左右するようなさまざまな習慣の決定因となる。そして受け継いだ中でも広く社会に見られる気質、すなわちある社会の支配的な集団に属す気質は、その社会の日常的な生活の表現形式を決定づけることになる。受け継がれた特異な性質が、個人の習慣をごく短期間で決定付けることもある。その代表例が飲酒の習慣だ。飲酒は生活様式に多大な影響を与える習慣だが、これはたやすく形成される。また、信心深い気質を受け継いだ人々は、同じく容易に信仰にのめり込む。恋愛のような特殊な人間関係にかんたんに陥ることも、ほぼ同じと言えよう。

祖先から受け継いだ能力は人によってちがうし、自分の生活をどの方向に進めるのがやりやすいかということも人によって異なる。そして、相対的にすぐれた適性や相対的に発揮しやすい能力と関連づけられる習慣が、その人の幸福に大きく影響をおよぼすことになる。適性や能力の如何によって、生活水準を支える習慣のあるものは相対的に強固になる。衒示的消費という形で習慣化された支出の切り詰めを人々がひどくいやがるのは、このためだ。この種の習慣形成のきっかけになったと考えられる能力や傾向は、対抗心にも発揮される。対抗心を燃やし、人と比較して差をつけようとする傾向は、長い時間をかけて育まれ人間本性に深く根付いた特徴である。対抗心は次々に新しい形で燃え上がりやすく、それを表に出すことが習慣化すれば、何かにつけてさまざまな形で強く自己主張するようになる。見栄のための支出という形で自己表現をする習慣がひとたび形成され、敏感で執念深い対抗心に従って、ある外部要因に対してはこう反応するといった図式が定着してしまうと、この習慣化した支出は一段と断ちがたいものとなる。その一方で、富が増えて生活をよりゆたかに営むことが可能になった場合には、どの方面に生活の範囲を拡げるかを決めるに当たり、やはりその種族に根ざした気質や傾向が関与してくる。中でも個人の富の拡大を誇示する形式や方向性の決定に重大な影響をおよぼすのは、すでに同じような方面で外に表れている気質、その時点で社会的に認められている生活様式の条件に適う気質、外に表れる物理的手段や機会に恵まれた気質である。具体的に言うと、衒示的消費が生活様式の一部となっている社会においては、個人の財力が高まった場合には、衒示的消費と認められる品目への支出につながりやすい。

とかく人と張り合いたがる性癖は、自己保存本能を別にすれば、厳密な意味での経済的動機の中でおそらくは最も強く敏感で、しかもしぶといものと言えよう。産業社会においては、この傾向は金銭上の対抗心として表れやすい。これはつまり、今日の西洋文明社会に関する限り、この種の対抗心は何らかの衒示的浪費の形で表れるということである。したがって最も基本的な生理的欲求が満たされた後は、衒示的浪費という欲求が、その社会の生産効率あるいは生産高の増加分を端から吸収してしまう。現代の社会でそうならない場合には、だいたいにおいて、富の増え方が急激で支出の習慣が追いつかないことが原因だろう。あるいは富の増えた人が、増加分の衒示的消費を後日に繰り越したためかもしれない。とはいえそれは多くの場合、支出の劇的な効果を高めようという意図からである。生産性の向上により、少ない労働で生計を立てられるようになると、勤労階級はあくせく働かずに楽に暮らそうという方向には向かわずに、もっと衒示的消費を増やす方向にエネルギーを注ぐようになる。したがって生産性が向上して労働を減らせるようになっても、いっこうに労働は減りはしない。生産高の増加分は、結局は衒示的浪費の欲求を満たすために使われることになる。そしてこの欲求たるや、経済理論上はもっと高尚で精神的な欲求にのみ生じるはずの勢いで無限に膨らむのである。J・S・ミルが「かつてなされた機械類の発明が人間の日々の労苦を軽くしたかどうかは、いまだに疑問である」(5)と述べたのは、標準的な生活にこうした要素が含まれていたからだった。

ある人の生活水準がどうあるべきかをほぼ決定づけるのは、その人が属す社会または階級に広まった支出の標準である。この標準をつねに意識し、それに沿った生活様式を取り入れるうちに、自ずと正しく適切なものとして常識の一つとなるという具合に、標準が直接的に作用する場合もある。これに対して、標準的な支出規模を守るのが適切なふるまいであって、守らなければ軽蔑し村八分にするという具合に世間が圧力をかけることによって、間接的に作用する場合もある。世間が当然とみなす生活水準を受け入れて実現するのは、気分がいいし都合もよく、個人の幸福や人生の成功にとって欠かせない条件となる。どんな階級でも、衒示的浪費の水準はその階級の所得能力が許す上限まで高くなるのがふつうであるから、上がる一方になる。このことは、人間のまじめな活動を最大限の富の獲得という単一の目的に向かわせると同時に、儲けにならない仕事に背を向けさせる。また、よく見せつけたい相手に強い感銘を与えるような品目に消費を集中させる一方で、評判になりそうな時間や財の消費を伴わない気質や能力は、発揮されないまま埋もれてしまう。

このように人目につきやすい消費が偏重される結果、大半の階級では、世間に見られるところで営まれる公の生活の派手派手しさに比べ、家庭生活はみすぼらしくなりがちだ。こうした偏重の派生的な結果として、人々は私生活を世間の目から隠すようになる。非難されずにこっそり行えるような消費に関しては、隣人にもわからないようにするわけだ。このように産業の発達した社会の大半では、家庭生活から他人を排除する傾向が生じる。そこからさらに派生的に、私事を隠し控えめにふるまうことが習慣になる。この習慣は、あらゆる社会の上流階級の礼儀作法に見られる大きな特徴となっている。体面を保つための支出をしなければならない階級で出生率が低いのも、衒示的浪費の水準を維持しなければならないことに起因する。衒示的消費に加え、他人に見劣りしないように子供を育てるのに必要な支出が重なれば、相当な負担となる。これが、子供を持つことの大きな阻害要因となるわけだ。おそらくこの要因は、マルサス流の予防的抑制の中で最も効果的と言えよう。

このように生活水準を維持するには、肉体的快適さや健康維持のための消費のうち人目につかないものを減らす、子供の数を抑えるか持たない、という二つの方法がある。この二つが両方とも最もよく見受けられるのは、学者の階級である。学者は、その才能も学問的業績も高尚かつ稀有であるとみなされているため、慣習的に、財力の観点から本来妥当な階級よりも上の階級に含められる。そこで学者たちがせねばならぬ体面上の支出の額は大きくなり、それ以外の支出の余地は極端に狭められてしまう。こうした次第で、世間が学者に期待する金銭的体面の水準も、学者本人にとって恥ずかしくない水準も、ひどく高くなりがちだ。名目上は学者と同等と目される階級と比べての学者階級の一般的な富や所得の獲得能力からすれば、支出の水準が高すぎることはあきらかである。現代社会では学者の仕事を聖職者が独占するわけではないので、学者はどうしても財力の点で自分たちより上の階級と接することになる。そこで、上の階級で当たり前になっている高い金銭的体面の水準が、ほとんどそっくり学者階級にも強制される。かくして、学者階級ほど収入を衒示的浪費に充当する比率が高い階級はほかにない、ということになる。

第6章　美的感覚の金銭的基準

消費はだいたいにおいて、世間に見せびらかさねばならぬという粗野であからさまな要求に縛られるが、だからといって、消費をする動機がつねにこれだけというわけではない。この点は、これまで何度か指摘したとおりである。通常は、確立された慣習に従い、不愉快な注目や批判を避け、消費する財の種類・量・質や時間・労力の使い方に関して世間の基準に従いたいということが、消費の動機となる。こうした習慣は感覚に染みついているため、消費の動機に入り込んで消費者を直接的に束縛する。とりわけ、世間の目にさらされる消費がそうだ。だがほとんど人目につかない消費にも、見せびらかしに適した贅沢品が相当量まぎれこんでいる。たとえば下着、一部の食品、調理器具を始め、人に見せるためではなく実用目的で作られた家庭用品などである。こうした実用品も、よく見れば次のことに気づく。これらの商品に備わった特徴の一部は、原価を押し上げ商品価値を高めはするものの、所期の目的に照らしたとき、必ずしもその分だけ実用性を高めたとは言えないことである。

　いま挙げた衒示的浪費の法則に適うか否かによって消費は選別され、世間が認める消費の基準が確立される。ひとたび基準が確立されると、人々は財の消費についても、時間と労力の使い方についても、この基準に従って贅沢と浪費に駆り立てられる。このような慣習の発達は、生活の経済面に直接影響をおよぼすだけでなく、経済以外に関わる行動にも間接的な波及効果をもたらす。生活のある面での自己表現、たとえば消費に関する思考習慣は、他の面の日頃の価値観にもどうしても関わってくるからだ。生活の意識面を形成する思考習慣にはさまざまな要素が有機的に絡まり合っており、そこでは経済的関心が他の関心から明確に区別されているわけではない。たとえば、すでに指摘したように、経済的関心は世間の評判の基準と関連づけられる。

　生活や消費財の何が本物で何が評判を獲得できるかについての思考習慣は、衒示的浪費の基準に影響される。このとき、体面の維持とあまり関係はないが経済にはたまさか関係する他の行動規範と、この基準が衝突することがある。すると、体面上の支出の必要性が、義務、美意識、効用、宗教、科学の観念や精神などにまで、間接的または波及的に影響をおよぼす場合も出てくる。

　体面上の支出の必要性がどこでどんなふうに他の行動規範に抵触するかについて、ここで立ち入って議論する必要はあるまい。この問題は、一般的な道徳規範からの逸脱をやかましく警告することが仕事だという人たちに任せておけばよかろう。現代社会の経済面・法律面での最大の特徴は私有財産制であり、道徳規範においても財産の神聖視が際立った特徴となっている。私有財産に指一本触れさせまいとする習慣と、財産を強奪して衒示的消費による評判をめざす習慣が衝突するのはあきらかであるから、この点をことさら説明する必要はなかろう。財産の侵害、とくに強奪などは、道徳規範の逸脱の最たるものである。ところが、掠奪者が富み栄えるような掠奪行為の場合には、素朴な道徳規範からすれば当然受けるべき重い処罰や非難を受けずに済む。これは周知の事実であって、諺にもなっているほどである。犯罪行為によって莫大な富を築いた大泥棒や大詐欺師は、厳罰を免れる可能性がこそ泥よりも高い。それどころか、財産を増やしたことによって、また不正に入手した財産を品よく使うことによって、ある種の評判を勝ち得ることもできる。奪った財産を上品に消費すれば、洗練された趣味の持ち主はとくに感銘を受け、けしからぬ強奪行為に対しても道徳上の非難をゆるめがちだ。またこちらのほうが当面の話題に直接関係があるが、妻や子供にとって「体裁のよい」生活を維持するというごく立派な動機からだった場合には、この男の行為は大目に見られやすい。ましてこの妻が「贅沢三昧に育った」場合には、ますます情状酌量の余地が増える。言い換えれば他人の財産を奪う目的が、体面の基準に従うために時間と財の代行消費を妻にさせるという尊敬すべきものだった場合には、人々は掠奪行為に目をつぶりがちである。こうした場合には、日々の衒示的浪費をよしとする習慣と財産権の侵害を悪とみなす習慣が衝突し、ときに非難すべきか称賛すべきかがあいまいになってしまう。このことは、問題の犯罪に大々的な掠奪や海賊行為が絡んでいる場合に、とくによく当てはまる。

このような話題にこれ以上ここで立ち入る必要はあるまい。ただ、次の点を指摘しても場違いではなかろう。それは、私有財産の不可侵性という概念と結びつく道徳観の大半は、富をよいものとみなす昔ながらの見方に由来することである。そしてこの神聖なる富が重んじられるのは、衒示的消費を通じて得られる評判のおかげだということも、付け加えておきたい。

体面のための支出が科学的精神すなわち知識の探求におよぼす影響については、別の章でくわしく取り上げることにしたい。また、宗教心や儀式に関する価値観におよぼす影響もここで取り上げるにはおよばないと判断し、必要に応じて後段で触れる。とりあえずここでは、見栄や体面上の支出の習慣が、宗教上の事柄に関する人々の価値観の形成に大きく関わっていること、したがって衒示的浪費の法則が通常の宗教行事や装飾品に影響をおよぼしていることを指摘しておく。

宗教建築や法衣など宗教上の消費と呼びうるものの大部分が、衒示的浪費の基準で説明できることはあきらかだ。「まことのものの写しにすぎない、人間の手で造られた聖所」(6)を嫌う新興の宗教でさえ、その神殿や聖所は、浪費的な支出で評判になることを意図して建設され、装飾されている。そして神殿や寺院の贅を尽くした豪華さが信者の精神に崇高な高揚感や陶酔感を与えることは、観察や省察を待つまでもなくあきらかだ（観察や省察も役に立つにはちがいないが）。同じことの裏返しだが、聖地の周囲にすこしでも貧窮や不潔の痕跡があれば、それを目にした人はじつに恥ずかしく不届きだと感じるはずである。宗教儀式に用いられる装飾品には、金のかけ方に関して非の打ちどころのないことが要求される。芸術性や実用性の点ではいくらか譲歩の余地があるとしても、この条件は絶対なのである。

さらに、次の点もここで指摘しておきたい。それは、あらゆる社会で、また住居に関して金銭的体面の基準がさほど高くない地域ではとくに、その地域の教会は、建物にしても装飾にしてもふつうの住宅よりはるかに華美で、これ見よがしの浪費の対象になっていることである。このことは、キリスト教にせよ異教にせよほぼすべての宗教や宗派に当てはまるが、長い歴史を持つ宗教にとくに該当する。その一方で、寺院や教会は信者の肉体的快適さにはほとんど寄与しないのがふつうである。実際、寺院や教会は、肉体的快適さの点では信者の粗末な家をわずかに上回る程度にすぎない。だが、真善美に関して正しく涵養された感覚からすれば、信者の快楽に役立つようなものは寺院のあらゆる支出から断固排除すべきなのであって、誰もがそう理解している。何らかの快適な要素が教会の設備として容認された場合には、せめて簡素な外観で完全に覆い隠し、ないものとしなければならない。金に飽かして建てられた近年の著名な宗教建築の多くは、とりわけ外観が徹底的に質実剛健に作られており、建物自体が肉欲を抑圧するほどである。宗教上の消費にうるさい人の大半は、わざわざ浪費をして居心地の悪い質素な空間を作ることこそ、本質的に清く正しい行為だと考えているにちがいない。以下で述べるように、宗教上の消費は代行消費の性質を備えている。宗教において質素であることが必須条件になったのは、金銭的評判につながる衒示的浪費や衒示的消費に対し、代行消費では代行者の快楽につながらないことを強調する必要があるからだ。

神や聖人は自らが支配する寺院や教会の中におられ、施設を使用して贅沢な好みを満足させるのだと考える宗派は別として、そうでないすべての宗派においては、寺院や教会とその付属物は、先ほど述べたように簡素に作られている。一方、神が世俗の家父長的支配者に近い暮らし方をし、施設の中にあるものを自ら使うと考えられている宗派においては、宗教施設や道具のあり方はいくらかちがってくる。この場合には、教会とその付属物は、世俗の所有者や管理者の衒示的消費に供される財としての色合いが濃くなる。これに対して宗教儀式のためにのみ使用される場合、言い換えれば神の僕《しもべ》が神のために神に代わって消費する場合には、代行消費のみを目的とする財にふさわしいものとなる。

後者の場合には、教会とその付属物は、代行消費者の生活の快適さや満足度を高めないように、あるいはせめて、消費の目的が代行者の快適さにあるという印象を与えないように、工夫を凝らされる。もとより代行消費の目的は、代行者の生活をよりよくすることではなく、本来消費をすべき主人の金銭的評判を高めることにあるからだ。こうした次第で、聖職者の衣服は誰の目にもあきらかなほど高価で、派手で、かつ機能的でない。神に仕える聖職者を神と同格とは認めない宗派では、その衣服は厳粛で重々しく、着心地が悪く、またそうあるべきだと考えられている。

衒示的浪費の原理はこんな具合に宗教儀式の約束事の領域にまで影響をおよぼし、体面を保つための高価な財への支出基準を定めるが、それだけにとどまらない。支出の方法や手段にも関与し、代行消費のみならず、代行閑暇まで要求する。聖職者のあるべき姿は、悠然と構えてけっして急がず、型通りにふるまい、肉体的快楽をいっさい連想させないことだ。このことはさまざまな宗教や宗派に大なり小なり当てはまるが、とくに時間の代行消費が目立つのは、擬人神観に基づく宗教の聖職者である。

代行消費と同じく広く浸透した代行閑暇の要求は、宗教儀式の外見にもはっきり表れており、指摘されれば誰にでもわかるはずだ。というのもあらゆる儀式は、結局は同じ手順の繰り返しなのである。このような形式が発達しているのは歴史の古い宗教で、その聖職者の生活や衣服は厳粛であると同時に華美である。だが聖職者や法衣や宗教建築に関してさほどうるさくない新興宗教でも、礼拝の形式や手続きにはやはりこうした傾向が見受けられる。宗教が年月を経て整ってくると、礼拝（英語の「礼拝」が「奉仕」も意味することは重要である）の繰り返しはますます形式的になり、それは正統な宗教感覚からすると心地よい。これにはもっともな理由がある。礼拝が形式的だということは、礼拝が捧げられる対象である主《しゅ》は、その僕《しもべ》どもの側で何か役に立つ奉仕する下賤な必要性とは無縁の高みにいることを示すからだ。主の僕は利益を生まないとなれば、それは主にとって名誉なことである。この意味で聖職者と下僕の仕事がひどく似通っていることは、改めて指摘するまでもあるまい。ともあれ、執り行うことだけが目的の礼拝にあきらかな形式性を認めることは、宗教儀式に関する人々の美的感覚を満足させる。聖職者は、その務めを果たすに当たって、手早さや手際のよさをけっして発揮してはならない。手っ取り早く仕事を片付けるなどもってのほかである。

こうしたことすべてには、あきらかに、金銭的評判を重んじる伝統に縛られた信者たちが思い描く神のイメージ、すなわち気質や性格や好みや暮らし方が反映されている。信者たちのこうした神の観念や神と人との関係の感覚には、広く浸透した思考習慣を通じて、衒示的浪費の原理も色濃く影響している。このような金銭賛美が顕著に見られるのは、言うまでもなく未熟な宗教であるが、しかしこの傾向は宗教全般に見受けられる。文化や知識の発展段階を問わずどんな民族も、崇拝する神がどんな性格でどんなふうに暮らしているかといったことに関しては、正統とされる乏しい情報で間に合わせて満足しているものだ。彼らがふだん抱いている神の存在や生活の心象を、想像力の助けを借りてふくらませゆたかにしていく過程では、自分たちにとっての理想の人格者像の特徴を神に重ね合わせる傾向がある。そして神と交感する儀式においては、その時代の人々が考える理想的な神を擬した接近方法や手段が用いられる。神の姿は、人々が考える神のあり方に一致した方法や物質的環境を伴って立ち現れるときに、最も恩寵が大きく最も効果があると考えられているからだ。そして儀式にふさわしいとされるふるまいや道具立ての理想は、当然ながらかなりの部分が、世俗の格式張った行事における最も好ましいふるまいやしつらえに関する人々の理解に基づいている。そこに金銭的評判の基準の関与が見受けられるからといって、見栄の張り合いと直接結びつけて、宗教儀式やふるまいを解釈するのは正しくあるまい。また、金銭的な格付けを気にするとか、単に金銭的に見劣りするという理由でむさ苦しい環境を非難することを、すべて神の属性に帰するのが一般的だが、これもまちがっているだろう。

以上の点を斟酌《しんしゃく》してもなお、神の属性に関する人々の観念にも、神と交感する儀式にふさわしい環境やしきたりに関する考え方にも、金銭的評判の基準が直接間接に大きな影響を与えているとみてよかろう。神は特段にゆったりと悠然と暮らしているものとされる。そこで信心深い語り部である司祭や牧師が、宣教の目的や宗教心に訴える目的で神の住居を詩的に描き出そうとするときには、限りない財力と権力の象徴にきらびやかに飾られ無数の召使いが控える玉座の様子を物語って聴衆の想像力を刺激することになる。神の住居のよくある説明から推察するに、神の召使いどもの仕事は代行閑暇である。というのも彼らの時間と労力の大半は、神の崇高さと神の偉業をくりかえし称えるという非生産的な労働に費やされているからだ。神の住居の説明からは、貴金属のきらめきや、さらにまた一段と高価な宝石の輝きを読み取ることもできる。金銭的な事柄がここまで甚だしく宗教の理想に入り込んでいるのは、宗教的想像力がひどく具体的に表現された場合に限られるが、その端的な例をアメリカ南部の黒人たちに見ることができる。彼らの語り部は、黄金より安いものに囲まれているのは許せないのだろう。その美しさを強調するあまり、地味好みの人にとっては堪えがたいほど、黄金がどぎつい効果を上げている。とはいえ、ひとり黒人の宗教にとどまらず、金銭的価値を重んじない宗教など一つもない。どんな宗教でも、儀式の理想のあり方をより高めるために金銭的価値が取り込まれており、そのことが人々の儀式用具に関する価値観の形成に影響を与えている。

同じ理屈から、神の僕《しもべ》たる聖職者は生産的労働に従事してはならないと人々は感じており、この見方が世に定着している。また、人間にとって明確に有益な仕事は、何であれ、神の前あるいは寺院や教会の境内で行ってはならない。神の前にまかり出る者は、誰であれ、衣服や体から粗野な労働の形跡を浄めたうえで、ふだんよりも高価な服を身につけて来なければならない。休日は神を称え神と交感するために設けられた日であり、その日は誰であれ、人間の役に立つ仕事をしてはならない。寺院や教会から離れたところに住む在家の信者も、七日に一度の休日には代行閑暇を演じなければならない、とされている。宗教儀式や神との関係にまつわる人々のこうした感覚は、誰かから教えられたものではない。このような感覚の表出に金銭的評判の基準が影響を与えていることはあきらかで、宗教感覚に直接的な影響をおよぼす場合もあれば、間接的に働きかける場合もある。

金銭的評判の基準は、消費財の美や有用性に関する人々の感覚にも、同じような影響をおよぼしてきた。ただしこちらの影響の範囲は広く、また決定的でもある。金銭的に恥ずかしくないものを求める傾向が、実用品についても美術品や工芸品についても、美や有用性の感覚にかなりの影響をおよぼしてきた。ある品物が好まれるのは、ある程度まで、これ見よがしの無駄遣いであるからだ。無駄遣いであって、かつ所期の目的の役に立たないほど、役に立つとみなされるわけである。

美しさに価値のある品物の効用は、値段が高いことと密接な関係がある。わかりやすい例を一つ挙げておこう。職人の手で精巧な細工を施された銀のスプーンが一〇ドルあるいは二〇ドルで売られているとしよう。ふつうはこのスプーンが、機械で加工された同じく銀製のスプーンより、本来的な意味で役に立つということはない。いや、アルミなど卑金属製の一〇~二〇セント程度の量産品より役に立つとさえ言えない。それどころか手彫りの銀のスプーンは、所期の目的に照らせば、他の二種類のスプーンほどには役に立たないかもしれない。すると、さっそく反論が提出されるだろう。そのような見方は、高価なスプーンの主目的とは言わないまでも、重要な用途の一つを無視している。精巧な細工を施された銀のスプーンは嗜好や美的感覚を満足させてくれるが、卑金属製の量産品はただ機能的なだけで、それ以上の価値はない、と。たしかに美的感覚を満足させることは事実であろう。だがよく考えてみるとこの反論はもっともらしいだけで、納得できるものではない。というのも、以下のように考えられるからである。第一に、スプーンの二種類の原料はそれぞれ用途に合った美しさと機能性を備えているにしても、銀は卑金属の一〇〇倍もの値段がついている。色合いやきめの美しさの点でも、使い心地の点でも、銀が卑金属を大幅に上回るとは言えないにもかかわらず、である。第二に、手彫りと思っていたスプーンが調べてみたらじつは精巧な模造品だと判明した場合には、工芸品としての鑑賞から得られる満足も含め、その効用はただちに八割、九割、いやもっと減じてしまう。その模造品が非常によくできていて、よほどの目利きでない限り形も質感も本物と同じと感じられるとしても、そうなる。第三に、注意深い観察者にとっても手彫りと量産品がそっくりに見え、両者のちがいは量産品が軽い点だけだとしても、形と色が同じだからといって量産品の価値が高まることはまずないし、鑑賞の対象としても美的感覚をより満足させるということもない。量産品がどこでも売っていて、ひどく値段が安い限りにおいて、そう言える。

スプーンは典型的な例だが、美しくかつ高価な品物の使用や鑑賞から得られる上等な満足感は、美のためと称されているものの、じつはだいたいにおいて、高価であることに対する満足感なのである。上等な品物を高く評価するのも、上等であるうえに虚栄心をくすぐるからであって、単に美に対する素朴な称賛ではないことが多い。衒示的浪費という条件は、ふつうは美の判断基準に意識的に組み込まれることはないが、それでも何か規範のような影響力を持ち、美的感覚の形成・維持に作用するとともに、美の正統性を識別する感覚を導いている。

具体的なケースで有用か無駄かの区別が最もむずかしいのは、このように美と体面上の価値が混在する場合である。衒示的浪費という見栄や体面に役立つ品物が、同時に美しいということはめずらしくない。また、衒示的浪費に活用すべくある品物に加えられた細工が、同時にその品物の形や色を美しくすることもありうるし、実際にもしばしばそうなっている。さらに、事態をいっそうややこしくする問題がある。宝石や貴金属など装飾に使われる多くのものの場合、浪費を見せびらかすための品物としての効用が、もともとは美しい品物としての効用に由来することだ。たとえば黄金は、非常に美しいと感じられる。また、高い評価を得ている芸術作品の大半とは言わないまでも多くは、材料に助けられているとはいえ、本質的に美しい。衣装や庭園などについても、おおむね同じことが当てはまる。これらの物が本来的に備えている美しさを取り除いてしまったら、人はいまほどには欲しがらないだろうし、その所有者や使用者にとって自慢の種にもなるまい。だがそうであっても、これらの物の所有者にとっての効用は、本質的な美しさよりも、その所有や消費によって尊敬を得られること、あるいは軽蔑を拭えることにある。

これらの物は、そのほかの有用性をさて措いても、なお美しく、美ゆえの効用を持ち合わせている。美しいというだけでも、自分の物にし、独り占めにする価値があるわけだ。だから貴重な品として渇望されるのだし、独り占めできた暁には金銭的優越感を味わうと同時に、じっくりと鑑賞して美的感覚を満足させることができる。だが素朴な意味でのこの美しさは、独占したくなる理由あるいは商業的価値の根拠というよりも、その誘因にすぎない。「宝石はたしかに美しい。だがその希少性と値段も、美しさに劣らぬほどの特別な価値を宝石に与えている。もし値段が安かったら、けっしてそうはなるまい[7]」と言われるとおりだ。実際、この種のものの通例として、衒示的浪費に適した品物としてのありがたい性格がなかったら、占有や使用を促す誘因はほとんどなくなってしまうだろう。美しくて高価なものも、一部の装身具を除けば見栄以外の目的にも役立つが、その効用は、所有しているかいないかとは関係がない。美術品や工芸品は、所有したからといって美的効果が一段と高まるわけではないからだ。なお付言すれば、装身具というものは、それなしで済まさざるをえない人との対比により、着用者（または所有者）を際立たせることがそもそもの目的である。

ここまでの議論に基づいて一般化すれば、どれほど価値のあるものも、美的感覚に訴えるためには、美しくかつ高価でなければならないということになる。しかし話はここで終わらない。高価でなければならないという要求は、美的感覚にも影響をおよぼす。その品物を評価するに当たって、値段が高いという特徴と美しいという特徴が分ちがたく結びつき、美の点からだけ評価したいときにも、両者が入り交じった影響を受けずにはいられない。値段の高さが、高価な品物の美しさとして認識されることになる。高価であることは、虚栄のための出費の象徴として大いに好ましく、そこに、その品物の形や色の美しさに由来する心地よさが混ざり合う。かくして私たちは、たとえば衣装の美的価値を検討した結果、とにかく値段は立派だとしか言いようがない場合でも、「とてもすてき」だなどと言う。

値段の高さと美しさという要素がこのように混ざり合うことを示す最もわかりやすい例は、おそらく衣装と家具だろう。評判というドレスコードが、その時代に適切とみなされる服の形、色、材質、雰囲気を決める。この基準から逸脱すれば美しくないとされるため、個人の美的感覚にもそぐわなくなる。私たちが流行の服を好きになるのは、けっして見せかけではない。私たちは、だいたいにおいて本心から、はやりのものを美しいと感じやすいのである。たとえば中間色の上質な光沢仕上げが流行しているときは、派手な色使いやざっくりした生地は不快に感じる。今年流行のご婦人の風変わりな帽子は、去年流行したやはり風変わりな帽子よりも、断然いまの感覚にぴったりする。もっとも四半世紀ほども長いスパンで見たら、どちらが本質的に美しいかは決めかねるだろう。身につけるもののたとえで単純化すると、紳士の帽子やエナメル靴の光沢には、すり切れた袖口のてかり同様、本質的な美が備わっているわけではない。それでも西洋文明社会の育ちのよい人間は例外なく、前者はじつに美しいが、後者はどの感覚からしても不快だと言うにちがいない。美しさ以外の何かよほど差し迫った理由のない限り、文明社会のシルクハットのような代物をかぶる気になるかどうかは甚だ疑問である。

値段が高いことをよしとする習慣がさらに進み、高価であることが美と同一視されるようになると、美しくても高くないものは、美しくないとみなされるようになる。その結果、たとえばある種の美しい花が邪魔な雑草扱いされる、といったことが起こる。また比較的栽培が容易なある種の美しい花は、高価な花を買う余裕のない下位中流階級によろこばれるが、上流階級には下品だと退けられる、といったことも起きる。上流階級には高価な花を買う余裕があり、かつ花屋で高価ゆえに美しい花を見慣れているからだ。その一方で、他の花と比べてとくに本質的に美しいわけではないが、莫大な費用をかけて栽培され、洗練された環境で眼力を養った園芸愛好家から絶賛される花もある。

社会階級による美的感覚のちがいは、家具、家、公園、庭園など他の財にも見受けられる。こうしたさまざまな財のどれが美しくどれが美しくないかをめぐって見方が異なるのは、生来の美的感覚がどう発揮されるかに差異があるからではない。生まれついての審美眼がもともとちがうわけではなくて、その人が属す階級において、どんな品物を消費すれば体面を保ち評判になるかを決める基準がちがうのである。言い換えれば、その人の体面を傷つけることなく嗜好品や芸術品として消費しうる品目が何かについて、伝統的に適切とされるものの基準に差がある。こうした伝統は、変化の余地はいくらかあるものの、その階級の暮らしぶりの金銭的基準によっておおむね固定されている。

実用品の美しさに関する金銭的基準が階級によって異なる興味深い例は、日常生活から数多く見つかる。また、金銭的評判を重んじる慣習に染まった美的感覚の表出が、そうした評判の必要性に左右されない場合とはかなりちがう例も、多数見受けられる。その一つが、中庭や公園の短く刈り込まれた芝生である。このような芝生は西洋人の美的感覚に無条件に訴えるが、中でもヨーロッパ北方人種が支配的な社会の上流階級にとって、そう言える。芝生が、鑑賞の対象として心地よく美しいことはまちがいない。だから人種や階級を問わず、誰の目にもそう映るだろう。だが北方人種は他のさまざまな人種にもまして、その美しさを無条件に強く感じるようだ。広々とした芝生を彼らがとりわけ高く評価するのは、その気質と関係がある。北方人種には、かつて長いあいだ湿潤気候地帯で牧畜を営んでいたことを示す気質的特徴が備わっている。手入れの行き届いた牧草地や放牧地を前にすると喜びを感じる傾向を受け継いできた彼らにとって、短く刈り込まれた芝生は美しく感じられるのである。

芝生を美的に演出する目的で牧場に仕立てることがある。そうするには莫大な費用がかかるので、たとえば吝嗇という悪評を払拭したい場合などには、今日でも芝生や個人の庭園に牛を放し、北方人種の理想の田園風景を再現するといったことが行われる。このような場合には、高価な品種が使われるのがふつうだ。牛はどうしても倹約という卑しい習慣を連想させるので、演出の目的で牛を使うのは好ましくない。そこで、周辺環境がよほど贅沢でこのような連想が断ち切られる場合を除き、鑑賞目的で牛を使うのは避けるべきだとされている。田園風景を演出するためにぜひとも何かしら草食動物が必要だとなれば、牛の代用品としてはあまり適切とは言えないものの、鹿やカモシカといった外来種が使われることが多い。これらの動物は、かつて牛飼いだった西洋人の目には牛ほど美しいとは感じられないのだが、牛より高価で、かつ牛ほど役に立たないことから、評判になりやすいとして好まれる。たしかに鹿やカモシカなどは、実際に金儲けの役には立たないし、それを連想させることもない。

公園は芝生と同じ部類に属し、こちらもひいき目に見て牧場の模倣にすぎない。このような公園を維持する最善の方法は、やはり放牧をすることである。それに、よく手入れされた牧場を見たことがある人には改めて指摘するまでもなく、草を食む家畜たちは公園の美しさに彩りを添える。だが公園の維持手段として放牧が使われることはめったにない。これは大衆の美的感覚に含まれる金銭的要素の表れとして、注目に値しよう。専門家の監督の下に熟練した飼育係が上手に行えばそれなりに牧場らしくすることはできようが、それではまずもって本物の放牧の趣《おもむき》には欠ける。とはいえごくふつうの人々の考えは、家畜の群れは倹約や実用性をあまりにはっきり示すので、公園や遊園地にそのようなものがいるとひどくしみったれた感じがする、ということだ。放牧は比較的安上がりな管理方法なので、上等とはみなされないのである。

このことと相通じるが、公園にはもう一つの特徴が備わっている。簡素な実用性を装いながら、じつは金がかかっていると躍起になって示すことだ。個人の庭園も、中流階級の生活習慣を通じて美的感覚を身につけた人か、すくなくとも子供のうちに上流階級の伝統の中で美的感覚を養った人(これはいまや姿を消しつつある世代である)が管理または所有する場合には、同じ傾向を示す。一方、教育水準の高い現代の上流階級の美的感覚に適う庭園には、このような特徴はあまり見られない。過去と現在の上流階級に見られるこうした美的感覚のちがいは、経済状況の変化に起因すると考えられ、理想とされる庭園だけでなくほかのものについても、同様のちがいが見受けられる。アメリカでは、いや他の多くの国もそうだが、倹約せずに済むほどの財産を持っている人間は、つい五〇年ほど前までごくわずかしかいなかった。この少数の人たちは散らばっており、通信手段が乏しいため接点がほとんどない。このため、値段に無関心な美的感覚が育つ下地はなかった。上流階級が卑しい倹約を嫌う傾向は甚だしく、素朴な美的感覚の持ち主がたまさか安物や倹約をよしとしても、「社会的承認」は得られない。同じ感覚を持ち合わせた多数集団がいない限り、そうした承認は得られないからだ。こうしたわけで上流階級としては、庭園の管理を安上がりに済ませたような形跡があれば、それを大目に見るつもりはさらさらなかった。庭園の外観の理想に関する限り、有閑階級と中流階級との間にさしたるちがいはなく、どちらの階級も公然と金銭的体面を失わないように、同じような庭園を理想とした。

今日では、両者の理想にあきらかなちがいが見られるようになりつつある。一世代以上にわたって一貫して労働も金銭上の心配も免れてきた有閑階級は、いまや美的感覚に関して世論を形成しうるだけの大集団となっている。この階級に属す人々の移動性が増大したことで、階級内で「社会的承認」を形成することも容易になった。この選ばれし階級にとっては、倹約の必要性がないことはあまりに当たり前なので、金銭的体面を支える要素としての効用はほとんど失われている。したがって現代の上流階級の美的感覚では、値段の高さを絶えず見せびらかしたり、倹約の形跡を徹底的に排除したりすることは求めていない。その結果として社会的地位や知的水準の高いこの階級では、公園や庭園の外観に田舎や「自然」の雰囲気を好むようになっている。このような自然への偏愛には勤労本能も大いに与っており、完成度はともあれ、自然の雰囲気を苦労して作り出す。とはいえ、どうしてもわざとらしさが残り、先に述べた見かけの田園風景と大差ないものに成り下がることもある。

じつは中流階級にも、直接の用途があって無駄ではないことをはっきり示すような実用本位のものを好む傾向は見受けられる。ただし中流階級の場合には、体面を保つための無駄遣いの必要性に絶えず縛られている。このため、田舎風の柵、橋、あずまや、離れなど、一見実用的なさまざまな仕掛けや細工が施されることになった。高価なものに美を認める感覚からおそらく最もかけ離れた実用偏愛の例として、鋳鉄製の田舎風の柵や格子、平坦な土地に曲がりくねって作られた小径といったものが挙げられる。

選ばれし有閑階級は、すくなくともある時点から、もはや金のかかった美のまねごとをする必要性はなくなっている。しかし、厳密な意味での有閑階級に成り上がったばかりの人や中流・下流階級の人々の美的感覚は、本物の美に加えてなお、金銭価値が高いことの美を求める。自然のままに育った結果としての美を称えるべき対象物についてさえ、そうだ。

この点に関する大衆的な美的感覚は、公園の装飾的な刈り込みや型にはまった花壇を褒めちぎることに端的に現れている。中流階級の美的感覚において、金がかかっていることの美が本物の美より優先されたことを示す例としてわかりやすいのは、おそらく最近開催されたシカゴ万国博覧会跡地の再生事業であろう。これを見ると、表向きは贅沢が避けられているにもかかわらず、体面を保つには高価でなければならないという要求がなお根強いことがわかる。もし金銭価値に縛られない美的感覚の持ち主に造園工事を委ねていたら、この再生事業によって念入りに作り上げられた芸術的効果とはかなりちがったものになっただろう。シカゴでは、中流より上の階級の住民でさえ、造園工事を進めることに無条件で賛成しているという事実から、すくなくともこの件に関する限り、同市の上・中・下流階級の間に美的感覚のちがいがほとんどないことがわかる。金銭文化が発達した都市の代表格と言えるシカゴの住民の美的感覚は、文化にとって重要な衒示的浪費の原理からの逸脱にはきわめて慎重なのである。

自然を愛する傾向は、おそらく上流階級の好みからの借用であろうが、金銭価値に基づく美の偏重ゆえに時に思いがけない形をとり、単純な人から見るとひどくおかしな結果を招くこともある。たとえば、樹木の生えない地域に植林をするのは広く認められた習慣だが、体面上の支出の一項目として、樹木の生い茂っている地域にまで適用されている。森林地帯の村人や農民が元から生えていた木を切り倒し、農地の回りや道路沿いに外来種を植えるといったことは、けっして珍しいことではない。かくしてカシ、ニレ、ブナ、クルミ、ツガ、シナノキ、カバなどの森林が伐採され、代わりにカエデ、ハコヤナギ、ヤナギなどの苗木が植えられている。森の木をただそのまま育てるのは安上がりであるから、装飾や体面のための投資としては品位に欠ける、というわけだ。

金銭的評判が美的感覚におよぼす影響は、広く動物の美しさに関する基準にも見受けられる。この基準に照らして、牛が人々の審美的判断上どのように位置づけられるかについては、すでに述べたとおりである。同じようなことが、主として社会の生産活動に役立つ他の家畜にも当てはまる。たとえば家禽、豚、牛、羊、山羊、役馬がそうだ。これらの動物は生産財の性質を備えており、役に立つし、多くの場合利益も生む。したがって、これらの動物は美しいとは言われない。一方、だいたいにおいて生産活動の役に立たない家畜、たとえばハト、オウムなどの愛玩鳥や、猫、犬、競走馬になると、話はちがってくる。これらの動物はおおむね衒示的消費の対象であり、飼育しておれば世間の聞こえもよく、したがって美しいと考えてよい十分な理由がある。この種の動物は伝統的に多くの上流階級の人々から愛でられてきた。これに対して財力の劣る下層階級および、倹約の必要性があまりなくなったごく少数の恵まれた有閑階級の人々は、役に立つ家畜にも立たない家畜にも美を認めており、金銭価値に基づいて美醜の間に一線を画すことはしない。

見栄や体面の役に立ち、かつ美しいと言われる家畜には、それ以外にも長所があり、これについてぜひ述べておかねばならない。一部の鳥類は、金儲けの役に立たないことを唯一の理由として名誉ある地位を与えられている。これ以外でとくに注意を要するのは、猫、犬、競走馬である。猫は何らかの目的の役に立つ場合もあるので、犬や競走馬に比べるとあまり無駄とも言えず、体面の維持にはあまり貢献しない。しかも猫は、その気質からして、飼い主が尊敬を勝ち得るという目的には適していない。猫という動物は人間と対等に暮らし、主従関係にはとんと知らん顔だ。しかし主人に服従しないのでは、主人の価値や名誉や評判を上げる役には立たないし、隣人に差をつける手段にもならない。この点に関して例外は、アンゴラ猫のような珍しい愛玩種である。この種の猫は高価であるがゆえに多少なりとも体面の維持に貢献するし、金銭価値に基づく美を備えているると言ってよかろう。

犬は、役に立たないことに加えて気質の点でも長所を備えている。犬はいい意味で人間の友であると言われ、その賢さと忠実さが褒めそやされる。つまり犬は人間の忠僕であり、飼い主に無条件に服従し、奴隷のようにすばやくご主人様の気分を察する性質を備えている。こうした特徴は主従関係を結ぶにふさわしく、本論の目的に関する限りは役に立つと言ってよい。犬には美的価値がやや疑わしい特徴もあり、家畜の中で最も性根が卑しく、習慣も不潔だ。主人には尻尾を振って媚びへつらうくせに、それ以外の人に対しては吠えかかり危害を加える。そこで犬は、主人面をしたい人間の欲望を満たしてかわいがられるのである。さらに飼育に金がかかり、かつ一般に生産活動の役には立たないので、評判を高める格好の手段として好まれ、盤石の地位を築いている。しかも犬は狩猟を連想させるが、この狩猟は貴い仕事であり、尊敬すべき掠奪本能の表れでもある。

こうした有利な地位を占めているため、犬の姿形や動作の美しさや愛らしい性質は何であれ伝統的に評価されてきたし、さらには誇張されてきた。愛犬家によってグロテスクな畸形に育てられた品種でさえ、多くの人が美しいと本気で考えている。犬のこうしたさまざまな品種は、いや犬に限らず愛玩動物はすべて、畸形によって姿形が奇怪で不安定であるほど、高い美的価値が認められる。当面の目的に関する限り、異形であるほど効用が高まるのは、希少性が高く、したがって高価だからだと言える。現在流行している愛玩犬に見られるような畸形品種は、それが男性用か女性用かを問わず、生産に金がかかることに商業的価値がある。こうした品種の犬は、また飼い主にとっては、衒示的消費の対象であることに主な効用がある。体面上の出費が潤沢になされたことを連想させるので、間接的に社会的価値も与えられる。そうなると言葉や観念はかんたんに逆転し、このような犬が称賛の対象となり、美しいと評判になる。この種の動物を世話するのは利益や実用とは無縁なので、これもまた評判の種になる。こうなれば愛玩動物を溺愛しても非難はされないから、その結果としてきめ細やかでゆたかな愛情に発展することが少なくない。このように愛玩動物に注がれる愛情においては、高価であるという条件が間接的に作用しており、愛玩物に対する感情の形成や愛玩対象の選別に影響をおよぼしている。後段で論じるように、じつは人間に対する愛情についても同じことが言える。ただし人間の場合には、影響の表れ方は多少異なる。

競走馬の場合も、犬とよく似ている。競走馬はだいたいにおいて高価で、無駄で、生産活動の役には立たない。このような馬が社会の幸福や人間生活の向上にいくらかでも役に立つとすれば、それは、力や優雅な動作でもって人々の美的感覚を満足させることだけである。もちろん、これにしても有用であることにはちがいない。馬は犬ほどには従順ではないが、生命体の活力を思いのままに操って自分の支配力を発揮したいという主人の本能を、効果的に満足させることに長けている。脚の速い馬は、速さの程度はともあれ競走馬になる可能性はあるので、この点で大いに飼い主の役に立つ。その効用は主として、隣人と張り合う手段となることにある。自分の馬が隣人の馬を追い抜けば、馬主の攻撃精神や支配欲は大いに満足する。競走馬のこのような使い方は利益を上げるためではなく、むしろおおむね無駄遣いである。それがはっきりと人目につくように行われるため、じつに晴れがましく、評判を獲得するうえできわめて有利だと考えられる。それだけではない。厳密な意味での競走馬は、賭博の手段としても、非生産的ながら華々しい役割を果たす。

こうしたわけで競走馬は金銭的評判を得られるため、その美しさや有用性を手放しで評価することが正当化される。この点で競走馬は、美的評価の面でも幸運な動物だと言えよう。馬は、衒示的浪費を実現するとともに、支配と競争に向かう掠奪本能を満たす。そのうえでなお、馬は美しい動物である。もっとも、熱心な競馬ファンではなく、また懸賞金に気をとられて美的感覚がお留守になっていない人の美的感覚からすれば、競走馬はさほど美しいとは感じられまい。競馬に疎い人の美的感覚では、飼育業者による選択的な品種改良を施されていない馬のほうが美しく感じられるだろう。それでも、著述家や演説家が優美で役に立つ動物の例を挙げるときには、馬が引き合いに出されることが多い。月並みな人ほど、そうしたがる。そして往々にして、その馬とは競走馬であることが途中であきらかにされる。

さまざまな品種の馬や犬について、この方面にいくらかなりとも洗練された美的感覚を備えた人々が行う評価には、一つ注目すべき点がある。それは、評判を重視する有閑階級の基準がはっきりと影響をおよぼしていることだ。たとえばアメリカでは、有閑階級の美的感覚は、かなりの程度まで、イギリスの有閑階級に広まっているとされる習慣に基づいている。その一例が、馬は一般にイギリス産のものほど美しいとされていることだ。とりわけ浪費の見せびらかしの役にしか立たない乗用馬がそうである。犬については、このことは馬ほどには当てはまらない。このようにイギリスの有閑階級は、評判を高めるような慣習の点でアメリカの上流階級に相当し、下流階級のお手本になっている。美の評価方法や美的判断力の形成に関してこのように模倣が行われても、必ずしも偽や見せかけや不自然な好みが生まれるわけではない。模倣に基づく好みであっても、他の基準に基づく場合と同様、真剣で本質的な判断の結果である。ただこの場合には、真の美的価値でなく、評判を得られるかどうかに左右される点が異なる。

なお、模倣が単に馬体に関する美意識にとどまらない点も指摘しておかねばならない。そこには馬具や乗馬術も含まれており、正しく美しい乗り方と姿勢や歩調などは、イギリスの慣習によって定められている。美を金銭的基準で判断する環境では、偶然の作用によってひどく奇妙なものが上品とされることがある。その端的な例を、イギリス流の乗馬の姿勢や、じつに奇妙な姿勢をとらねばならない困難な足並みに見ることができる。これは、イギリスの道路がぬかるみだらけで、馬がもっと快速で移動できなかったときの名残りにほかならない。かくして今日では、乗馬という上品な趣味の持ち主は、しっぽを短く切った馬に窮屈な姿勢で乗り、不自然な足並みをさせている。馬は本来、広々とした固い大地を駈けるようにできている。しかし前世紀の大半を通じてイギリスの道路は、馬が馬らしい歩調で通り抜けることは不可能だったのである。

美の基準が金銭的評判の基準に影響されるのは、家畜を含めた消費財に限ったことではない。同じようなことが、人間の美しさについても言える。一般には、通俗的な伝統で壮年男子の富の証とされてきた威厳のある様子や恰幅のよい風采が好まれるという。しかしここでは論争を招きそうな事柄を避けるため、この点についてはとくに取り上げないこととし、こうした特徴が容姿の美しさの要素としてまずまず認められていると述べるにとどめる。その一方で、やはり容姿の美しさに属すものとして、女性美を構成する要素というものがある。こちらはきわめて具体的で固有の性格を備えているので、個別に論じることが可能だ。経済発展の過程で、女が労役によって上流階級から重んじられるような段階の社会では、おおむね頑健で四肢が大きいことが理想の女性美だった。評価の基準は体格であって、顔の造作は二の次である。掠奪文化の初期におけるこの理想美の例としては、ホメロスの詩に登場する娘たちが名高い。

経済が発展し、慣習的な生活様式において上流階級の妻の仕事がもっぱら閑暇の代行になると、この理想美は変化する。絶えず閑暇のある生活の直接間接の結果と考えられるような特徴が、理想美に含まれるようになるのである。こうした環境で理想とされた美しさがどのようなものであるかは、騎士道時代の詩人や作家が描いた美女の姿に見ることができよう。当時の慣習では、身分の高いご婦人たちは生きている間ずっと庇護を受け、どんな些細な生産的労働も免除されるものと考えられていた。こうした背景から生まれた騎士道的あるいは浪漫的理想美では容貌が重視され、顔立ちの美しさにこだわるとともに、手足の優美さ、ほっそりした肢体、とりわけ柳腰が称賛された。当時の女性を描いた絵画では、女性のウェストはあまりに細くて折れそうなほどである。騎士道精神をロマンティックに模倣する現代の男たちにとっても、それが理想であるらしい。現代の産業社会でも、いまだに多くの人がこれを理想美としているが、このような女性美の見方が最も根強く残っているのは、現代社会の中でも経済と文化の進歩が最も遅れ、かつ身分制度や掠奪文化が顕著に残存するところだと言ってよい。つまり騎士道時代の理想が最もよく保たれているのは、現存する中ではおおむね最も近代的でない社会、すなわちヨーロッパ大陸諸国の富裕層である。彼らの美的感覚の中では、現実離れした物憂げな理想美がいまも生きている。

産業が高度に発展した現代の社会では、上位の有閑階級は巨万の富を蓄積しているため、この階級に属す女たちは卑しい生産的労働からは完全に遮断されている。すると世間の多くの人々の感覚では、彼女たちはもはや消費の代行者であるとはみなされない。その結果、女性美の理想は再び変化し、壊れそうなほど繊細で透き通るように白くほっそりした美しさから、古代の美しさへと逆戻りする。すなわち、手足が大きく豊満な体つきがよしとされるようになる。西洋文明における理想美は、経済発展の過程で、肉体を持つ存在としての女から貴婦人に移行し、そこからまた女に戻りつつあると言えよう。この変化は、財力を張り合う条件の変化に呼応している。ある時代には、財力をひけらかすために頑健な奴隷を所有していることが必要だった。別の時代には、代行閑暇を見せびらかすこと、それ以外に能がないことが必要だった。だがいまやこの条件は消え始めている。というのも、近代産業の効率化に伴い、女が閑暇を獲得することは階層のかなり下のほうでも可能になっており、もはや潤沢な財力の決定的な証拠とはならないからだ。

衒示的浪費の必要性が女性美の理想におよぼすこうした一般的な影響とは別に、いくつか注目すべき点として、女性美に関する男性の感覚も細部にわたってきわめて強い影響を受けていることが挙げられる。すでに指摘したように、経済が発展し、評判を得る手段として衒示的閑暇が重視される段階に達した社会では、理想の女性美はか細くて小さな手足や柳腰だった。こうした特徴は多くの場合骨格上の欠陥も伴うため、有益な労働ができず、何もせずに扶養されるしかないことを示す。こうした女は役に立たず金がかかるからこそ、財力の証として貴重なのである。かくして文化がこの段階に達すると、女たちは時代の洗練された美的感覚の基準に近づくよう自分の体を変えようとする。そして金銭的体面を維持せねばならない男たちは、人工的に作られた病的な容姿に魅力を感じるようになる。たとえば西洋文明社会ではウェストを締めつけることが、また中国では纏足《てんそく》が、長い間広く流行した。素朴な美的感覚からすればどちらもじつに不快な畸形であり、よほど見慣れない限り、容認しがたい。それでも、男にとって魅力的であることに疑問の余地はない。というのも、金銭的評判を得る必要性からすれば自慢でき、生活様式に適っているからだ。こうした畸形は金銭的・文化的な美の一要素として、女性美の理想を形成する役割を果たしている。

何らかの品物を美しいとか美しくないとか言うとき、人は言うまでもなく、ここで述べたような美的価値と金銭的評判の価値との関係を意識しているわけではない。もし美的感覚に基づく判断を下す場合に、この品物は浪費を伴うものであって、したがって評判になるから美しいとみなしてよろしかろうと考えるとしたら、その時点で美的感覚に基づく真正の判断とは言えなくなり、ここで論じる対象にならない。ここでは、評判を得られるということが評価者の思考習慣におよぼす影響を通じて、感知された美と金銭的評判が結びつくことを論じている。誰しも習慣的に、自分と関わりのある物についてさまざまな価値判断を下している。たとえば経済的・道徳的・美的価値がそうだし、金銭的評判を得られるかどうかの価値判断もその一つだ。だから審美的な観点から評価をするときも、他の観点からの影響を受けずにはいられない。このことは、評判のように、審美的評価に比較的近い基準で評価されるものにとりわけよく当てはまる。美しいかどうかの評価と評判になるかどうかの評価はさほどはっきり区別されておらず、両者の間には混同が起きやすい。何らかの物が評判になることの価値は、それを表す固有の言葉が存在せず、言葉の上で区別されないからだ。その結果、美の種類や要素を表すために使われる言葉が、この名前のついていない価値をも含めて使われている。そこで、いともかんたんに観念の混同が起きてしまうわけだ。このようにして、人々の理解の中でいつの間にか金銭的評判の欲求が美の欲求と渾然一体となり、世間の評判を得られないような美は美と認められなくなる。ところが、金銭的評判の条件と素朴な意味での美の条件とは、必ずしも一致しない。そこで、金銭的評判を得られないものを身辺から取り除いていくと、金銭的評判の条件にたまたま合致しない美の要素をすっかり取り除いてしまうことになる。

美的感覚に通底する基準はかなり古い時代に発達しており、いま論じている金銭文化の出現よりもはるか昔だったと考えられる。その後、人類の思考習慣が選択的適応を繰り返すうちに、あまり金のかかっていない物やしくみが美の条件によく適うということが、たびたび起きるようになった。それらは、果たす機能も目的のための手段も、じつにわかりやすくできているからである。

ここで、現代の心理学の見方を思い出しておこう。様式美とは知覚しやすさの問題に帰すると思われる。この命題は、さらに拡げてもさしつかえなかろう。美の要素と分類されている連想や暗示や「表現」から抽象化すれば、対象の美を知覚するとは、その物が示す方向へと精神の統覚活動がなめらかに行われることである。だが、統覚活動が展開あるいは表現されるこの方向とは、長い間慣れ親しんだ習慣が精神に仕向けた方向にほかならない。美の本質的な要素に関する限り、この習慣があまりに長く親しいものであったために、知覚の仕方を決定づけるのみならず、生理的な組織や機能まで適応させることになった。美の構成要素の中に経済的便益が入り込む場合には、所期の目的に適うこと、生活にあきらかに役立つことの表現となって現れる。このような経済的実用性や利便性の表現は、おそらくその物の実用美と呼んでもよかろうが、ともかくもそれは、生活の物質的必要性に効率よく役立つことを疑問の余地なく明確に示すとき、最もよく促進される。

この点から見れば、実用品では簡素で無駄な装飾のないものが審美的に最もよいということになる。だが金銭的評判の基準からすれば、個人消費用の品目から安物は排除される。美の渇望を満たすにはこの点に譲歩し、美の本来の条件を回避せざるをえない。そのためには、評判に値する無駄な出費であることを示すと同時に、実用美に関する厳格な感覚の要求を満たすか、すくなくともそれに代わる何らかの感覚の要求を満たすような工夫や仕掛けが必要になる。この代替的な感覚に相当するのが新奇なものを好む感覚であり、これに加勢するのが好奇心である。新奇な工夫や奇妙な仕掛けを、人は好奇の目で見つめる。かくして、美しいとされ、美しさゆえの役割を果たしている物の大半は、次の二つの特徴を備えるようになる。斬新なデザインで人を驚かせ、突飛な印象を与えて戸惑わせること、その物の表向きの実用目的を十全に果たす以上の労力が払われているのだとはっきり示すことである。

その例は、私たちの日常の習慣や接触の範囲外から、したがって偏見の範囲外から見出すことができる。たとえば、ハワイの王様が着用するすばらしい羽根のマントや、ポリネシア諸島に伝わる柄に彫刻を施された有名な儀式用手斧《ちょうな》などだ。これらは、形、線、色の組み合わせが心地よいという点でも、意匠や製作に途方もない技能と工夫が凝らされているという点でも、文句なしに美しい。と同時にこれらの品物は、他のいかなる実用目的にもあきらかに適していない。だが、無駄な労力を費やす必要性に駆られて新奇な工夫を凝らしたからといって、つねにハワイのマントほどの美しさに到達するとは限らない。美や実用性を表す完璧な要素がことごとく排除されてしまい、その穴埋めに、見るからに愚劣な発想による無駄な工夫や労力の証拠が登場するということがひんぱんに起きる。そしてしまいには、日用品の多く、さらにはふだん着用する衣服や装飾品の多くが、伝統の力で美しいと思い込まされない限り、とうてい堪えられないような代物になってしまう。美と実用性が新奇な工夫と出費で置き換えられた代表例は、住宅建築、室内装飾や工芸品、さまざまな種類の衣服、とくに婦人や僧侶の衣服である。

美というものは総合的な表現であって、どこをとっても美しいことが要求されるが、衒示的浪費の必要性から行われる「新奇性」の表現はこの条件と相容れない。かくして美的鑑賞の対象の外観は、一風変わった特徴の寄せ集めとなる。しかもそれらは、高価でなければならないという条件に従って取捨選択される。

衒示的浪費の目的に適うようデザインを選択的に調整したり、芸術的な美を金銭価値に基づく美に置き換えたりすることは、建築の発展過程でとくに効果的に行われている。その結果、体面のための浪費に基づく美と芸術的な美とを切り離す人の目からすれば、現代の文明的な住宅建築や公共建築物はどれもなんとか我慢できる程度であって、それ以上の美しさを備えたものを見つけるのはひどく困難になってしまった。アメリカの都市に建てられた高級な貸家やアパートは、正面外観が途方もなく種々雑多で、建築的破綻や金のかかった不快な仕掛けが果てしなく連なっている。美しいと言えるのは建築家が手つかずに残しておいた側面と背面の壁ぐらいで、たいていはこれらが建物の中でいちばんましと言えよう。

衒示的浪費の法則が美的条件におよぼす影響に関して上述したことは、少々言葉を変えるだけで、実用的な財の効用にも当てはまる。財は、人間の生活をよりよくする手段として生産・消費される。その第一義的な効用は、個人の生活の充足という絶対的な目的を実現する手段としての有用性にある。しかし人間には見栄を張り合う性癖が備わっているため、財の消費を他人と比較して差をつける手段とみなし、相対的な財力の証拠としての二次的な効用を消費財に与えることになった。この二次的あるいは間接的な効用によって、見栄を張るのに都合のいい消費も、そしてやがてはその消費財自体も、価値あるものとされる。要するに高価な財の消費は称賛に値するし、見かけの実用目的を実現する以上に金がかかっていることがあきらかな財も、自慢できるということだ。だから必要以上に金がかかっている証拠が含まれていれば、その財は価値がある。その財の消費によって他人に差をつけるという間接的な目的に効率よく役立つからだ。逆にその財が、所期の実用目的をあまりに安上がりに実現し、他人と比較して虚栄心を満足させられるほど金がかかっていない場合には、大いに体面が傷つけられ、およそ魅力に欠ける。この間接的な効用こそが、「高級」な財の価値の大半を決めるのである。効用に敏感な持ち主を満足させるには、どんな財も、他人に差をつけるというこの間接的効用をいくらかなりとも備えていなければならない。

金のかからない暮らし方にけちがつけられたのは、始めは財力の欠如ひいては金銭的成功の欠如を示すから、という理由があったのだろう。だがやがて単に安いというだけで、本来的に恥ずかしく価値がないとして安物を否定することが習慣化する。体面のための支出の伝統は、時とともに世代から世代へと受け継がれ、金銭的評判の基準は一段と洗練され強化されていった。いまや私たちは、安物には価値がないと頭から信じており、何のためらいもなく「安かろう悪かろう」という格言を生み出すにいたっている。高価なものをよしとし安物をけなす習慣があまりに深く染み付いているせいで、あらゆる消費について、ある程度は無駄な出費にこだわらずにはおれない。まったく人目に触れないところで消費し、他人に見せびらかすはずもないものであっても、である。私たちは、自分の家という私的な場でさえ、高価なテーブルクロスを敷いて精巧な細工の銀器を用い、芸術的な価値が往々にして疑わしい手彩色の陶器から毎日食事をとっておれば、精神が高邁になるとまじめに信じて疑わない。これらに価値があるという考えに慣れきっているため、このような生活水準から一歩でも後退することは、人としての尊厳が脅かされる悲しむべき事態と感じられるほどだ。こうしたわけで、過去一〇年以上にわたり、夕食の照明としては蠟燭にまさるものはないとされてきた。育ちのよい人の目には、ランプやガス灯や電気の照明よりも、蠟燭の灯りのほうがやわらかく心地よい。とはいえ、入手可能な家庭用照明の中で蠟燭がいちばん安上がりだった三〇年前であれば、それがいちばんだとは言わなかっただろうし、もしいま安価だったとしてもそうだろう。現代でも儀式の場以外では、蠟燭は十分に有効な光源とはみなされていない。

ある存命の政治家は、これらのことを一言で「安物の外套を着ているのは安っぽい人間だ」[8]と断じた。この言葉にはたぶん誰もが頷くことだろう。

どんな財にも金がかかっている証拠を探し、他人に差をつけるという間接的な効用をあらゆる財に要求する習慣が浸透した結果、財の効用の基準自体が変化した。消費者が品定めするときには、その財に備わっている見栄の要素と純粋な実用性とを厳密に区別するわけではない。両者は渾然一体となって全体としての効用を形成するのであって、それを別々に分析することは不可能である。こうして出来上がった効用の基準には、どんな財も物質的な有用性のみで合格することはできない。消費者にとって完璧で文句のないものとなるためには、虚栄心をくすぐる要素を備えている必要がある。となれば消費財の生産者は、この必要性を満たすべく努力することになる。生産者自身も同じ価値基準に支配され、見栄の要素に欠ける物は大嫌いなので、なおのこと熱心かつ効果的に努力するにちがいない。かくして今日では、大なり小なり見栄や自慢の要素を含んでいない品物は、どこでもお目にかからないことになっている。消費財から見栄や無駄をすべて排除すべきだと主張するディオゲネスのような人がもしいたら、現代の市場では、この人のごくささやかな欲求すら満たすことはできまい。実際には、この人が自分の欲求に適うものを自分で作ろうとしても、この点に関する現代の思考習慣から逃れることは、不可能とは言わないまでもひどく困難だと気づくはずだ。無駄な労力を注ぎ込んだ装飾的で自慢の種になるような要素は、自作の品の中にまでどうしても紛れ込んでしまう。それなしに必需品の供給を確保することは、たった一日分でさえまず不可能である。

小売市場で実用品を選ぶときに、買い手が本質的な実用性を示す特徴よりもできばえや仕上げを重視することは、よく知られている。そこで売る側としては、所期の実用目的を果たすための労力に加え、まずまず高価であるという印象を与えるためにも相当の労力を投じなければならない。あきらかに金がかかっていることを実用品の必須条件とするようなこうした習慣の下では、消費財の価格が押し上げられることは言うまでもない。その結果として価値と価格がいくらか混同され、消費者は安い品物を疑いの目で見るようになる。ふつうなら消費者は、必要な実用性を備えた品物をできるだけ有利な条件で手に入れようと熱心に努力するものだ。だが財の効用の証として、またそれを構成する一要素として、あきらかに金がかかっていることが慣習的に要求されるようになると、消費者は衒示的浪費の要素をあまり含まない財を、下等な品物として拒絶するようになる。

以上のように、人々が効用の証とみなしているものにも衒示的浪費の要素が含まれているわけだが、こうした消費財の特徴の大部分が消費者に好印象を与えるのは、単に高価だからではなく、他の理由もあることを付け加えておかねばなるまい。それは、これらの特徴が財の本質的な実用性には貢献しなくとも、技能や腕前の証であることが多いということだ。そこで、何らかの自慢できる特徴がまず世間に称賛され、後に財の価値を構成する標準的な要素として定着する。すぐれた腕前の成果は、遠い将来には無駄な労力だったということになるとしても、やはりそれとして快いものである。巧みな技の成果を見ることは美的感覚を満足させる。とはいえ、どれほどすぐれた腕前が表現されていようと、また目的のためにいかに手段が工夫され適応されていようと、現代の文明化された消費者に長く支持されるためには、衒示的浪費という条件を満たさねばならないことを忘れてはならない。

このことを適切に裏付けてくれるのが、消費経済において機械で生産された財の位置づけである。同じ用途の機械生産品と手工芸品との重要なちがいは、通常は前者のほうが主たる用途によりよく役立つという点にある。機械生産品は、手段が目的に適っているという点で手工芸品よりも完成されている。だからといって、評価が高くなるわけではない。なぜなら、自慢できる浪費という条件を満たさないからである。人間の手による生産は、無駄が多い。したがって人間の手で作られた品物は、金銭的評判を得るという目的にはより適っている。その結果、手で作られたことを表す痕跡は自慢できるものとなり、そうした品物は機械生産品よりも高級とされる。手作り品の特徴は、だいたいにおいて、仕上がりがいくらか不完全で不規則であることだ。これは、作り手がもともとの図面通りに作れなかったことを表す。となれば、手工芸品の優位性の根拠は、ある程度の粗さや素朴さにあると言えよう。その度合いは、へたくそなほどであってはならない。それは安物の証拠だからである。かといって、機械でしか実現できないほどの精度を示してもならない。それもまた、金のかかっていない証拠だからである。

このように金銭的評判につながる粗さや素朴さは、上流階級の人々にとってその品物の優位性や魅力の証拠となるが、それを評価するには繊細な識別ができなければならない。そのためには、品物の鑑定に関する訓練と知識を身につける必要がある。機械で生産された日用品の完璧すぎる仕上がりを褒めそやし、使いたがるのは、消費の品格といったことに無頓着な育ちの悪い人々である。機械生産品が格式の点で劣るとみなされていることから、財が高コストの技術革新によって生産され、その技能やできばえが完全であっても、それだけでは評価されないし、長く愛用されるわけでもないことがわかる。技術革新といえども、衒示的浪費の条件を満たさなければならない。財の仕上がりや見かけの特徴がいかに好ましく、実用性を好む美的感覚にとっていかによいものであっても、金銭的評判を獲得するという条件に適わない場合には受け入れられない。

消費財が「ありきたり」であること、言い換えれば生産にあまり金がかかっていないがゆえに格式が低く品がないことを、多くの人は重大な欠陥とみなしてきた。機械生産品に対する嫌悪感は、多くの場合、このありきたりであることへの嫌悪に由来する。ありきたりのものは、たいていの人が金を払えば入手できる。したがって他の消費者と差をつけるという目的に適わないため、消費したところで自慢にはならない。そうした財を消費することは、いやそれどころか目にするだけでも、下の階級の生活を連想させずにはおかない。

そこで、繊細な感覚の持ち主ならひどくいやがる貧乏くささが感じられるとして、みな目を背けるようになる。自分の美的感覚に執着するうえに、美的判断のさまざまな根拠を区別する才能も習慣も持ち合わせておらず、またその気もない人の場合、すでに述べたような形で、見栄も美も実用性も区別せずに感じる。その結果としていろいろな要素の混ざった評価が対象物の美や実用性の評価となる。しかもこの評価は、当人の先入観や関心が対象物をどう捉えるかによって、大きくちがってくる。すると、安いとかありきたりだといった印象が、芸術的に劣ることとの決定的証拠と受け取られがちになる。こうして、何をもって美しいとみなし、美しくないとみなすかの基準が決まり、審美的な判断を導くことになる。

すでに指摘したように、現代の工業社会においては、安く、したがって品のない日用品の大半は機械で生産されている。機械生産品の外観に現れる特徴は、手工芸品に比べてできばえが完全に近く、設計図の通りに正確に作られていることだ。手工芸品の不完全さは誰の目にもあきらかであり、それは自慢できることであるから、美的観点あるいは実用的観点から、あるいはその両方から、優位の証とされる。そこで、欠点のあるものが称賛されるという動きが起きた。一九世紀の美術評論家ジョン・ラスキンや美術工芸家のウィリアム・モリスは、その代表的な提唱者である。こうした背景から、仕上がりの粗さや素朴さ、無駄な努力についての彼らの熱心な主張がその後も継承されてきた。そして、手工芸や家内工業への回帰を訴える声も上がってきている。いまここに挙げたような人たちの作品や思想の多くは、見かけは完璧なものほど値段が安いという時代でなければ、生まれることもなかっただろう。

改めて言うまでもなく、ここではこの芸術運動の経済的価値以外のことに言及することはできないし、するつもりもない。ここで述べることを非難と受け取らないでいただきたい。この運動が消費や消費財の生産におよぼした影響について、その傾向を分析したものと考えてほしい。

この洗練された美的感覚の偏愛ぶりがどのように生産に具現化するかということを最もよく表しているのは、おそらくモリスの製本事業であろう。モリスは印刷工房ケルムスコット・プレスを設立し、晩年はこれに没頭していた。そしてケルムスコット・プレスの作品の顕著な特徴と言いうるものは、その後の芸術的な製本全般、すなわち活字、紙、挿絵、装幀の材料や仕上げにもおおむね当てはまる。彼らがすぐれた作品とする根拠は、かつての製本の素朴な粗さにどこまで似ているか、ということにかなり依存している。かつての製本は厄介な材料に不十分な道具を使う苦労の多い不確実な作業だった。こうして生み出される作品は、手作業を必要とするため高価であるし、実用本位で製作される本より使い勝手が悪い。したがってそのような本を買うことは、金があること、時間と労力を浪費する余裕があることの証拠になる。今日の印刷事業者がいわゆるオールドスタイルの活字やいくらか古くさい活字に回帰しているのは、このためだ。こうした活字は読みにくいが、モダンな活字よりも紙面に素朴な印象を与えてくれる。科学雑誌のように、科学関連の内容を効果的に表示する以外の目的は何もなさそうに見える刊行物でさえ、金をかけた美観を求める事情に屈し、科学論文を掲載するためにわざわざオールドスタイルの活字とざら紙にフランス装を使いかねない。ましてや、内容を効果的に伝えさえすればよいという本でない場合には、この方向に突き進むのはあきらかである。そうなってくると、一段と古風な活字が不整形の手漉きの紙にたっぷり余白をとって印刷され、あれこれ手を尽くして素朴さを演出し、拙《つたな》い感じに仕立てたフランス装の製本が登場することになる。ケルムスコット・プレスにいたっては、現代の書物を出版するのに時代遅れの綴りを髭文字で印刷し、羊皮紙を革紐で綴じた装幀にした。実用本位の立場からすれば、ばかばかしいと言えるほどである。芸術的な製本の経済的地位を決定づけたもう一つの特徴として、優美な本ほど値付けを有利にするために限定出版だったことが挙げられる。部数が少ないのだから、いささか乱暴なやり方ながらその本は稀少であり、したがって高価であるから、これを買えば確実に財力を誇示できるわけだ。

これらの書物が洗練された美的感覚を持つ愛書家にとってとりわけ魅力的なのは、言うまでもなく、金がかかっていることやわざわざ不器用な仕上がりになっていることを馬鹿正直に評価するからではない。手工芸品が機械生産品より優等とされるのと同様に、高価で不器用な作品を好む意識的な根拠は、そうした作品に備わっている固有のすばらしさにある。時代遅れの昔の製法をまねた本のすぐれた点は、主に芸術的な効用にあると考えられる。ところが育ちのよい愛書家の中には、不細工な作品のほうが印刷媒体としても有用だと主張する向きが少なくない。なるほど、芸術作品のような本の美的価値に関する限り、彼らの主張にもそれなりの根拠はあると言えよう。この手の本は美観だけを目的に製作され、装幀家はだいたいにおいてその目的を達する。しかしここで主張したいのは、そのことではない。装幀家の美的感覚は、そもそも衒示的浪費の基準に縛られており、それを満たさない美的感覚の要求は選択的に排除されるということである。つまり芸術的な本が純粋に美しいとしても、デザイナーが仕事をする枠組みは非芸術的な要求に左右されている。作品として美しくても、やはり金がかかってなければならないし、所期の用途にも適していなくてはならない。とはいえ装幀家の場合、美的感覚の絶対譲れない条件は、衒示的浪費の基準だけに基づいて決まるわけではない。古風なものや時代遅れのものに対するあこがれといった、掠奪者気質の二次的発現にもある程度したがう。そして、こうしたあこがれの発展した特殊な形の一つが古典主義と呼ばれるものだ。

美学の理論においては、古典主義すなわち古代崇拝の基準と美の基準との間に一線を引くことは、まったく不可能ではないにしても、きわめて困難であろう。美を追求する目的からしても、そのような線引きはまずもって不要であるし、現に必ずしもそのような区別は存在しない。人々の美的感覚は、根拠はどうあれ広く受け入れられた古典主義の理想の表現を美の要素として高く評価しており、その正統性を問題にする必要もなかろう。だが、世間的な美的感覚の基準の経済的根拠を特定し、それが財の分配と消費にとって持つ意義を理解するという当面の目的に関する限り、両者を区別することがあながち的外れとは言えまい。

文明社会の消費構造において機械生産品が占める位置づけから、消費における衒示的浪費の基準と適切さの基準との関係性を理解することができる。衒示的浪費の基準は、厳格な意味での芸術や美的感覚に関しても、現代の意味での財の実用性に関しても、新機軸や創意工夫の原動力とはなりえない。また将来的に技術革新の誘因となったり、新たな消費品目や費用項目を創出したりするとも思えない。衒示的浪費の法則は、ある意味ではプラスではなくマイナスに作用するのであって、創造を促すのではなく規定する方向に働く。何らかの習慣を直接的に生み出したり導いたりすることはめったになく、単に取捨選択するだけである。また、直接的に変化や成長の誘因となるわけでもない。ほかの原因から生まれた新機軸や工夫のうち、衒示的浪費の条件を満たしたものだけを生き残らせる役割を果たすにすぎない。支出の習慣や方法は、形成された経緯はどうあれ、金銭的評判を得るためのこの条件によって選別されることになる。そしてこの条件にどれだけ適合しているかによって、同様の習慣や方法と競合して生き残れるかどうかが決まる。他の条件が等しければ、あからさまに浪費的な支出習慣や支出方法ほど生き残る可能性が高い。衒示的浪費の法則は、すでに述べたように変化の誘因とはなりえないが、法則に適うものを長く生き残らせる。適者を生み出しはしないが、適者を保存するのである。衒示的浪費の法則はすべてのものを検証し、浪費をひけらかす目的に適ったものだけを存続させる。

第7章　金銭文化の表現としての衣装

これまでに論じた経済的な原動力が日々の生活の何らかの面にどう作用するのか、ここらで具体例を挙げて示しておくべきだろう。この目的にふさわしいものとしては、衣服に対する支出にまさるものはない。金銭的評判に結びつく他の品目もこの目的に役立つけれども、衒示的浪費の法則の作用がとりわけはっきりと認められるのは、衣服である。他の品目も財政事情を示す役割を果たしているし、時と場所によってさまざまなものが流行している。だが衣料費は、その人の財政状況を誰にでも一目でわかるように示すという点で、他の大半の方法に比べて例示としてすぐれている。また衣服の場合には、他の消費品目以上に見せびらかしのための支出が容認され、あからさまに、そしておそらくは誰もが行っていると言ってよかろう。どんな階級でも、衣服に充てる支出の大半が身体を守るためではなく見てくれのために投じられるのがふつうであることは、誰しもただちに認めるだろう。そしてまた、着ているもので社会の慣習的規範を下回ったときほど、みじめな感じがすることはあるまい。無駄な消費として恥ずかしくないとみなされる額を捻出するために、生活の快適さやさらには必需品までを相当程度に切り詰めることが最も甚だしく行われるのは、やはり衣服の場合である。こうしたわけだから、立派な衣装を見せびらかそうとして、寒い日にやせ我慢をして薄着で出かけるということはめずらしくない。近代社会においては、衣服に使われる材料の商業価値は、身体を覆う実用性よりも、流行に乗っているとか評判になるといったことにはるかに左右されやすい。言ってみれば衣服は「高級」な理由から、すなわち精神的な理由から必要とされる。

この精神的な必要性は、支出を誇示したがる単純な性癖と関係はあるものの、これが唯一の原因ではないし、主な原因というわけでもない。衒示的浪費の法則は好みや体面の基準を形成し、これを通じて主に間接的に衣服の消費に作用するのであり、この点は他の消費項目と同じである。多くの場合、浪費を誇示するような衣服を着る人や買う人は、確立された規範に従わねばならないということと、好みや体面の世間一般の基準を下回ってはならないということを、動機として意識している。もちろんそうした動機も重要ではある。だが人々が世間の服装の決まりを守るのは、不快な注目を浴び難癖をつけられて恥をかきたくないという理由からだけではない。こと衣服に関する限り、高価でなくてはならぬということが思考習慣に染み付いているため、安物を本能的に嫌悪するのである。そしてろくに考えもせずに、高くなければ価値がないと決めつける。「安物の外套を着ているのは安っぽい人間だ」は言うまでもなく、「安かろう悪かろう」という言葉も、他の消費品目よりも衣服にとりわけよく当てはまる。「安かろう悪かろう」という言葉の影響で、安い服は美的観点からも実用面からも劣っており、高い服ほど美しいとか役に立つと感じる。ごく少数の瑣末な例外を除き、手細工を凝らした高価な服飾品のほうが、それをまねた安価な模造品よりも、美しさの点でも実用性の点でも好まれる。その模造品がいかに精巧にできていても、そうだ。模造品が嫌われるのは、色や形が劣っているからではなく、さらには見た目で劣っているからですらない。きびしい吟味にも耐えられるほどよくできた模造品であっても、模倣であることが判明した瞬間に、美的価値も商業価値も激減する。そのうえ模倣が判明した衣装は、本物より安ければ安いほど美的価値が下がると言ってよかろう。金銭的な格付けが下がるがゆえに美的な格付けも下がるわけである。

とはいえ財力の証拠としての衣服の役割は、身体を快適に覆う必要性以上に高価な財を消費できると示すことだけではない。もちろん単純に浪費を見せびらかすだけでも、効果はあるし満足感もある。なんといってもこれは、金銭的成功の、ひいては社会的地位の、一見して明白な証拠なのだから。だが衣服には、単なる浪費の衒示を超えて、もうすこし繊細で幅の広い役割を果たす可能性が秘められている。衣服に不経済に金をかけられる余裕があることに加え、当人には生活費を稼ぐ必要がないことも同時に示せるなら、その人の社会的地位は一段と強化できるのである。こうしたわけで、衣服がその目的を効果的に果たすためには、単に高価であるのみならず、着用者がいかなる生産的労働にも従事していないことが誰の目にも歴然としていなければならない。衣服が今日のようにみごとに最適化されるまでの進化の過程では、この点にもしかるべき注意が払われてきた。世間で優美な服装とされているものをくわしく調べてみると、着用者が生産的な労働を日常的に行っていないという印象を与えるべく、ありとあらゆる工夫が凝らされていることがわかる。改めて指摘するまでもなく、どんな衣服も、汚れたりすり切れたりして肉体労働の痕跡を示すようであれば、優美とは言えないどころか、ひどく見苦しい。清潔でしみ一つない服が見た目に心地よいのは、潤沢な閑暇を連想させることが、唯一とは言わないまでも主たる理由である。閑暇がたっぷりあるということとは、いかなる種類の生産活動とも何ら接点がないことを意味するからだ。エナメル靴、しみ一つない麻服、ぴかぴかのシルクハット、散歩用のステッキなどは、紳士に生まれつき備わった品格を一段と高めてくれるものだが、こうした小物の魅力の大半は、そんな格好をしているときには直接人間の役に立つ仕事は一切できないと端的に示すことに由来する。つまり優美な服飾品は、高価だからというだけでなく、閑暇の象徴であることからも、優美とみなされる。優美な服飾品は、相当に高価なものを消費する能力があることに加え、生産を行わずに消費していることの証でもあるわけだ。

女性の衣服は、生産的な仕事とは無縁だと示すことにかけて、男性の衣服よりはるかにまさっている。ご婦人の優美なボンネットのほうが男性のシルクハット以上に労働が不可能だと一般化して述べても、とくに論証の必要はあるまい。ご婦人の靴についているフレンチヒールと呼ばれる高い上品な踵は、必然的な閑暇の証拠となる。というのもあのようなハイヒールでは、肉体労働はまずもって困難だからだ。どれほど単純な労働も、またどれほど必要な仕事も、できはしない。スカートを始め婦人服を特徴づけるゆったりした襞飾りのある服になると、このことは一段とよく当てはまる。男がスカートにむやみに執着するのはこのためだ。スカートは高価なうえに、何をするにも邪魔になるため、有用な労働は一切できない。必要以上に髪を長く伸ばすご婦人の習慣についても、同じことが言える。

とはいえ女性の服装は、労働からの免除を示す度合いに関して現代の男性の服を上回るだけではない。男性であればふつうはけっして着用しないようなひどく奇妙な仕掛けも備わっている。その代表例がコルセットだ。コルセットは、実用性の観点から言えば、自らの身体を損なう行為にほかならない。着用者の運動能力を低下させ、どう見ても恒久的に労働に向かないようにすることが目的であるうえ、着用者の魅力を減じてしまうことさえある。それでもこの損失は、贅沢かつか弱く見えるという評判を得ることによって、埋め合わせられる。となれば婦人服の女らしさは、実質的には、有用な労働を効果的に阻害する結果を導くと言ってよかろう。男の服と女の服のちがいは、ここでは両者を特徴づけるものとして指摘するにとどめ、ちがいが生まれた背景は後段で論じることにしたい。

さてここまでのところ、衣服に重要な影響を与えるものとして衒示的浪費の法則を挙げた。続いて衒示的浪費を補い、かつこれに伴うものとして、衒示的閑暇の法則があることも指摘した。かくして衣服の製作に当たっては、着用者が生産的労働に従事していないことを示すさまざまな工夫が凝らされるのであり、工夫の仕方によっては、労働は不可能だと示せることもある。この二つに加え、この問題を検討したことのある人なら必ず思いつく第三の法則が存在する。それは、高価であることや労働に不都合であることをこれ見よがしに示すと同時に、つねに最新流行のものでなければならないということだ。こちらが衣服を左右する度合いも先の二つに劣らない。流行の移り変わりに関しては、満足のゆく説明がこれまでになされたとは言いがたい。ともかくも最新流行のファッションで身を固めることが何よりも重要だとか、人気を得た流行がシーズン毎にめまぐるしく変わるといったことは、誰もが知っている。だがなぜ流行がそのように重視されるのか、またなぜ移り変わるのかについて、確たる理論が形成されたことはない。とはいえ、新しいものに飛びつく傾向が衒示的浪費の法則の必然の帰結であると言っても、論理的にはまったく問題あるまい。どの服もごく短期間しか活用できず、前のシーズンの服を次のシーズンに持ち越して着ることができないとなれば、衣服への浪費は当然ながら大幅に増えるからだ。このことはそれとして結構ではあるが、流行に関しては消極的な意味しか持たない。この考察から言えるのは、衒示的浪費の法則が衣服のあらゆる面に作用し、流行がどう変わろうとも浪費を要求することぐらいである。何らかのスタイルを流行させたり、それをまねたりする動機を説明することはできないし、ある時期にあるスタイルに従うことが絶対に必要だとなぜ人々が感じるのかを説明することもできない。

ファッションにおいて新たなものを生み出す創造的原動力の源を探すには、そもそも衣服というものを出現させた原始的な動機に遡らなければならない。それは、身体を飾りたいという、経済とは無縁の動機である。衒示的浪費の法則の下でこの動機がどのような形で表れ、どのように発展したかについては、ここでは長くなるので立ち入らないが、次のようにおおざっぱに言ってもよかろう。ファッションに次々に表現される独創的な新機軸は、色・形・効果に関する人々の感覚にとって、古いものより一段と心地よく感じられるものを打ち出そうとする努力の表れである。スタイルが移り変わるのは、人々の美的感覚に訴えるものを絶えず追い求めているからだ。しかし新しいデザインや工夫は衒示的浪費の法則に制約されるから、その範囲はどうしても限られることになる。新しいものは、古いものより美しく、だいたいにおいて心地よくなければならないうえに、高価であるという世間的な基準も満たさなければならない。

衣服の美を実現しようとするこの絶えざる努力は、一見した限りでは、芸術的な完成に次第に近づくように見えるかもしれない。だから、人間の身体にじつによく似合ういくつかのタイプの衣服へと流行が収斂していくことを期待してもよさそうに思える。また、これまで多くの年月にわたって衣服に工夫が凝らされ努力が払われてきたのだから、ファッションは永遠の芸術的理想に限りなく近い完成や安定を達成してしかるべきだ、と期待してよい十分な理由があるとも感じられる。だが実際には、そうではない。それどころか、今日のスタイルは一〇年前のスタイルよりおしゃれだと言い切れるかどうかは大いに疑問だ。二〇年前、五〇年前、いや一〇〇年前についても、そうだ。その一方で、二〇〇〇年前に流行したスタイルは今日の最も洗練された精緻な服よりおしゃれだと言っても、誰も反論できまい。

となれば、先ほど述べた流行についての説明は不十分であり、さらに分析を進める必要がある。よく知られているとおり、世界各地には比較的流行に左右されないスタイルや衣服のタイプが存在する。たとえば、日本、中国など東洋の国々、ギリシャ、ローマなど古代ヨーロッパの国々がそうだ。もっと後の時代では、ヨーロッパのほぼすべての国の農民の衣服についても同じことが言える。有能な批評家は、こうした民族衣装や庶民の服装の多くについて、現代文明の移り変わりの激しい服装よりも美しく芸術的だと述べている。ただし、これらの服はだいたいにおいて、浪費であるとは言いがたい。言い換えれば、投じられた費用よりも他の要素のほうが目立っている。

こうした比較的変化の少ない衣服が見られる地域は、かなり狭い範囲に限定されていることが多い。そして地域によって、わずかずつであっても系統的なちがいが認められる。これらの衣服を作っていたのは、どの地域の場合にも、いまの私たちよりも貧しい人たちだ。特筆すべきは、これらの衣服が多く見られるのは、住民全般が、すくなくともそれを着用する人々の属す階級が、比較的均質で変化に乏しく移動も少ない国や地域、あるいは時代だということである。つまり、時代や価値観の試練に耐えて変わらずに残る衣服は、衒示的浪費の要求が現代の大都市ほど押し付けがましくない環境で作られてきた。対照的に現代の大都市では、比較的裕福で移動性の高い住民が流行を先導している。変化の少ない美しい衣装が生まれた国や階級では、いま述べたような環境であったために、財力の張り合いが衒示的消費よりも衒示的閑暇を競い合う形で行われていた。こうしたわけだから、流行は最も移り変わりが激しく最も見苦しいのは、財の衒示的浪費の要求に振り回される現代のような社会だと言ってよかろう。以上の点から、衣服の場合、値段の高さと芸術性は対立関係にあることがわかる。実際にも、衒示的浪費の基準と、衣服は美しくて似合っていなければならないという条件は相容れない。この対立関係こそがめまぐるしく移り変わる流行の原因なのであって、値段の高さや芸術性という単一の条件では流行は説明できないのである。

評判になるためには、衣服には浪費の証拠が見られなければならない。だが浪費があからさまであることは、人間の生まれ持った好みに反する。すでに心理学の分野では、労力であれ出費であれ、どんな人も無駄を嫌うことが指摘されている――ちょうど「自然は真空を嫌う」(9)と言われたように。とりわけ女性はその傾向が強いようだ。だが衒示的浪費の法則は、あきらかに無駄な出費を求める。よって、その結果であるこれ見よがしに金のかかった衣装は、本質的に見苦しいことになる。そこで衣服の細部に適用されるあらゆる独創的なアイデアは、無駄だという非難をかわすために、何かしら見せかけの用途を示す。ただし衒示的浪費の必要性から、そうした用途はあきらかな見せかけ以上のものにはならない。こうしたわけで、ひどく自由奔放なファッションであっても必ず何かしらそれらしい用途を装っているが、そうした小賢しい見せかけの実用性は甚だしく見え透いているのがつねであり、本質的には無駄なので、やがては我慢できないほど気に障るようになる。そこで新しいスタイルへと逃避することになるわけだ。だが新しいスタイルにしても、評判を獲得するためにはやはり無駄で無用でなければならない。そこで結局は、前の流行同様に鼻持ちならなくなる。浪費の必要性からして唯一可能な逃げ道は、同じように無駄で長持ちしない新たなスタイルだ――というわけで、流行の服は本質的に見苦しく、かつ絶えず変化する。

以上のように移り変わる流行現象を説明したので、次に、この説明が日常的な現象に当てはまるかどうかを検証する。ここでは、流行中のスタイルは時代を問わず誰もが好きになる、というよく知られた現象を取り上げる。新しいスタイルが流行になると一シーズンは人気を保ち、すくなくともそれが斬新である間は、ほとんどの人が魅力的だと感じる。流行中のファッションは美しいと思えるものだ。理由の一つは前の流行とはちがうという安堵感にあり、もう一つは評判になっていることにある。前章で指摘したとおり、人々の好みは、評判になるかどうかである程度まで決まってしまう。そしてこの条件下で、あるスタイルの新味が失われるか、同じ用途のもっと新しいものが評判を勝ち得るまでは、そのスタイルのすべてがよしとされる。ある時代に流行中のスタイルで美しいとか「かわいい」とされるものがほんの一時的な仮の美にすぎないことは、移り変わるファッションのどれ一つとして時の試練に耐えられないという事実からもあきらかだ。五、六年前の流行を振り返ると、最高のファッションでさえ、醜悪と言わないまでも奇妙である。たまたま最新流行になったものに私たちが抱く束の間の愛着の根拠は、美以外のところにある。だから、本来の美的感覚が立ち現れ、最新流行のこなれの悪い奇抜なアイデアを排除するまでの間しか、続かない。

美的観点から流行に嫌悪感を抱くに至るまでには、いくらか時間がかかる。あるスタイルに対して嫌悪感を抱くまでにかかる時間は、そのスタイルが本質的に醜悪であるほど短くなる。ファッションの醜悪さと不安定性との間に見られるこの時間的関係から、スタイルが変化し前のものを押しのけるスピードが速いほど、健全な好みにとっては不快なものになると推論できる。ここから、次のように結論してよかろう。ある社会において、とりわけその社会の富裕層において、富や移動性や行動範囲が拡大するほど、衣服に関して衒示的浪費の基準が重みを増し、美的感覚は麻痺するか、金銭的評判の要求に屈するようになる。そして次々に流行するスタイルは、一段と醜悪で堪えがたいものになりやすい。

衣服に関しては、論じるべき点がすくなくともあと一つ残っている。これまで述べたことのほとんどは、現代においては女性の服によりよく当てはまるものの、女性のみならず男性の服装にも当てはまる。しかしある一つの点で、女性の服は本質的に男性の服と異なる。それは、卑しい生産的職業から免除されているか、その能力がないことをことさら強調する点だ。この特徴は、衣服に関する理論を完成させるうえでも、過去および現在の女性の経済的地位についてこれまでに論じたことを確認するうえでも、興味深い。

「代行閑暇」と「代行消費」を取り上げた章で女性の地位についてすでに論じたとおり、経済が発展していく過程で、家長に代わって消費することが女の仕事になった。女性の服装には、そのための工夫が凝らされている。あきらかに生産的な労働は身分の高い女にとっては恥辱であるから、ご婦人の服には、着用者が日頃そういうものに従事していないしできないという事実（実際にはだいたいにおいて虚構であるが）を強調すべく、念入りに手を加えなければならない。世間的には、身分の高い女は同じ階級の男よりも徹底的に生産的労働から遠ざかり、閑暇を誇示しなければならないとされている。育ちのよい淑女が労働で生計を立てなければならないのを目の当たりにするのは、男にとっては痛々しい。労働は「女の領分」ではないのである。女の領分は家庭にあり、女はそこを美しく整え、自身がその「主な装飾品」となることを求められる。今日では、家長たる男を家庭の装飾品と言うことはない。このことと、女の服飾品に金をかけている事実を世間に誇示すべく絶えず注意を払わねばならないこととを考え合わせると、すでに論じた見解の正しさが裏付けられよう。家父長制時代からの伝統で、現代の社会では家庭の財力を証明することが女の重要な仕事になっているし、現代の文明的な生活様式では、自分が属す家の名声は女の主要関心事でなければならない。そこでこの名声を支えるために、見栄のための出費や閑暇の見せびらかしが女の仕事になった。上流階級の生活で実現されるような理想の生活様式では、通常女が果たすべき唯一の経済的役割は、財や労力の衒示的浪費に気を配ることだとされている。

衒示的閑暇と衒示的消費が女に要求される役務の一部になったのは、経済の発展過程において、まだ女が男の完全な所有物だった段階である。このとき女は自らの主人ではなかったから、女たちがこれ見よがしに費やす支出や閑暇は、当人ではなく主人の評価を高めることになった。したがって、家に属す女たちの金遣いが荒いほど、またあきらかに非生産的であるほど、その暮らしぶりは家や家長の評判を高めるのに効果的で立派だということになる。閑暇が潤沢にあることに加え、役に立つ労働はできないと証明することが女たちに求められる場合には、なおさらである。

この点で男の衣服は女の衣服に劣るが、それには十分な理由がある。そもそも衒示的浪費や衒示的閑暇が評判になるのは財力の証明になるからであり、財力が評判になり称賛されるのは、結局のところ、成功と能力の証だからである。したがってその財力の当の持ち主が浪費や閑暇を見せびらかすとなれば、自らの無能力を強調し、自分に不都合になるほどあからさまに行うわけにはいかない。そんなことをすれば、能力の高さを示すどころか、低さを露呈することになり、自らを貶めることになるからだ。だから、労働の免除や浪費を常日頃から誇示し、それが不愉快になるほど過剰だったり、わざわざ肉体的無能力を強調したりする人は、自分の財力を評価してもらうためにやっているのではない、と断言できる。当人のためではなく、経済的に依存する人物のためにそうしているのである。経済学的に言えば、この関係はとどのつまりは隷従関係である。

いまの一般論を女性の服装に適用して具体的に論じることにしよう。ハイヒール、スカート、非実用的なボンネット、コルセット等々、着心地のよさを無視するあらゆる小道具は、文明国の女性の服装に見られる顕著な特徴である。これらのものは、現代の文明化された生活様式において女はいまだに理論上は男に経済的に依存していること、経済用語で言えば男の動産であることを証拠だてている。女たちが閑暇や服装をこのように見せびらかすのは、ごくありきたりな理由からだ。要するに彼女たちは、経済的機能が分化する過程で主人の財力を証明する仕事を割り当てられた使用人にほかならないのである。

これらの点に関して、女性の服と使用人の服、とくにお仕着せには顕著な共通点がある。どちらも、必要以上の出費をひけらかそうと工夫を凝らしている点、着心地のよさを甚だしく無視している点だ。ただし、着用者のか弱さまでは強調できなくとも、怠惰な暮らしぶりを巧みに誇示している点では、使用人の服より女性の服のほうが断然進んでいる。これは当然のことだと言えよう。というのも金銭文化の理想の生活様式では、家庭の主婦は使用人の頭であるからだ。

使用人とみなされている人々のほかに、使用人階級のお仕着せと似ているうえ、ご婦人の服の女性的特徴と共通する特徴まで多数備えた服を着用する階級が、現時点ですくなくとももう一つある。それは、聖職者階級である。聖職者の服装では、隷従的地位や代行消費の証拠となるようなありとあらゆる特徴が強調されている。正式には祭服と呼ばれる聖職者の正装は、彼らの日常着以上に目を引き、ごてごてとグロテスクで不便であり、見た目にも不快なほど着心地が悪そうにできている。また聖職者は有用な労働をしないことを期待され、公衆の面前に出るときには、よく訓練された使用人よろしく能面のような無表情を装うものとされている。きれいにひげを剃った聖職者の顔も、同様の効果を上げる。聖職者と側仕えの使用人の態度や衣服がこのように似ているのは、両者の経済的機能の類似性に起因する。すなわち聖職者とは神にかしずく使用人であって、使用人としてのお仕着せを着用しているのである。このお仕着せにひどく金がかかっているのは、至高の主人たる神にふさわしい流儀として当然のことだ。ただしこのお仕着せは、着用者の肉体的快適にはほとんど貢献しないよう工夫されている。というのも、これは代行消費の品目であって、その消費によって得られる評判は、使用人たる聖職者ではなく不在の主人たる神に帰すべきものだからである。

女性・聖職者・使用人の服装と男性の服装とを分ける境界線は、必ずしもつねに明確に引かれているわけではない。しかし世の一般の思考習慣の中で多かれ少なかれはっきりした線引きがされていることは、議論の余地がなかろう。もちろん、世間の思惑など気にしないという男はいる。実際、一分の隙もない服装で評判になりたいと願うあまり、ついに一線を踏み越え、あきらかに身体を締めつけるようなデザインの服を着用におよぶ男も少なくない。だがそのような服は、男が着るものとしては常軌を逸していると誰もが断言するにちがいない。そうした服は「男らしくない」と言われるし、そんな服を着用におよんだ男やむやみにおしゃれな格好をした男は、従僕か馬丁のようだと言われかねない。

衣服に関する以上の論考とあきらかに食い違う現象があれば、くわしく検討しておく必要があろう。とくに、衣服の最近の発展と成熟においてちがいが顕在化している場合には、注意を要する。コルセットの流行がたどった経過を見ると、すでに述べた原則のあきらかな例外を見出すことができる。とはいえこの例外にしても、よく調べてみると、衣服の何らかの要素や特徴が流行になるのは財力の証拠としての効用があるからだ、という原則を裏付けるにすぎないことがわかる。よく知られているように、コルセットが使われるのは、産業が発展した社会の中で、厳密に定義できるある社会階層に限られている。貧しい階層の女性、とりわけ農村部の女性は、祝祭日の贅沢として以外は着用しない。激しい労働をしなければならないから、日頃あのようなもので身体を締め付けて暇な時間を装うことなどできない。祝祭日にコルセットを着用するのは、上流階級の体面の条件をまねたからである。肉体労働に従事するこの貧困層よりも上の階層では、最も裕福で育ちのよい女性を筆頭にあらゆる女性にとって、コルセットは、社会的に非の打ちどころのない地位を保つための必需品と言ってよかった。この決まりごとは一世代から二世代にわたって続き、大規模な富裕層が出現するまで有効だった。正確に言えば、肉体労働の必要性を疑われる恐れがまったくないほど富裕であって、かつ、単独で固有の社会集団を形成し、数にものを言わせて階級独自の見解に基づく行動規範を一から確立できるほど大規模な階級が出現するまでは、有効だった。だがいまや、それだけの規模と富を持つ有閑階級が台頭している。この階級に対して、肉体労働の必要に迫られているなどと非難したところで、それは根も葉もない中傷にすぎず、何の効果もあるまい。そこで有閑階級では、コルセットはほとんど使われなくなっている。

いま述べたコルセットからの解放という現象にも例外はあるが、それは本質的ではなく見かけ上のものである。その例外は、産業が未発達で半ば手工業的な古い社会の富裕層と、高度に発達した産業社会であとから成り上がった富裕層に見受けられる。後者は、かつて低い階級に属していたときの庶民的な好みや体面の基準から脱け出しきれていない。そこで、最近急にゆたかになったアメリカの都市部の上流階級などでは、コルセットがいまだに着用されていることがめずらしくない。スノッブ（俗物）という言葉を、何ら悪い意味を含まない述語として使うなら、コルセットが生き残っているのはだいたいにおいてスノッブ時代を経た地域だと言ってよかろう。スノッブ時代とは、金銭文化が低い水準から高い水準へと移行する不安定な過渡期を指す。コルセットが継承された地方では、着用者の肉体的無能力を誇示して閑暇を自慢する証拠として役立つ場合に限り、引き続き使用されている。着用者の生産性を損なうような他の装具や工夫についても、同じことが当てはまる。

衒示的消費のためのさまざまな品目からの解放についても、同様のことが言える。中でも衣服のいくつかの特徴、とくに着用者にとって不快だったり見た目がよくなかったりするものについては、まずまず同じことが言えるようだ。過去一〇〇年の間に、とくに男の服装の推移には、ある傾向がはっきりと認められる。それは、面倒な習慣への出費や手間のかかる閑暇のひけらかしをやめてしまう傾向である。たとえば髪粉を振ったかつらや金モールの使用、ひんぱんに顔剃りをする習慣などは、かつてはそれなりに役に立っていたとしても、今日の上流階級が続けようとすれば苦痛以外の何物でもない。最近になって、上流社会で顔剃りが復活の兆しを見せているが、これは従者に要求される身だしなみの無分別なまねにすぎず、一時的な現象であろう。となれば、祖父の時代のかつらと同じ運命をたどると考えられる。

かつらを始め、着用者がいかに役に立っていないかを世間にあからさまに強調するさまざまな小道具は、同じことをもっとデリケートに表現する別の方法にとって代わられていく。しかしデリケートとはいっても、えり抜きの小さなサークルに属す人々の洗練された目にとっては、以前の方法に劣らず明白であるし、着用者が褒め言葉を期待する相手はまさにこの人たちである。かつての粗野な見せびらかしの方法は、訴えかける対象に一般大衆が数多く含まれている間は有効だった。大衆は、富や閑暇をそれとなく示されても、見抜く能力がないからである。富裕階級が十分な規模に発展し、十分な閑暇を持ち、金がかかっていることを示すさりげない証拠を見抜く目を養えるようになったとき、見せびらかしの方法は高度に洗練された。そうなるとけばけばしい衣装は、育ちの悪い人間の低級な感性に訴えようとするけしからぬ願望の表れとして、よい趣味を持つ人にとって不快なものとなる。育ちのよい人にとって何よりも重要なのは、自分と同じ上位階級に属す洗練された人々からより多くの称賛を勝ち得ることだ。富裕な有閑階級の規模が拡大し、この階級に属す人同士の接触が増えて評判を得るのに十分な人的条件が整うと、低い階級の人々を排除する傾向が生まれる。称賛や批判を求める見物人としての位置づけからさえ、排除しようとするのである。こうしたことすべての結果として、見せびらかしの方法はいよいよ洗練され、それとなく見せる工夫が凝らされるようになり、衣服において象徴主義的な精神性が重視されるようになる。しかも、体面を保つといったことでは上流の有閑階級がつねに手本となるため、他の階層の衣服の様式も徐々に改良されていく。社会が富の面でも文化の面でも進化するにつれて、財力を証拠だてるために使われる手段は、見る側にも一段と識別力を要求するようになる。見せびらかしの方法がこのように精緻になっていくことは、高度に発達した金銭文化を特徴づける重要な要素の一つと言えよう。

第8章　労働の免除と保守主義

　社会における人間の生活は、他の種とまったく同じように生存競争であり、したがって選択と適応のプロセスである。社会構造の進化もまた、制度の選択と適応のプロセスだった。制度や人間の気質に関するこれまでの進化も、現在進行中の進化も、おおざっぱに言えば最適な思考習慣の自然選択であると同時に、社会の発展や制度の変遷に伴って徐々に変化する環境への個人の強制的適応にほかならない。選択と適応のプロセスはその時代に主流となる精神性や適性を形成し、その結果として制度を出現させる。しかし制度自体はまた、生活や人間関係を統べる特殊な秩序でもあるから、それとして効果的な選択を促す要因となる。こうして変化する制度が今度は最適の気質を備えた人間を選択し、さらに新たな制度の形成を通じて、人間の気質や習慣を環境の変化に適応させる。

　人間の生活と社会構造の発展を促してきたさまざまな要因が、究極的には生命組織と物質的環境の二つに帰着することは、疑いの余地がない。とはいえ当面の目的に関する限り、この二つを、限定された肉体的・知的構造を持つ人間と、人的要素と物質的要素から成り立つ環境、と解釈してさしつかえあるまい。人間は、集団としても平均的な個体をとっても変化する生き物であり、その変化は、好適な変異を選択的に保存する法則に従っている。この過程の大半は、何らかの人種的な類型、すなわち比較的安定して維持されている身体的特徴や気質の型を選択し保存する、という形をとると考えられる。人口構成にさまざまな人種が混在する社会では、歴史上のどこかの時点を取り出すと、多数の類型の中からどれか一つが有力になっていることがわかる。これは、その時点で有効な制度を含む社会の状況が、ある類型の存続や支配にとってとくに有利になるからだ。その結果、前世代から引き継いだ制度を継続し改良すべく選択されたこの類型が、それにふさわしい制度を作っていくことになる。しかし、類型の間での選択とは別に、優勢な類型に備わった一般的な特徴の範囲内で、思考習慣の選択と適応のプロセスが同時進行していることはあきらかだ。類型間の選択によってある社会の人口全体の基本的特徴が変化することもありうるが、類型内での個別の適応に起因する変化や、何らかの社会的関係や集団における思考習慣の適応に起因する変化も起こりうる。

ただし当面の目的に関しては、適応プロセスの性質がどうあれ、すなわち類型間の選択が主体であれ思考習慣の環境への適応が主体であれ、たいした問題ではない。それよりも、制度というものがともかくも変化し発展するという事実のほうがよほど重要である。制度には環境の変化という刺激に反応する性質が備わっているので、環境が変われば制度も必ず変わることになる。そして制度の発展は社会の発展にほかならない。制度とは、本質的には、個人と社会の特定の関係や機能に関して定着した思考習慣である。そして社会の発展過程のある時期や時点で有効な思考習慣の総和が生活様式であり、それは心理学的な観点からおおざっぱに言えば、その時点で主流の精神的態度あるいは人生観と捉えることができよう。その一般的な特徴は、結局のところ、主流の類型の性格に帰結する。

今日の状況は、人々の習慣的なものの見方に作用し、過去から引き継いだ思考習慣や価値観を変容あるいは強化する選択・適応プロセスを強いることによって、明日の制度を形成する。すなわち現在の状況が将来の制度を作っていく。制度すなわち思考習慣は、このようにして遠い昔から受け継がれ、人々の生活を導いてきた。ただしそっくりそのままではなく、必ず何かしら手を加えられたうえで受け継がれている。このように制度は過去のプロセスの産物であり、過去の状況に適応しているのであるから、現在の条件に全面的に合致することはありえない。つまり選択・適応プロセスは、社会がある時点で直面している状況変化に追いつくことはできないのである。これは、適応を強要し選択を実行する環境、状況、生活条件といったものが日々変化する以上、やむをえないことだ。そして社会に次々に出現する制度は、確立された瞬間に陳腐化することになる。発展への一歩が踏み出されたとき、その一歩自体が状況を変え、新たな適応を要求するからだ。だからその一歩は、果てしなく続く適応の出発点となる。

となれば改めて言うまでもないが、今日の制度も生活様式も、今日の状況に全面的には適合していないことに注意しなければならない。しかも人々の思考習慣は、環境によって変化を促されない限り、いつまでも変わらない傾向がある。したがって、受け継がれてきた制度、思考習慣、精神的態度、価値観といったものは、すべて保守的な要素だと言える。このことが、社会的・心理的な惰性の、つまりは保守主義の要因となっている。

社会構造は変化し、発展し、環境の変化に適応するが、これは、社会を構成するさまざまな階級の思考習慣が変わることによってのみ、実現する。いや突き詰めれば、社会を構成する個人の思考習慣が変わることによってのみ、実現する。社会の進化とは、本質的には、個人の知的適応のプロセスにほかならないのである。過去の環境において形成され、その環境に適応していた思考習慣が、新しい環境でもはや受け入れられなくなるときが来る。その新しい環境の圧力を受けて、個人は適応する。この適応プロセスが民族類型の淘汰と生き残りのプロセスなのか、個人の適応と獲得した形質の継承のプロセスなのかは、当面の問題にとってはさして重要ではない。

社会の進歩、とりわけ経済学的観点から見た進歩とは、「外的関係への内的関係の適応状態」に絶えず近づこうとすることにある。だがこの適応が完成することはない。「内的関係」の中で進行する変化を受けて、「外的関係」が絶えず変化するからだ。ただし適応が容易であれば大きく近づくだろうし、困難であればあまり近づくまい。人間は状況の変化に直面してやむなく思考習慣を変えるだけで、適応はつねに遅れがちである。従来の習慣がもはや維持不能だという状況に迫られて、しぶしぶ適応するだけだ。変化した環境への制度や価値観の適応は、外からの圧力がかかって初めて行われるのであり、その意味で刺激に対する反応と言ってよかろう。したがって妨げられることなくすみやかに再適応できるかどうか、すなわち社会構造の進歩が実現するかどうかは、ある時点の状況が社会の個々の構成員にどれだけ直接的に作用するか、逆に言えば個人が環境からの圧力をどれだけ強く受けるかということに大きく依存する。社会の何らかの集団あるいは階級が重要な点で環境の作用から遮断されていたら、その集団や階級の思考習慣や生活様式が環境変化に適応するのは一段と遅くなるだろう。その分だけ、社会の変化のプロセスも遅れることになる。そして富裕な有閑階級は、変化や適応を生じさせる経済的要因に関して、まさに環境の作用から遮断されている。しかも制度の適応を促す要因は、結局のところほぼすべて経済的な要因にほかならない。現代の産業社会においては、とくにそう言える。

　どんな社会も産業あるいは経済を中心に回る一つのメカニズムとみなすことができ、そのメカニズムは経済制度と呼ばれるものから成り立っている。経済制度とは、社会が周囲の物質的環境からの作用を受けつつ生活を営んでいく習慣的な手順を意味する。ある所与の環境で人々の活動の手順がこうして形成されると、その社会の生活は手順が示す方向に沿って円滑に展開されていくことになる。そして、過去から学習し制度に組み込まれた手順に従い、環境の力を利用して生活を営んでいく。だが人口が増え、自然の力を活かす知識と技能の幅が拡がるにつれて、集団の成員同士の関係を維持する習慣的な手順や集団全体としての生活運営の習慣的な手順がもたらす結果は、以前とは同じではなくなるだろう。そうなったときには生活手段も以前と同じようには分配されなくなるし、成員の間で分配の効果もちがってくる。以前の条件下での集団の生活運営が、ゆたかさや利便性に関してその状況で望みうるほぼ最高の結果を伴ったとしても、条件が変われば、同じやり方のままでは最高の結果にはつながるまい。人口、技能、知識の条件が変化したときに過去と同じやり方を続けたからといって、必ずしも不都合になるとは限らないにしても、条件の変化にうまく適応した場合と比べれば、ほぼ確実に劣ることになるだろう。

集団を形成するのは個人であり、集団生活にしても、個別に営まれる個人の生活の寄せ集めにすぎない。すくなくとも見かけはそうである。その集団に定着した生活様式とは、集団内の個々人が共通して抱く生活観だと言うことができる。環境の変化に適応して生活手段の再分配が行われた場合、その集団の生活が一様に変化するわけではない。条件の変化によって集団全体としては向上が見られても、再分配の結果として、中には生活が苦しくなる人や満足度が低下する人が必ず出てくるものだ。技術的手段や産業構造が進化し人口が増えれば、必ずや社会の一部の人々は、変化した産業手段がもたらすゆたかさと利便性の恩恵に与るために、生活の仕方を変えざるをえない。そうなれば、従来の生活観はもはや守れなくなる。

生活習慣や人間関係を変えざるをえなくなった人たちは、新たな条件の下で要求される生活の仕方と、慣れ親しんだかつての生活との相違を実感するはずだ。こうした人たちこそが、受け継がれてきた生活様式を変え、新しい標準を受け入れようとする最も強い動機を持つ。彼らがそのような立場に追い込まれるのは、生計手段を得る必要に迫られるからだ。生活様式の再適応を促す圧力は、個人に対しては金銭の必要性という形で作用するのである。よって、現代の産業社会において制度の適応を促す要因は主として経済的要因であり、それは具体的には金銭的圧力の形をとると言ってよい。いま述べた再適応とは、本質的には善悪や美醜に関する人々の価値観の変化であるが、それを促すのは結局のところ、金銭的必要性という圧力にほかならない。

人々の生活の中での価値観の変化というものは、仮に変化するとしても、ひどく緩慢である。進歩と呼ばれるような方向への変化、すなわち進歩の出発点とみなすべき古代の価値観から遠ざかっていく方向への変化の場合には、とくにそうだ。退歩の方向、すなわちその民族が長らく慣れ親しんできた過去の価値観に再接近するほうがたやすい。異質の価値観を持つ民族類型に置き換えられた場合を除いては、そう断言できる。

西洋文明の生活史において、現代の直前に位置づけられるのは、本書で準平和段階と呼んでいる文化段階である。この段階では、身分制度が生活様式を支配していた。現代の男がこの段階の特徴である支配と隷従の精神に回帰しやすいことは、改めて言うまでもあるまい。このような準平和期の精神性は、現代の環境に適した思考習慣に完全には置き換えられておらず、今日の経済的条件の下で不安定な休止状態に保たれていると言うべきだろう。西洋文明圏の人口を構成する主な民族の生活史をひもとけば、経済の発展過程において掠奪段階と準平和段階が長く続いてきたことがわかる。このため、これらの文化段階に固有の気質や傾向は非常に深く根を下ろしている。そこで、その後に発達した思考習慣の維持に寄与する要因から遮断された階級や社会は、そうした心理的な特徴にあっさりと逆戻りしてしまうのである。

個人さらには大規模な集団までもが高度に発展した産業社会の文化から遮断され、低い文化環境や原始的な経済状況に置かれていると、掠奪期に特有の精神性に回帰しがちであることはよく知られている。そしてヨーロッパ北方人種は、西洋文化においてこの種族と混在する他の民族よりも、野蛮状態に逆戻りしやすいようだ。同じような現象は、規模は小さいながらも、最近の移民や植民地の歴史に豊富に見られる。アメリカ植民地は、大々的な規模ではないものの、平均を上回る規模でそうした逆行現象が見られた例と言えよう。こんなことを言うと、掠奪文化を特徴づける熱狂的愛国主義（これは現代社会で見られる逆行現象の最も顕著な象徴である）の感情を逆撫でする恐れはあるのだが。

有閑階級は、高度に組織化された現代産業社会の経済的な必要性からおおむね遮断されている。他の階級は生活手段を得るための苦労をしなければならないが、この階級はその必要がない。この特権的な立場の結果として、状況に応じた制度の発展や産業構造の変化への再適応といった要求に対する反応が鈍くなりがちだ。だから有閑階級は保守的である。端的に言えば、この階級の人たちは、社会の経済状況からの要求に直接強い影響を受けることがない。産業技術が変化しても、それに合わせて生活習慣や価値観を変えないと財産を失うといったことはない。なぜなら彼らは、ありていに言うと、産業社会を有機的に構成する要素ではないからである。このため、経済的必要性に迫られた大多数の人々が既成の秩序に強い不安を抱くのに対し、有閑階級の人々はそうではない。そして人々が慣れ親しんだ価値観や生活習慣を捨てるのは、既成秩序に対するこうした不安に駆り立てられたときに限られる。有閑階級が社会の進化の中で果たす役割と言えば、動きを遅らせ、陳腐化したものを温存することである。これはすこしも目新しい指摘ではなく、ずっと前から言われてきたことだ。

富裕階級が生来保守的だという見方は、この階級と文化の発展との関係に関する理論的考察などを待つまでもなく、広く共有されていた。富裕階級の保守的傾向に関する説明と言えば、彼らはつまらぬ既得権益ゆえに現状維持にこだわり革新に反対するのだ、といったやっかみ半分の意見が主流である。しかしここでは、そうした下劣な動機に原因を求めることはしない。富裕階級が文化的枠組みの変化に抵抗するのは本能からであって、けっして物質的な利害計算が主な動機ではない。彼らを突き動かすのは、従来のやり方やものの見方からのいかなる逸脱に対しても感じる本能的な嫌悪感である。この嫌悪感は誰もが抱くもので、環境からの圧力を受けない限り、これを克服することはむずかしい。慣れ親しんだ生活習慣や思考習慣を変えるのは、とにもかくにもいやなものである。この点に関する富裕階級とそれ以外の人々とのちがいは、保守主義を促す誘因の強弱ではなく、変化を促す経済的要因に直面する度合いにある。富裕階級の人々が他の人々ほどたやすく革新の要求に屈しないのは、その必要に迫られていないからである。

富裕階級の保守的傾向はきわめて顕著であり、名誉ある特徴とさえみなされている。保守主義は社会の中で裕福で地位の高い人々の特徴となったおかげで、何か自慢できる飾り物としての価値を獲得したと言える。そしてこのことが浸透すると、人々の観念の中では保守的傾向が当然のごとく尊敬に値する要素の一つとみなされるようになり、世間に後ろ指を指されたくなければ保守であることが必須になった。保守は上流階級の特徴であるがゆえに品がよく、革新は下層階級に広く見られるがゆえに卑しいというわけだ。社会改革を唱える人に背を向けたくなる本能的な反感や嫌悪感の最大の要因は、本質的な卑しさに対するこの理不尽な感覚なのである。だから、改革の対象が時間・空間・人的接触の点で遠く離れているといった理由から革新派の主張をもっともだと感じる場合でさえ、こんな輩とつきあうのは不愉快だし、できるだけ接触を避けたいと思わずにはいられない。革新は品がないからだ。

富裕な有閑階級の慣習、行動、意見が他の階級にとって一種の行動規範と化してくると、この階級の保守的な影響力は一段と強まり、範囲も拡がることになる。そして評判を気にする人々は、この行動規範に従うことを義務と心得るようになる。品のよい言動のお手本として高い地位を占める有閑階級は、社会の改革を阻む方向で影響をおよぼす。しかもその影響力たるや、この階級に属す人の数に不釣り合いなほど大きい。かくして彼らのお手本の影響は、あらゆる革新に対する抵抗を強め、祖先の代から受け継いできたよき制度への愛着を深めるように作用する。

こんな具合にして有閑階級は時代の要請に即した生活様式の導入を邪魔するわけだが、彼らが影響をおよぼす方法は、もう一つある。この方法は、厳密に言えば、いま述べた本能的な保守主義や新思想に対する嫌悪感と同じカテゴリーに分類すべきではないが、改革や社会構造の発展を阻害する方向に作用するという点では保守的な思考習慣と共通するので、ここで扱ってもよかろう。ある時代のある国に定着した礼節や慣習といった決まりごとは、有機体のような性質を備えている。このため全体のある一点で変化が起きれば、全面的な変化にはいたらないまでも、どこか別の点で変化や調整を引き起こすことがある。

変化の直接的な影響がごく狭い範囲にとどまり、全体への影響が目につかないケースもあるかもしれない。しかしそのような場合でも、やがては全体への波及が起きると断言してさしつかえない。まして、従来の生活様式を支えていた制度を廃止するとか全面的に再構築するといった改革が企てられた場合には、全体に重大な混乱が起きることは容易に予想できる。重要な要素が刷新された場合、それに合わせて全体を再調整することは、不可能ではないにしても、多大な苦痛を伴ううえ、時間を要するだろう。

従来の生活様式の主要素にこうした大々的な変化が起きるとどのような困難を伴うかは、次の例を考えるだけで十分に想像できよう。たとえば、西洋のどこかの文明国で一夫一婦制あるいは父系家族制を廃止する、私有財産制を打ち切る、宗教信仰を禁じる、といったことを想像してほしい。あるいは、中国の祖先崇拝、インドのカースト制、アフリカの奴隷制を廃止するとか、イスラム圏で男女平等を確立するといったことでもよかろう。いま挙げた例のどれが起きても、従来の構造全体が大混乱を来すことは明々白々である。このような改革を実現するためには、直接関わる分野のみならず、他の面に関しても人々の思考習慣が広く変わらなければならない。よって改革に対する嫌悪感とは、本質的にまったく異なる生活様式に対する恐れにほかならない。

既存の生活様式からの逸脱に対して善良な人々が嫌悪感を抱くことは、日常的にもよく目にする事実である。日頃は有益な忠告や訓戒を垂れている人たちが、英国国教会の廃止、離婚手続きの簡素化、婦人参政権の導入、酒類の製造・販売の禁止、相続の廃止または制限といった比較的小さな改革が広く社会におよぼす有害な影響について、おおげさに述べたてることはめずらしくない。こうした改革は、「社会構造を根幹から揺るがす」、「社会を大混乱に陥れる」、「道徳観を堕落させる」、「人生を堪えがたいものにする」、「自然の秩序を覆す」などとされる。これらの表現はどう見ても誇張にちがいないが、しかしすべての誇張同様、伝えようとすることの重大性を生々しく感じた証でもある。この手の改革が従来の生活様式に引き起こす混乱の影響は、生活の利便性に関わる事柄が単独で変更された場合よりも重大に感じられるものだ。きわめて重要な改革に顕著に当てはまることは、差し迫って重要でない改革にもそれなりに当てはまる。変化が嫌われる最大の理由は、変化に伴って必要になる調整が不快だということにある。文化や民族を問わず、制度の体系はこのように連動しているのであり、そのことが思考習慣の変化に対する本能的な抵抗感を強めている。それ自体としてはさして重要でない事柄の変化であっても、事情は変わらない。

制度の連動性が原因となってこのように抵抗感が強まる結果、改革に直面したときには、制度が連動していない場合と比べて、再調整により多くの精神的エネルギーをとられることになる。定着した思考習慣を変えるのは、不快なうえにかなりの努力が必要であり、環境の変化を受けて自分の立場を決め、それを維持するという長期にわたる苦労をしなければならない。この過程にはそれなりのエネルギーを投じる必要があるし、うまくやるためには、日々の生存競争で吸い取られる以上のエネルギーが残っていなければならない。そこで、次の結論が導かれる。改革を阻む要因となるのは、不満が生じる余地をすっかりなくしてしまえるような贅沢な暮らしだけではない。食べるものにも事欠く暮らしや苛酷な肉体労働もまた、改革の阻害要因となる。極貧に喘ぎ、毎日を生き延びることにエネルギーを全部吸い取られてしまう人々は、みな保守的である。なぜなら、明日より先のことを考える力が残っていないからだ。これはまさに、ゆたかな人々が今日の状況に不満を覚える理由がないために保守的になることの裏返しと言えよう。

以上から、次のことが言えるだろう。有閑階級の制度は、下層階級から可能な限り多くの生計手段を取り上げることによって彼らの消費を減らし、エネルギーを奪う。その結果、下層階級の人々は、新たな思考習慣を学んで取り入れる努力をする余裕がなくなる。こうして下層階級の人々は保守的になる、ということだ。最上層が富を蓄積すれば、下の層は貧困化する。そうなったとき、多数の貧しい人の存在が社会改革の重大な障害となる例はめずらしくない。

富の不平等な分配は、このように直接的に改革を妨げるわけだが、この効果は間接的な方法によっても助長される。すでに述べたように、上流階級のふるまいが世間の手本となって評判を得る条件が定まると、衒示的消費が奨励されることになる。体面を保つ主な手段の一つとしてどの階級でも衒示的消費が行われるのは、もちろん全部が全部、富裕な有閑階級のせいではない。とはいえ衒示的消費を実行し強調する傾向が、有閑階級のお手本によって後押しされていることはまちがいなかろう。こうした次第で、誰もが体面を保とうと躍起になる。財力が十分にあり、必要最低限を大幅に上回る消費が潤沢にできるような階級の人々でも、身体的な必要性を満たした後の自由に使える余剰を、一層の快適さや生活の充実ではなく、見栄や体面のために使うことが多い。しかも余ったエネルギーまで、衒示的消費や衒示的退蔵のための財に使われがちだ。このように金銭的評判を得るためなら、衒示的消費以外の支出には最低限の生活に必要な分しか残さず、生理的欲求を満たした後に余ったエネルギーはすべて見栄や体面のために投じる、ということになる。これらが相俟って、社会における保守的な傾向は強まっていく。かくして有閑階級の制度は、直接的には第一にこの階級に固有の現状維持志向によって、第二に衒示的消費と保守的な言動の手本を通じて、そして第三には制度そのものの土台である富と生活手段の不平等な分配を通じて、改革ひいては社会の発展を間接的に阻害するのである。

さらに付け加えておきたいのは、有閑階級にとっては現状維持が物質的に利得になるということだ。どの時代であれ、一般的な条件の下では有閑階級というものは特権階級である。したがって既成の秩序からの逸脱は、彼らにとって不利になりこそすれ、有利に働くことはないと考えられる。この利害一つをとっても、この階級の姿勢としてはあくまで現状を維持するということになる。有閑階級のもともとの強い本能的偏見に加えてこの利害に基づく動機が重なるため、彼らは一段と保守的になる。

以上の考察は、社会構造に関する保守主義や退行現象の代弁者兼媒介者たる有閑階級の役割を、称賛するものでもなければ非難するものでもない。有閑階級による改革の阻害は、有益なこともあればそうでないこともあろう。ある状況で有益かどうかは、一般論ではなく個々に論じるべきである。保守派の論者は、保守的な富裕層が一貫して革新に強く反対しなかったら、改革や実験的試みによって社会は堪えがたい状況に陥り、不満が嵩じて破滅的反動を引き起こすだけだ、とたびたび主張する。彼らのこうした見方は、政策上の問題に関する限り、一抹の真理があると言えなくもない。だがこれらは、いま論じるべきことではない。

あらゆる非難を棚上げし、かつ性急な改革を抑制する必要性をさておくとしてもなお、有閑階級は環境への調整または適応をつねに遅らせる性質を備えていると言わざるをえない。しかしこの環境への調整や適応こそが、社会の進歩や発展と呼ばれるものである。この階級の特徴的な姿勢は、「存在するものはすべてよい」[10]という言葉に集約できよう。一方、自然選択の法則を人間の制度に適用すると、「存在するものはすべて悪い」ということになる。今日の制度が今日の生活の目的にとってすべて悪いとは言わないが、ことの性質上、つねにある程度は悪い。というのも今日の制度は、過去の発展過程のある時点で優勢だった状況にやや不十分に適応した結果だからである。よって、現在と過去の隔たりでは片付けられない程度には悪いことになる。なお、いま使った「よい」「悪い」という表現には、言うまでもなく、倫理的な判断は一切含まれていない。この表現は倫理的に中立な進化論の立場からのみ使っており、効率的な進化の過程に適合するかしないかだけを意味する。有閑階級の制度は、階級の利益と本能という要素により、また自らのふるまいが世間の手本となることによって、いまある制度への不適応を恒久化させる。それどころか、一段と古い生活様式への回帰すら後押しする。つまり、近い過去から受け継いだ時代遅れの生活様式以上に現在の状況に適応しがたい生活様式に、逆戻りしようとする。

以上のように、有閑階級が古きよき様式を保存しようとする経緯を述べてきたが、それでもなお制度は変化し発展するというのが真実である。慣習や思考習慣の発展は積み重なっていくし、生活の習慣や手段には選択と適応が行われる。有閑階級はこうした発展を遅らせただけでなく、導いた面もある。それについて言及すべきではあるが、ここでは主に経済と直結する制度、すなわち経済構造に限って述べることにしたい。経済構造は、経済活動の二つの目的のどちらに役立つかによって、二種類に大別できる。

古典的な用語を使うなら、それは獲得経済と生産経済ということになる。が、これまでの章で別のものと関連づけて使った言葉を持ち出すなら、金銭経済と産業経済になろう。あるいはまた、経済的便益の差別化を促す制度とそうでない制度というふうに分けることもできる。先の部類は「金儲け」と、後の部類は物理的な意味の生産活動と結びついている。ただし後者は、だいたいにおいて制度とはみなされない。これは、支配階級と直接の関係を持たず、したがってめったに法律や規則の対象にならないからである。生産活動に従事する階級に注意が向けられるときは、金銭つまりは営利面からであることが多い。いまの時代の多くの人、とくに上流階級が真剣に考えようとするのは、何はさておき経済活動のこの面である。つまり上流階級は経済における営利以外のことにほとんど関心がないにもかかわらず、社会の問題について熟慮することは主に彼らの責任になっている。

有閑階級すなわち資産を持ち生産活動を行わない階級は、経済行為と金銭でつながっており、生産ではなく獲得、役務の提供ではなく搾取を行う関係にある。言うまでもなく間接的には、彼らが経済に果たす役割はきわめて重要であろう。それにここでは、資産家や実業家の経済的機能を貶めるつもりはまったくない。本章の目的は、有閑階級と産業や経済との関係がどのようなものかを指摘することに尽きる。そうして見ると彼らの果たす役割は寄生的であり、その関心事はと言えば、利用できるものはすべて利用し、一度つかんだものは手放さないことにある。実業界の慣習は、こうした掠奪・寄生の原理が選択的に作用した結果として形成されている。この慣習は所有権に基づいており、遠い昔の掠奪文化からの派生物と言える。だがこうした金銭経済は、現在とはかなりちがった過去の状況で発達したものであるから、現在の状況に必ずしも適合するとは言えない。金銭的な手段の効果という点でも、さほど適しているとは言えなくなっている。産業のあり方が変化すると、獲得あるいは搾取の方法も変わらなければならない。有閑階級にとっては、利益の源泉である産業構造の維持が肝心であり、その中で自己利益を最もうまく獲得できるよう経済制度を適応させることが関心事となる。そこで有閑階級はほぼ一貫して、自分たちの生活の金銭面の目的に適う方向で制度の発展を導こうとする。

有閑階級の金銭的な利害や思考習慣が制度の発展におよぼす影響は、私有財産の保障、契約の履行、金銭取引の円滑化、既得権益の保護などを規定した法律や協定に見受けられる。また、破産と管財人制度、有限責任、銀行取引と通貨、労使関係、トラストやカルテルに関する改革にも同様の影響が見られる。社会のこうしたしくみは財産を持つ階級にとってのみ意味があり、その度合いは保有する財産の多寡に、言い換えれば有閑階級のどこに位置づけられるかに比例する。しかし間接的に見れば、実業界の商慣習は、産業の経営のみならず社会生活の営みにも重要な影響をおよぼす。したがって資産階級は、社会の既存の枠組みを維持するだけの存在ではない。経済制度の発展を促すことによって、社会にとっての最重要目的にも寄与することになる。

このような経済的な制度構造そのものも、その改善も、直接的には、一段と容易かつ平和裏に搾取を行えるようにすることが目的である。しかし間接的には、これをはるかに上回る効果を持つ。金儲けが容易になることで、産業活動やそれ以外の活動が一段と円滑になるだけではない。日常の実務からさまざまな障害や複雑な要因が取り除かれ、抜け目なく立ち回る必要がなくなれば、資産階級自体が不要になるはずである。商取引が定型化されれば、実業家はいなくてもかまわないからだ。言うまでもなく、そうなるのははるか先のことであるが。金銭的利益に適うような制度の改善は、他方では実業家を「魂のない」株式会社に置き換えようとし、こちらもまた所有という有閑階級の重要な機能を不要にする方向に進む。以上のように、有閑階級の影響力が経済制度の発展に与える方向性は、間接的には産業の行方にきわめて重大な結果をもたらす。

第9章　古代の性質の保存

有閑階級の制度は、社会構造だけでなく、社会の成員の性格にも影響を与える。何らかの方向性や価値観が世間の標準や生活の規範として認められると、それを受け入れた個人の性格と化学反応を起こす。そしてその人の思考習慣をある程度まで形成し、ものの見方や考え方に選択的に作用する。これは、全員の思考習慣を強制あるいは教育によって適応させることを通じて、また適応できない個人や家系を選択的に排除することを通じて行われる。世間の一般的な生活の仕方になじまない人間は、抑圧され排除されてしまうわけである。財力の張り合いや労働の免除といったことは、こうした過程を経て規範的な条件と化し、強制力を持つ重要な要素となった。人々はそうした状況への適応を迫られることになる。

衒示的浪費と労働の免除という二つの重要な要因は、一つには思考習慣に作用し、ひいては制度の発展を方向づけることによって、また一つには有閑階級に倣った生活に有利な性質を選択的に保存し、ひいては社会の風潮を主導することによって、文化の発展に影響をおよぼす。有閑階級の制度は、人間の性格形成に関しては、おおむね古い精神性の保存と過去への回帰という方向で働きかけ、社会の風潮に対しては、精神的な発展を阻む方向に作用する。またとくに近年の文化においては、有閑階級の制度は全体として保守的な傾向を示す。これは本質的にはとくに目新しい指摘ではないが、現代に当てはめるのは多くの人にとって奇異な感じがするかもしれない。そこで、聞き飽きたことの繰り返しになりかねないことを承知のうえで、理論的根拠をここでおおざっぱに振り返っておきたい。

社会の進化は、共同生活環境の条件下で気質や思考習慣の選択と適応が行われるプロセスだと言うことができる。この思考習慣の適応は、制度の発展にほかならない。だが制度が発展するにつれて、より本質的な変化が生じる。習慣が変化するだけでなく、条件の変化に応じて人間の気質そのものが変化するのである。最近の民族学によれば、こうした気質の変化は、比較的安定した複数の民族的な類型や要素の間で淘汰が行われたことに起因するという。人間には、ある種の過去の気質に回帰する傾向やそれを保存する傾向があり、そうした過去の気質には、今日とはかけ離れた状況に適応して定着した特徴が備わっているものだ。西洋文化圏の住民には、比較的安定した民族類型の一部が見受けられるが、単一の型をそっくりそのまま鋳型のように固定して引き継いだわけではなく、いろいろな変種が多様に混在する形で今日に生き残っている。その一部は、先史時代からの文化の発展過程で、複数の類型やその混血種が長い自然選択の作用を受けた結果として出現したものである。

だが長期的な選択・適応プロセスの必然の結果である類型の変化は、種の保存に関心を持つ学者の注意をあまり引かなかったようだ。ここでは、西洋文化圏に見られる二通りの気質の変化、すなわち平和志向と掠奪志向を取り上げることにしたい。この二つは比較的近年における選択と適応の結果として出現したものだが、今後の変化の方向性に今日の状況がどのような影響をもたらすか、ということが当面の関心事である。

まずは、民族学的な見方をかんたんに述べることにしよう。最も重要な点以外をすべて省くために、本項の目的以外では許されないことであるが、類型や変種の詳細やそれに関連する回帰と保存の形態は、極端に単純化した形で示すことにする。西洋文化圏の産業社会の人間は、些末な要素を無視するならば、次の三つの類型のいずれかに属すと言ってよい。それは、北方人種（長頭金髪）、アルプス人種（短頭黒髪）、地中海人種である。だがどの類型においても、二通りの変化のどちらかへ向かう傾向が見られる。一つは平和を好む変種、もう一つは掠奪を好む変種である。このうち前者はそれぞれの類型の原型に近く、共同生活の最初期の代表的な姿に立ち戻っており、これについては考古学や心理学上の史料の裏付けがある。平和志向のこの変種は、現代の文明人の祖先、すなわち掠奪文化や身分制度や金銭的競争の激化に先立つ平和な未開段階を生きていた人々の姿を表していると言えよう。これに対して、後者すなわち掠奪志向の変種は、主要な民族類型とその混血種に発生した比較的新しい変化の名残りだと考えられる。この変化は、掠奪文化やその後の準平和段階の競争文化、すなわち厳密な意味での金銭文化の影響下で、主に選択と適応を経て生じたものである。

広く認められた遺伝の法則によれば、かなり遠い過去から形質が保存される例もあるようだ。通常のケース、つまり平均的または標準的なケースでは、類型が変化しても、その類型の形質はおおむね近い過去（遺伝学上は現在と言ってよい）のままの状態で伝達される。当面の目的に関する限り、この遺伝学上の現在とは、掠奪期と準平和期を指すものとする。

現代の文明人には、最近の、つまり遺伝学的に現存する掠奪文化やこれに近い文化に特徴的な気質の変種を維持する傾向が見受けられる。野蛮時代の奴隷階級や被抑圧階級の子孫に関しては、この考察にある程度留保条件をつけねばなるまいが、しかしその条件も思うほど重要なものではなかろう。ただし人口全体から考えると、この掠奪・競争志向の変種は、安定的に高い比率に達したようには見えない。現代の西洋人が受け継いだ特性をよく見ると、その構成要素である能力や気質は、けっして均質ではない。遺伝学上は現在の人間であっても、現代の生活と結びついた新しい条件からすれば、じつはいくらか時代遅れである。しかも彼らが立ち返ろうとする類型は、一段と古めかしい気質を備えている。その一方で、掠奪気質とは縁遠い人たちに表れている兆候から判断する限り、平和志向の変種は、気質の分布や相対的な地位の点で、より安定し均質であるように見受けられる。

このように、民族類型の前期と後期の変種では気質が異なるうえ、そこに西洋人の主要な類型のちがいが加わるため、事態はいっそう複雑化し、曖昧になる。西洋人は、事実上どの人をとっても、主要ないくつかの民族的要素がさまざまな比率で入り交じった混血種だと考えてよい。その結果、彼らはもとの類型のいずれかに回帰する傾向を備えている。そして民族類型の気質のちがいは、掠奪的変種と平和的変種のちがいといくらか重なる。具体的には北方人種は、アルプス人種やとくに地中海人種と比べて掠奪気質が強く、性格が荒々しい。したがって、制度が発展したり社会の風潮が変わったりして、人々が掠奪的でなくなったからといって、それがただちに平和的変種への回帰を示すとは言えない。人々の中に隠れていた何らかの民族的要素が次第に強まった結果かもしれないからだ。とはいえ、まだ十分な裏付けはないものの、現代社会に見られる気質の変化は、必ずしも民族類型間の淘汰の結果ではなく、各類型の掠奪的変種と平和的変種の間で選択が行われた結果であるように思われる。

このような現代人の進化に関する検討は、当面の議論にとって必ずしも必要不可欠というわけではない。もっと古い時代のダーウィンやスペンサーの用語や概念で代用しても、選択と適応の概念を使って到達した結論は本質的には変わらないだろう。こうした次第であるから、用語の使い方にいくらかの自由裁量をお許しいただきたい。たとえば「類型」

という言葉はややおおざっぱに使っており、気質の変化をも表している。民族学者であれば、この言葉は民族類型ではなくその詳細な変種のみを表すために使うだろう。議論の途中でより精密な区別が必要になった場合には、文脈の中で明確にすべく努力したい。

というわけで、いま民族類型と呼んでいるものは、原始未開時代の人種類型の変種である。この類型は、野蛮時代の文化の下でいくらか変化し、その形である程度定着した。遺伝学上の現在の人間は、民族的要素が野蛮時代に奴隷または貴族の方向に変化を遂げた結果である。だがこの野蛮時代の変化は、十分な同質性や安定性を獲得しなかった。掠奪段階と準平和段階を持つ野蛮時代の文化は、年数としては長続きしたが、類型を強固に固定させるほどには長くなかったし、安定してもいなかったからである。野蛮時代の気質からの変化はかなりひんぱんに起きたし、今日ではそうした変化がますます目につくようになっている。というのも、もはや現代の生活条件は、野蛮時代にはまともだった気質からの乖離を絶えず抑制する方向には作用しないからだ。掠奪的な気質は、現代の生活の目的には適さない。とりわけ現代の産業には適さないのである。

遺伝学上の現在の人間の気質から乖離が起きる場合には、どの類型の場合にも、古い変種に回帰することが多い。初期の変種を特徴づけるのは、原始未開段階に特有の平和を好む気質である。当時の人間の性格は、野蛮時代の文化が出現する前の生活環境や労働の目的によって形成され、ある種基本的な特性として根を下ろした。現代の人間が遺伝学上の現在から変化する場合には、この古い特性に回帰する傾向が見られる。人間的と呼びうる共同生活の最も未開の段階はおおむね平和だったと考えられ、そうした環境や制度の下で暮らしていた人々の性格、すなわち気質や精神的傾向は、無気力は言い過ぎにしても、おとなしくて争いを好まなかったと思われる。当面の目的のためには、この平和な文化の段階を社会発展の初期段階とみなしてよかろう。また目下の議論に関する限り、この仮定の初期段階に優勢な気質は、漠然とした本能的な集団帰属意識だと言えよう。この帰属意識は、集団生活の便宜に対するささやかな満足感や、禁止や無駄に対するいくらかの不快感や反感といった形で主に表れていたと考えられる。有用性に関するこのような控えめで消極的な感覚は、平和を好む原始未開の人々の思考習慣に広く浸透しており、彼らの生活にも、集団の成員の日常的な交流にも、相当に抑制的な影響を与えたと考えられる。

文明社会か否かを問わず、いま現在の慣習や価値観の中に、初期の平和で平等な文化段階の痕跡を示す明確な証拠を探そうとしたら、あまりにかすかではっきりしないと感じられるかもしれない。だが疑いの余地のない証拠は、人間の気質に継続してみられる特性に、心理学的に明確な形で残っている。これらの特性は、掠奪文化の時代には目立たなかった民族的要素の中に、おそらくは相当程度見出すことができるだろう。古い時代の平和な生活習慣に適していた特性は、生存競争をしなければならない時代にはあまり役に立たなくなった。そこで、掠奪的な生活に適さない人々の民族的要素、さらにはそうした民族集団そのものは、抑圧され、影が薄くなった。

掠奪文化へ移行するとともに生存競争の性格は変化し、自然環境との闘いから、人間環境との闘いになった。この変化に伴い、集団の成員同士の反目や対抗意識が増大する。また集団の存続の条件のみならず、集団内での成功の条件も変わった。集団の精神性も徐々に変わり、従来とは異なる種類の能力や傾向が一般的な生活様式の中で重んじられるようになる。平和な文化段階から受け継いだと見られる古い特性としては、まず種族の連帯本能が挙げられる。これはいまでは、正義感や無私の精神を含めて道義心と呼ばれている。さらに、素朴で公平な勤労本能も受け継がれた。

最近の生物学や心理学を参照すると、人間の性格というものは習慣の面から再検討する必要がありそうだ。改めて検討してみると、習慣こそがこうした特性の唯一の根拠であり土台でもあるように思われる。生活習慣がきわめて広範囲に見受けられることからして、近年の影響や短期的な影響に制約されているとは考えられない。現代に固有の条件に応じて一時的にかんたんに覆されるのは、むしろこれらの習慣がきわめて古い時代に規定されたことの証拠となる。その後に条件が変化すれば、人は往々にして、こまかい点で古い習慣からの逸脱を余儀なくされるからだ。そうした条件面の制約から解放されれば、もとの習慣がほぼ必ず復活してくるものである。このことは、古い時代から受け継いだ特性が定着し精神構造に組み込まれる過程がきわめて長期にわたって続き、長い中断がなかったという証拠となる。この過程が古い意味での習慣化のプロセスだったのか、それともその種族の選択と適応のプロセスだったのかは、ここでは問題ではない。

掠奪文化の初期から現在にいたるまでの生活は、身分制度の下で個人と階級が対立する状況で営まれていた。そうした生活の特徴や条件を考えると、いま論じている平和を好む気質特性がこの期間中に形成され定着したとは考えにくい。それよりも、さらに前の生活様式から伝えられ、掠奪期と準平和期を通じてどうにか生き残ったと考えるほうがもっともらしい。こうした特性は遺伝的に伝えられ、掠奪文化やその後の金銭文化の下で成功の条件が変化しても存続したのだと思われる。存続を可能にしたのは、種の継続性という重要な使命を担う遺伝というものの粘り強い力であろう。種のすべての個体に大なり小なり存在する遺伝的形質は、この遺伝の力に支えられている。

遺伝的形質は、平和を好む気質特性が掠奪期と準平和期に受けたような長く厳しい淘汰のプロセスを経ても、かんたんには排除されない。平和志向の気質は、だいたいにおいて、野蛮時代の生活の方法や精神と相容れないものである。野蛮時代の文化を明確に特徴づけるのは、階級間や個人同士の絶え間ない競争と対立である。このような相争う状況では、平和を好む未開時代の特性をあまり持ち合わせていない個人や血統のほうが有利になる。したがって平和的な特性は排除されがちだし、この特性を備えた人々がいても、かなり弱められてしまう。野蛮時代の気質に合わないと生き残れないとまでは行かなくとも、そうした個人や家系は絶えず何らかの抑圧を受けることになる。集団内の個人同士がしのぎを削るような場合には、平和的な特性は、生存競争で相当に不利になったにちがいない。

さきほど仮定した文化の初期段階に限らず、どの段階であっても、お人好しであるとか、分け隔てがないとか、誰にでも思いやりを示すといった美質は、その人自身の生活をよりよくすることには寄与しない。世間の大多数の人はそうした美質のかけらも持ち合わせておらず、傍若無人なふるまいをするのがつねである。思いやりのある人はそうしたふるまいをせずに済むだろうが、これは回りくどい消極的な利点にすぎず、競争の中でうまくやっていくには思いやりが欠けているほど有利である。良心の呵責、同情、誠実、生命の尊重といったものと無縁な人は、だいたいにおいて、金銭文化の中で個人として成功できるだろう。成功の尺度が富や権力でないなら話は別だが、そうした稀有な場合を除き、どの時代でも大成功を収めるのはこのタイプだ。「正直は最善の策[11]」と言えるのは、ごく狭い範囲や特殊な場合に限られる。

西洋文化圏に属す文明社会の価値観からすると、掠奪期以前の原始未開の気質特性を持つ人が大成功を収めたことはない。この類型を根付かせたとみられる仮定の初期段階の文化にとってさえ、すなわち平和を好む未開集団の目的に照らしてさえ、こうした人には経済的な美点に劣らず顕著な欠点を備えていた。これは、原始未開の人々への共感で目が曇っていない人ならすぐにわかることだが、彼らはよく言っても「お人好しの役立たず」なのである。この原始的類型の欠点は、気が弱く、非効率で、創意工夫に欠け、従順で、誰にでも愛想がいいことだ。おまけに不合理な原始的信仰心が強い。その一方で、正直で、争いを好まず、善意にあふれ、人に関してもものに関しても競争や差別をしないなど、集団生活を円滑にする有用な特性は備えている。

掠奪段階に移行すると、成功する人間の条件が変わる。人間関係のあり方が変わり、それに適した生活習慣が求められるようになる。前述の原始未開の生活で発揮されていたエネルギーは、外的要因の変化への新たな反応として、それまでとは異なる行動に発揮しなければならない。原始未開生活に適していたやり方は、新しい状況ではもはや適切ではないからだ。原始未開期はおおむね対立や差別がないことが特徴だったが、掠奪期には競争の激化と範囲の縮小が特徴になる。掠奪文化およびその後の文化段階に特徴的で、かつ身分制度の下で生き延びるのに最も適した気質特性のうち主に外に表れるものとしては、残忍、利己的、排他的、不誠実などが挙げられ、力と不正に訴える傾向が強くみられる。

長期にわたる苛酷な競争環境の下で民族類型の淘汰が行われると、先ほどの特性を最も強く備えた種族が生き残ることになり、これらの特性が際立って優勢になる。その一方で、種族がそれ以前に獲得した習慣は、その後も引き続き有効で、決定的にすたれてしまうことはなかった。

ヨーロッパ人のうち北方人種が近年強い影響力を持ち支配的な地位を占めているのは、

掠奪的な特徴を非常に強く備えていることが主因だと考えられる。これは注目に値することであり、こうした精神的な特性に加えて、強力な肉体的エネルギー（これもおそらくは集団間や血族間の淘汰の結果である）を持ち合わせておれば、どんな種族であっても、有閑階級や支配階級に上ることができよう。有閑階級の発展の初期段階には、とくにそうだ。とはいえこの特徴を備えた個人が、必ず抜きん出た成功を収めるとは言えない。競争環境においては、個人の成功の条件は必ずしも階級の成功条件と一致しないからだ。階級なり党派なりが成功を収めるためには、強い仲間意識、指導者に対する忠誠心、主義の信奉などが必要である。これに対して競争する個人の場合には、野蛮時代の人々のエネルギー、意欲、利己心、不誠実と同時に、未開時代の人々のような一匹狼の精神を持ち合わせているとうまくいく。ちなみに、党派に属さず傍若無人に突き進んでナポレオンのごとき華々しい成功を収める人は、往々にして北方人種よりもアルプス人種の身体的特徴を備えていると言えそうだ。一方、組織に属し、個人としてはほどほどの成功を収める人は、北方人種の身体的特徴を備えているようである。

掠奪的な生活習慣によって誘発される気質は、競争環境の中で個人が生き残り、生活を向上させていくうえで有利に働く。同時にこの気質は、集団の生活が全体として他の集団との敵対的な競争に明け暮れている場合には、集団自体の存続や成功にも寄与する。だが高度な産業社会では経済活動が進化を遂げており、いまや集団の利害は個人の競争的利害とは一致しなくなってきている。高度な産業社会は集団としての能力を備えており、掠奪気質を備えた支配者階級が戦争や強奪の伝統から脱け出せない場合は別として、もはや生計手段や生存権を相争う必要がない。伝統や気質以外の要因でこうした社会が敵対することは、もうないのである。だから集団同士は、名誉を争うということが仮にあるとしても、物質的利益に関しては、十分に共存可能になる。しかも一つの集団の成功は、その時点でも、あるいは未来のいずれかの時点でも、必ず他の集団の生活向上に寄与する。したがって、他の集団を打ち負かしたところで物質的に利益を得るわけではない。ただし個人の場合や個人同士の人間関係になると、話はちがってくる。

現代社会における集団の利益は、生産性に依存する。そして個人の社会への貢献度は、いわゆる生産的職業で発揮する能力に比例する。集団の利益に最も寄与するのは、誠実、勤勉、温和、善意、利他心、因果関係の理解と認識などである。アニミズム的な自然崇拝やものごとを超自然現象で説明する傾向がないことも大切だ。このような平凡な人間の性質がいかに尊く、有徳で、価値があるかということは改めて強調する必要もなかろうし、それが広く浸透している集団の生活様式をことさらに称賛する理由もなかろう。だがそれはそれとして、現代の産業社会がうまく運営されるためには、誠実や勤勉といった特性が不可欠であることは指摘しておかねばならない。しかも人々がこうした特性を多く備えているほど、うまくいく可能性が高い。産業社会の環境になんとか適応するだけでも、誠実や勤勉などがある程度は必要だ。そして本質的に平和で高度に組織化された複雑かつ統合的な産業社会が最大限に機能するのは、これらの特性の多くが現実に望みうる最高の度合いで人々に備わっている場合である。掠奪気質の人間にはこれらの特性がほとんど備わっていないため、現代社会にはまったく役に立たない。

その一方で、競争環境における個人の直接的利益に最も役立つのは、あつかましさや抜け目のない才覚である。先ほど挙げた集団の利益に適う特性は、役に立つどころかむしろマイナスだ。誠実だの勤勉といった特性を備えていると、金銭的利益以外のものにエネルギーを注ぐことになる。仮に利益を追求するとしても、好機と見ればすかさず要領よく立ち回るのではなく、迂遠であまり効果的でない産業活動を通じて利益を得ようとするだろう。産業社会に適した特性は、競争する個人にとってはまずもって邪魔だと言える。現代の産業社会の成員は、競争制度の下ではみなライバルであり、隙あらば良心の呵責なく仲間を平気で出し抜いたり傷つけたりするときに、自己の利益を最大化できる。

前章ですでに指摘したように、現代の経済制度は金銭経済と産業経済の二つに大別できる。職業もそうだ。前者に属すのは所有や獲得に関係する職業、後者に属すのは技能や生産に関係する職業である。また、制度の発展について述べたことは、職業についても当てはまる。有閑階級の経済的利益は営利的な職業と結びつき、勤労階級の利益は、両方にまたがるとはいえ、主として生産的な職業と結びつく。有閑階級に仲間入りするには、営利的な職業に就いていることが条件になる。

二種類の職業に要求される性質は大幅に異なっているし、職業が人々の性質に与える影響も大きくちがう。営利的職業は、掠奪的な能力や気質を保存し涵養する方向に作用する。この作用は、営利的職業に就いた人の掠奪的能力を鍛えると同時に、向いていない人たちを選択的に抑圧あるいは排除するという形で行われる。人々の思考習慣が獲得と保有の生存競争を通じて形成される限りにおいて、またその経済的機能が交換価値で見た富の所有の範囲や、取引を通じた富の運用と投資の範囲におさまる限りにおいて、職業生活は掠奪的な気質や思考習慣の存続と強化に有利に働く。平和な現代社会における営利活動で養われるのは、掠奪的な習慣と能力なのである。とはいえもちろんそれは、平和裏に行われる。つまり力による強奪といった古いやり方ではなく、不正や詐欺まがいのやり口全般に熟達させる。

掠奪気質を保存させる傾向を持つ営利的職業は、所有（これは、厳密な意味での有閑階級の直接的な機能である）やその補助的機能である獲得、蓄積などと関係がある。ここに含まれるのは、競争的な産業活動に従事する企業の所有や、これに伴う仕事である。代表的なのは、資金調達や投資といった基本的な経営機能だろう。これに、商業に関わる職業の大部分を加えてもよいかもしれない。営利的な職業の頂点を形成するのは、創業経営者や実業家の仕事である。実業家は、頭がいいと言うよりは目端《めはし》の効く人物であり、生産面よりも営利面に長けている。実業家は産業を経営するが、そのやり方は自由放任で、生産や産業組織の細部は、あまり金儲けの才能のない部下、つまり経営の才よりも技能に恵まれた部下に委ねる。一部の非営利的な職業も、訓練あるいは選択を通じて人間の性質に影響をおよぼす点では、営利的な職業に分類しうる。政治、宗教、軍隊関連の職業がこれに該当する。

営利的職業は、生産的職業よりもはるかに高い評判を得て世に認められている。有閑階級の評判の基準の下で、他人に差をつけることに役立つ掠奪的な能力が優遇されるようになっているのである。有閑階級の上品な暮らしぶりも、掠奪的特性を存続させ、さらには助長させる。職業は評判に応じて階層化されるが、厳密な意味での営利的職業の中で最も高い評判を得るのは、大規模な所有に直接関わっている実業家である。これに続くのは、銀行家や法律家など、所有や投資に直接関わる職業だ。銀行家は大規模な財の所有と関連づけられる職業であり、それゆえに営利事業に伴う高い評価に与る。法律家は大規模な財産とは縁がないにしても、その仕事は競争目的以外には役に立たないため、評判の階層において慣習的に高い地位を与えられている。法律家は、詭弁を弄するにせよ、それを論破するにせよ、掠奪的な不正行為の法律的な細目にのみ関与するため、野蛮時代の人々よろしく謀略の知恵を授かっているとみなされる。そしてこうした知恵こそ、つねに人々の尊敬と恐怖の的となる。商業に携わる職業は、所有するものがよほど大きく、有用性がよほど小さくない限り、中途半端な評判しか得られない。彼らが得る評判の程度は、満たすニーズが高級か低級かによって定まる。だから卑しい生活必需品の小売業を営む者は、手工芸品の職人や工場労働者と同程度の評判しか得られない。言うまでもなく肉体労働者は、職長などの仕事も含め、評判の点では大いに劣っている。

なお、営利的職業がおよぼす影響に関しては、留意すべき点が一つある。生産的な企業の規模が大きくなるに従い、営利面のこまかい点で策略を巡らしたり抜け目なく先んじたりする性質が薄れていくということだ。つまり、経済活動のこうした面に関与する人が増えるにつれ、事業は決まりきった業務に成り下がり、競争相手を出し抜くとか搾取するとかいったことに直接的にはあまり関わらなくなる。その結果として、まず下位の従業員が掠奪的習慣から脱け出す。一方、事業の所有や経営に携わる者には、このことはほとんど当てはまらない。

生産の技術や作業に直接携わる者は、営利面に関わる者とは異なり、日常的に競争や差別化の動機を抱くことはないし、営利目的の策略に明け暮れるということもない。生産に関わる者が一貫して行うのは、無機質な事実や機械的な工程を理解し調整すること、それを評価して人間の生活に役立つよう利用することである。この人たちに関する限り、産業活動は、集団生活で他人と競うとか差をつけるといったこととは無縁の目的に向かわせるような教育効果と選択作用をもたらす。したがって彼らの間では、遺伝と伝統を通じて野蛮時代から引き継がれた掠奪的な能力と傾向は急速に退化する。

このように経済活動の教育的な効果は、社会に一様に表れるわけではない。利益獲得競争に直接関わるような経済活動は、なにがしかの掠奪的特性を保存する傾向があるが、財の生産に直接携わる活動のほうは、だいたいにおいて正反対の傾向を備えている。ただし後者に関しては、生産的な職業に就いている人のほぼ全員が、ある程度は金銭的競争に関わっていることを指摘しておかねばならない。たとえば賃金・給与は競争を通じて決まるし、消費財の購入でも競っている。したがって職業について先ほど述べたちがいが、個人にも明確に当てはまるとは言えない。

現代の産業社会で有閑階級が就くのは、掠奪的な習慣や能力をある程度存続させるような職業である。彼らが産業活動に参加することがあればの話だが、その場合でも野蛮時代の気質は保存されがちだ。とはいえ、別の面も指摘しておかねばなるまい。労働をしなくてよい立場の人は、肉体的・精神的特徴が種族の平均をはるかに下回っていても、それを保存し伝達する可能性があるということだ。野蛮時代以前の特性は、産業社会の圧力から最大限に遮断されている階級に最もよく保存され受け継がれている可能性が高い。有閑階級はそうした圧力からかなりの程度遮断されているので、平和を好む未開時代の気質の隔世遺伝が飛び抜けて高い割合で見られるはずだ。こんな具合に野蛮時代以前の気質を受け継いだ人は、下層階級のように抑圧や排除を受けることもなく、おだやかな生活を営むことが可能だとも考えられる。

これに類することは、実際にも見受けられる。たとえば上流階級には慈善事業を進んで行う人がかなりいるし、社会の改革や改善を支援しようとする空気も強い。しかもそうした慈善事業や改革支援の多くには、おだやかな善良さや行き当たりばったりといった、未開の人々に特徴的な要素が表れている。もっとも、だからといって下層階級より上流階級のほうに隔世遺伝が現れる割合が高いとは言い切れない。仮に下流層にも同じ傾向が存在したとしても、慈善活動をするような手段、時間、エネルギーの余裕がないので、容易には外に表れまい。事実を示すように見える明白な証拠というものは、だいたいにおいて疑わしいのである。

さらに注意すべきは、今日の有閑階級には、営利事業で成功した人、したがって平均以上に掠奪的特性を備えた人が次々に補充されていることである。有閑階級に加われるのは営利的な職業に就いている人たちだ。こうした職業は選択と適応のプロセスを通じ、利益獲得の才覚を発揮して掠奪気質の試練をくぐり抜けた者のみを上流階級に引き上げる。平和志向の気質が上流階級に属す人に発見されたら、すぐに押し出されて下流に落とされてしまうことが多い。有閑階級の地位を保つには、営利追求の気質を備えていなければならない。さもないと財産は雲散霧消し、たちどころに地位を失うだろう。そうした例は枚挙にいとまがない。

有閑階級の頭数は、激越な財力競争にきわだって適した個人や家系を下流層から引き抜いていく継続的な選択プロセスを通じて維持される。上に上り詰めたいと願う者は、営利面の適性を平均以上に持ち合わせているだけでは不十分で、出世の途上に待ち構える物理的困難を乗り越えられるだけの能力を備えていなければならない。だから偶然の場合を除き、成り上がり者とは選ばれし者である。

下流から上流へ選択的に引き上げるプロセスは、言うまでもなくつねに進行している。財力を張り合うようになって以来、ということはつまり、有閑階級の制度が初めて出現したとき以来ということとほぼ同義であるが、ともかくもそれ以来ずっと行われてきたのである。だが上に上がれる人間が淘汰される基準はずっと同じだったわけではないから、結果も同じではなかった。野蛮時代前期すなわち厳密な意味での掠奪段階においては、上流の資格はごく素朴な武勇だった。有閑階級に加わるためには、派閥意識が強く、豪胆、残忍、恥知らずで、目的のためなら何でもするというような傾向を備えていなければならなかった。富の蓄積と維持に大いに役立つのはこうした性質だったからである。有閑階級の経済的基礎は、当時もいまも富の所有であるが、富の蓄積方法やそのために必要な性質は、掠奪文化が始まってから変化している。野蛮時代前期における有閑階級は、淘汰の結果として勇敢で攻撃的、身分意識が強く、平気で不正を犯すといった顕著な特性を備えており、つねに武勇を示すことが地位を保つために必要だった。だが野蛮時代も後期になると、おおおむね平和な身分制度の下で、富の獲得・所有は安定した方法に移行する。あからさまな強奪や野放図な暴力はあらかた姿を消し、抜け目のなさや詐欺まがいのやり口が富を蓄積する最善の方法として認められるようになる。こうして有閑階級では、それまでとはちがう種類の能力や性質が保存されたと考えられる。攻撃性とそれに見合う豪胆さや強い身分意識といったものは引き続き重要な特性であり、典型的な「貴族の徳」として現代に受け継がれている。だがこうした特性と並んで、慎重で打算的で詐術に長けるといった、目につきにくい特性が強まってきた。時が経過し、平和を好む金銭文化の時代が近づくにつれて、こうした打算的な特性や習慣が営利目的にとって相対的に有利になる。そして有閑階級に成り上がる人やそこにとどまれる人を淘汰するプロセスでは、こうした特性の価値が高まっていった。

選択の基準も変化し、ついには有閑階級に上り詰める資格は営利面の才能だけということになった。野蛮時代の掠奪的な特性の中で生き残ったのは、目的への執着心や不屈の精神だけである。これは、かつて野蛮時代の掠奪的種族が、平和を好む未開人を首尾よく制圧するときに決め手となった性質である。だがこの特性が、経済的に成功した上流階級と多数の勤労階級を区別する決め手になるとは言えない。現代の産業活動の中で勤労階級が受ける訓練や選択も、この特性に大きな影響を与えるからだ。目的への執着は、むしろこの二つの階級を、別の二つのタイプ、すなわち役立たずの怠け者と無法者から区別すると言えよう。生まれながらの性質からすると、生産的な人間は善良な怠け者に近く、営利追求型の人間は無法者に似ている。究極の営利追求人間は、人や物を平気で自分の目的に利用し、他人の感情や願望を顧慮せず、自分の行為がもたらす影響も考えない。この点で、究極の無法者とよく似ている。ただし、身分意識が強い点や、遠い目標をめざす先見性と一貫性を備えている点では、無法者と異なる。営利追求人間と無法者の気質は、「娯楽」や賭博を好むという共通点もあり、またさしたる目的もなしにむやみに競争したがる点も似ている。究極の営利追求人間は、掠奪的な性質につきものの次のような傾向を備えている点でも、無法者と奇妙に一致する。無法者はだいたいにおいて迷信を信じ込むたちで、縁起をかつぎ、呪文に頼り、占いや運命を信じ、神のお告げやら呪術の儀式やらをありがたがる。場合によっては、この傾向は熱烈な献身や教義の遵守という形で現れる。おそらくこれは、宗教心と言うよりは信心と言うべきだろう。この点で無法者の気質は、労働者や役立たずの怠け者よりも、営利追求人間や有閑階級の人間との共通点のほうが多い。

現代の産業社会の生活、言い換えれば金銭文化の中での生活は、選択プロセスを通じて特定の能力や性質の強化・保存を促すように作用する。現在ではこの選択プロセスは、何らかの不変の民族類型に単純に逆戻りするのではなく、人間の性質に修正を加え、過去から受け継がれてきた類型あるいはその変種とはいくらか異なるものに変える傾向を示す。とはいえこの変化が向かう先は一つではない。なるほど選択プロセスの作用を受けて定着し、ごくふつうとみなされるようになった気質は、一貫性を示す点で、すなわち目的に向かう執着心が強い点で、古い時代のどの変種とも異なっている。この点に関する限り、経済理論上は、選択プロセスの目標地点は単一である。だがこのおおまかな流れとは別に、変化には二つの方向性が見受けられる。能力の選択的保存の面では、営利追求と生産活動の二つである。性質や精神的態度や意思の面では、自己利益を追求し他人に差をつけようとする姿勢、他人と張り合おうとせず生産性を重視する姿勢というふうに分かれる。そして知性や認識能力の面では、前者は定性的な見方をし、意欲、質的関係、身分、価値をよく認識するが、後者は定量的な見方をし、順序、量的関係、機械的効率や効用をよく認識する。

営利的職業は、いま挙げた二つのうち主に前者の能力や性質を必要とし、人々の中にそれらを保存するように作用する。これに対して生産的な職業は、主に後者を必要とし、それらを保存するように作用する。くわしい心理学的分析を行えば、どちらの種類の能力も性質も、それぞれ一つの気質の多様な表現にすぎないことがわかるだろう。人間は一つの統合体であるから、前者に属す能力や傾向は、人間の性質のさまざまな変化形として渾然一体となって表現される。もちろん後者についても同じである。人間はこの二つの方向性のどちらかを、それなりに一貫性をもって選ぶのだと考えられる。営利追求型の生活は、おおむね野蛮時代の気質を保存する傾向がある。ただし、野蛮時代前期を特徴付ける暴力的な攻撃に代わり、だまstとか出し抜くといったことが行われるようになる。もっともこの代替はさほど明白ではない。営利的職業では、ほぼ一貫してこの方向で選択作用が働くと言ってよいが、直接的に利益を競う場面以外では、必ずしも同じように作用するわけではない。時間や財の消費に関しては、現代の社会が無条件で貴族的な価値観を排除するとか、中産階級的な価値観を後押しするということはない。はっきり言えるのは、世間に認められるような体裁のよい生活様式を維持するには、野蛮時代前期の特性を大いに発揮することが必要だということである。この点に関しては、すでに閑暇に関する章でくわしく論じておいたが、後段で改めて取り上げることにしたい。

以上の点から、有閑階級の生活自体も、その様式も、野蛮時代の気質の保存を促すように見える。それはおおむね平和を好む中産階級的な傾向へと変化しているが、いくらかは掠奪的な要素も混じった気質である。となれば、とくに阻害要因がなければ、社会階級間の気質のちがいを跡づけることができるはずだ。貴族的・中産階級的な気質すなわち掠奪的で営利追求型の特性は、主に上流階級に表れているだろうし、生産的な気質すなわち平和愛好型の特性は、主に工業生産に携わる勤労階級に表れているだろう。

このことは、全般的あるいは抽象的には正しいと言えようが、実際に確かめるのはむずかしいし、期待したほど決定的でもない。それにはもっともな理由がいくつかある。あらゆる階級はある程度は金銭面の競争に足を踏み入れており、したがって営利追求型の特性を備えていれば成功や生き残りに有利になる。人々の思考習慣を形成し、生き残る人を決定する選択プロセスは、金銭文化が浸透しているところでは、おおむね獲得能力の有無によって選択を行う。だから金儲けの才覚は生産的能力と相容れないという事実さえなければ、いかなる職業においても、この才覚が圧倒的に有利になるように選択作用が働いていたはずだ。もしそうであれば、経済的合理性にのみ基づいて行動する「経済人」が、ごく正常で申し分のない類型とみなされていただろう。だが金儲けしか眼中になく、唯一人間らしい特性は抜け目のなさだけだというような「経済人」は、現代の産業にはまったく役に立たないのである。

現代の産業が必要とするのは、当面の仕事に対する没個性的で無私の関心である。そうでなければ産業プロセスの改善など不可能だろうし、それどころか改善しようという気にもならないだろう。労働者を無法者や実業家から区別するのは、まさに仕事に対するこうした姿勢である。社会の生活が持続的に営まれるためには労働がぜひとも必要であるから、ある種の職業では、労働への適性を有利にするような条件付きの選択が行われるようになる。だが生産的な職業においてさえ、営利追求の特性が確実に排除されているとは言いがたく、野蛮時代の気質が目につくほど生き残っていることは認めざるをえない。こうしたわけで、現時点ではこの点に関して、有閑階級の気質と大衆の気質の間に大きなちがいは認められない。

気質に関する階級間のちがいをわかりにくくする要因はもう一つある。それは、他の階級の先天的な特性を物まねし、それを大勢の人々の間に広めるように働きかける生活習慣が、すべての階級に存在することだ。このような習慣、と言うよりもみせかけの気質特性は、貴族気取りのものが多い。有閑階級が、世間のお手本としての特別な地位を利用して自分たちの生活様式の特徴を下の階級に押し付けてきた結果、社会の隅々にいたるまで、そうした貴族的な気質特性が少しずつ植えつけられてきた。このため貴族的な特徴は、有閑階級による手本や押し付けがない場合に比べ、生き残る可能性が高い。貴族的な生活様式を下の階級に伝え、結果的に古い時代の気質特性をも教える重要な伝達役を務めているのは、使用人たちである。彼らは日頃主人に接しているから、何がよくて何が美しいかということを承知しており、それを低い階級に持ち帰る。こうして、ふつうなら伝播にもっと時間を要したはずが、使用人たちのおかげで、高貴な理想が短期間で社会に広まるというわけだ。上流階級の文化の多くがあっという間に大衆に広まることを考えると、「主人が主人なら家来も家来」という格言は意外に深い意味を含んでいる。

営利的な特性の保存に関して階級間のちがいをわかりにくくする要因は、まだある。金銭的競争は、持たざる階級を大量に生む。この人たちは生活必需品を買うことができないか、体面上の支出にとられて必需品を買うことができない。いずれにせよその結果、肉体的な必要であれ何であれ、日々の最低限の必要を満たす手段を得るべく苦闘せざるをえない。不利な状況で悪戦苦闘しなければならないのだから、この人たちのエネルギーはそれだけで使い尽くされてしまう。自分だけでも浮かび上がろうと必死になり、絶えず自分のことばかり考えるようになる。こうして生産的・勤労的な特性は、使われないままに退化していくのである。よって有閑階級の制度は、低い階級に体面維持のための支出を強要し、彼らから生活手段を奪い取ることによって、間接的に営利的な特性を保存させる働きをすると言えよう。かくして、本来は上流階級にだけに見られたはずの気質特性に下の階級が同化するという現象が起きる。

そうなると、上流と下流の間で気質にさして差がないように見える。これは、有閑階級が押し付けがましい手本となり、彼らが依拠する衒示的浪費と金銭的競争の原理を大衆が受け入れたためだと考えられる。有閑階級の制度は社会の生産性を押し下げ、産業活動の必要条件への気質の適応を遅らせる方向に作用する。そして、第一に有閑階級およびこの階級と血縁関係を結んだ人々に古い特性を伝達することによって、また第二には古い制度の伝統を保存・強化し、野蛮時代の特性が有閑階級以外の家系にも生き残る機会を増やすことによって、人間の性質を保守的に導く。

ところが、現代人における特性の保存や排除に関しては、重要なデータの収集や分析がこれまでほとんど行われていない。このため、ここで述べた見解を裏付けてくれる具体的な資料はほとんどなく、提出できるものと言えば、容易に手に入るありきたりの事実の断片的な検討にとどまる。そのような事実の列挙はまずもって退屈きわまりないであろうが、それでも議論を完結させるためには、たとえそれがいま試みているようなおおざっぱで貧弱な議論であっても、必要であろう。そこで、この種の断片的な検討を行う以下の章について、あらかじめ読者のお許しを願う次第である。

第10章　武勇の保存

　有閑階級は産業社会の中で生きていると言うよりは、産業社会のおかげで生きている。彼らは生産を介して産業とつながっているのではなく、営利を介してつながっている。この階級に仲間入りするためには、営利面の適性を示さなければならない。つまり、人の役に立つことよりも財産や権利の獲得に向いていることを示さなければならない。有閑階級を構成する人間の性質はこうして、営利の追求に適しているかどうかを基準に選別され、変化していく。とはいえこの階級の生活様式の大半は過去から受け継がれたものであり、野蛮時代前期の習慣や理想が染み付いている。この古い生活様式が、いくらか薄められながらも下の階級に押し付けられるわけだ。そして生活や慣習の選択的な作用と教育の力によって人間性が形成されていくが、このときに、野蛮時代前期すなわち武勇と掠奪生活の時代の特徴、習慣、理想を保存するように方向づけられる。

掠奪段階の人間を特徴づける古代の性質のうち最も顕著なのは、厳密な意味での好戦的な傾向である。掠奪行為が集団で行われる場合には、この傾向は軍国主義とか、最近では愛国心などと呼ばれている。ヨーロッパの文明国では、世襲の有閑階級が中流階級以上に軍国精神に染まっていることはあきらかで、この点には誰もがすぐに同意するだろう。じつのところ、有閑階級にとって他の階級との差別化はプライドの問題であり、軍国精神を称揚する理由は十分にある。まず、戦争は名誉に値する行為である。したがって戦争に関連づけられる武勇は、大半の人の目にとりわけ尊敬すべきものと映る。そして武勇への憧憬自体が、戦争崇拝者に掠奪気質が存在することの証と言えよう。掠奪気質や、その表れである戦争への熱狂は、上流階級で最も強い。とりわけ甚だしいのが世襲の有閑階級である。しかも、上流階級で表向き最も重要な仕事は統治であるが、これは起源からしても発展過程からしても掠奪的職業と言える。

つねに好戦的だという点で世襲有閑階級に対抗できる階級があるとすれば、それは下層階級の無法者である。平時には、勤労階級の大半は、好戦的な気分にはかなり冷淡だ。産業社会の主力を形成するこの一般大衆は、とくに頭に血が上っているときは別として、国防以外の戦闘には嫌悪感を示す。いや、国を守れという煽動に対してさえ、反応は緩慢だ。文明化された社会、すなわち産業の進んだ社会では、好戦的な攻撃精神はふつうの人々の間ではすっかり衰えたと言ってよかろう。だからといって、勤労階級の中に強い軍国精神を示す者がいないというわけではないし、何らかの煽動で刺激された場合に大衆が一時的に軍国精神にめざめることがない、というわけでもない。実際、今日ではヨーロッパの複数の国で、またここしばらくはアメリカでも、そうした現象が見られる。だがこの種の一時的な高揚を除けば、また上流階級や最下層階級の掠奪的な人間を含めて古い掠奪気質を持ち合わせている者を除外すれば、現代の文明社会の大衆は、そうした煽動への反応が鈍い。彼らがあまりに冷淡なので、現実に他国から侵略でもされない限り、戦争はとても実行できないほどである。ふつうの人々は、戦争よりもずっと堅実な活動に向かう習慣や能力を持ち合わせている。

こうした階級による気質のちがいは、階級内で後天的な特性の継承の仕方が異なることにも一因があるが、種族的な出自のちがいによるところも大きいように思われる。階級間のちがいは、多様な種族が階級を構成する国のほうが、均質な種族で構成される国より顕著である。これと関連するが、種族的多様性の大きい国で有閑階級にあとから仲間入りする者は、現代において古い貴族的特性を示す者に比べ、一般に軍国精神に乏しい。こうした成り上がり者は、近年ではごくふつうの人たちの間から出現しており、古い意味での武勇には当たらないような特性や能力を発揮して成り上がることが多いためだ。

厳密な意味での戦闘行為とは別に、決闘という制度もまた強い戦闘意欲の表れであり、それゆえに有閑階級特有のものと言うことができる。決闘は実質的には、意見対立に最終決着をつけるべく、ある程度計画的に一騎打ちに訴える行為である。文明国で決闘がまともとみなされるのは、世襲の有閑階級が存在する場合に限られるし、決闘そのものも、ほぼ有閑階級の人間同士でのみ行われる。例外の第一は、陸軍と海軍の将校である。とはいえ彼らは通常は有閑階級に属すし、掠奪的な思考習慣に馴らされている。例外の第二は、下層階級の無法者である。彼らは、遺伝あるいは鍛錬あるいはその両方により、やはり掠奪的な性質や習慣を備えている。意見対立の普遍的な解決手段としてつねに決闘を挑むのは、育ちのよい紳士か喧嘩早い乱暴者だけというわけだ。ふつうの人が喧嘩をするのは、よほど苛立っているか酔っぱらっていて、挑発的な行為に対して抑制が効かなくなるときに限られる。このような場合には、ふつうの人でも本能的に単純な自我に立ち返る。言わば無意識のうちに、古代の思考習慣に一時的に回帰する。

決闘という制度は、些細な口論から深刻な優位争いにいたるまで、さまざまな対立の最終解決法であったが、やがて些末な理由をこじつけた私闘へと変化し、個人の名誉を守るための社会的な義務として、逃れられないものとなった。この種の有閑階級の慣習としてとりわけ目につくのは、ドイツの学生同士の決闘である。彼らの決闘は、好戦的な騎士道の奇妙な遺物だと言えよう。また下層階級や見せかけの有閑階級の威勢のいい若者にとっては、今日どの国でも、何のいわれもなく仲間と闘って男らしさを誇示することが社会的義務のようになっている。この義務はかつてのドイツの学生たちの義務と似ているが、あれほど公的なものではない。さらに社会のあらゆる階層の男の子たちにも、同じような習慣が広まっている。子供は、自分の腕っ節の強さが仲間内でどういう位置づけにあるかを日々正確に把握しているものだ。男の子の世界では、挑発に応じない子や応じられない子は、特別な例外を除き、全然相手にされない。

以上のことは、ある程度の年齢以上の男の子にとくによく当てはまる。幼児期や親の庇護下にある時期で、子供が日々の生活で何かにつけて母親を求める間は、さきほどの記述は当てはまらない。小さいうちは、攻撃性や敵対心はほとんど見られないものである。こうしたおだやかな気質から掠奪的な気質へ、ひどい場合には手のつけられない悪童への変化は、もちろん子供によって度合いは異なるが徐々に進行し、一部の子供では性格の広い範囲に浸透するまでにいたる。発育の初期段階では、男の子も女の子も自発性や強い自己主張はあまり示さないし、一緒に暮らしている家族から離れようとか、家族の利害に反することをしようとはしない。その一方で叱責に敏感で恥ずかしがりやで臆病であり、やさしい人間的な絆を求める。通常は、幼児期の特徴が段階を踏みながら急速に消えていって、幼い子供の気質は少年特有の気質に移行する。だが男の子らしい掠奪気質がごくかすかな兆候しか認められないこともあるし、まったく表れないこともある。

女の子の場合には、男の子ほど顕著に掠奪気質に移行することはまずないし、大半の場合はほとんど移行しない。女の子の幼児期から思春期、成年期への成長は、関心の対象が幼い子供らしいことから大人の目的や役割や人間関係へとたゆみなく徐々に移っていくプロセスである。女の子の発育過程に掠奪期が見られることは少ない。もしあったとしても、掠奪的になったり孤立したりする傾向は、あまり強くならないのがふつうである。

男の子の場合には掠奪期が明確に表れることが多く、この時期はある程度継続する。ただしふつうは成年期になると終わるのだが、この点に関しては重大な留保条件をつけねばなるまい。というのも、少年の気質から大人の気質への移行が見られないケースや、部分的にしか移行しないケースが散見されるからだ。ここで「大人」の気質とは、現代の産業社会の大人に見られる平均的な気質を意味する。それは、集団生活の目的に貢献し、したがって産業社会の平均水準を成り立たせていると言ってよい大人たちの気質である。ヨーロッパに住む人々の人種構成は多種多様であり、攻撃的な北方人種が下層階級の大半を占めるケースもあれば、世襲の有閑階級に集中しているケースもある。後者のケースにおける勤労階級の男の子には、決闘まがいの喧嘩の習慣はあまり広まっていない。この習慣が多く見られるのは、上流階級や前者のケースにおける下層階級の男の子である。

より広範で緻密な調査を行って、勤労階級の子供の気質に関するこの説明を検証できるなら、攻撃的な気質がある程度は種族固有のものだとする見方に裏付けが得られるはずだ。攻撃的な気質は、ヨーロッパの人口の大部分を占める従属的な下層階級の人々よりも、支配的な上流階級を代表する民族類型、すなわち北方人種に多く見られるようである。

階級による武勇の度合いを考えるとき、子供の例はさしたる意味を持たないように見えるかもしれない。だがこうした闘争本能が、勤労階級の平均的な成年男子の気質よりも古い時代の気質に多く備わっていることを示す点で、なにがしかの意味はあるだろう。この点に関しても、また子供の生活の他の面でも、子供は大人の文化の発達初期段階をあたかも縮図のように短期間で再現していると言えよう。そう考えれば、男の子が英雄気取りの行為をしたがり、自分の利益しか眼中にないのは、野蛮時代前期すなわち厳密な意味での掠奪文化では当たり前だった人間の性質に、一時的に逆戻りしているのだと解釈できる。この意味で有閑階級と無法者の性質は、子供と若者にふつうに見られる特性や文化の初期段階に標準的・習慣的だった特性が、大人になっても残っていることを示している。無法者および有閑紳士をふつうの人から区別する要因は、ある程度まで、前者において精神的発達が中途半端に終わったことにあると言ってよい（両者を隔てる要因が民族類型の根本的な相違にあると証明されれば話は別だが）。つまり乱暴な無法者も上品な有閑紳士も、現代の産業社会で平均的な大人が到達する発達段階に比べ、未成熟の段階にとどまっている。社会階層の最上層と最下層を代表する彼らの幼稚な精神性は、英雄的行為と自己利益の追求だけでなく、古代から受け継いだ他の特性にも現れており、この点を以下であきらかにしたい。

本来の少年期と成年期の谷間にさしかかったやや年長の学生の間では、意味のない遊びにしてはいくらか手の込んだ組織的なやり方で平和を乱す行為が流行になっている。どうやら、闘争精神が基本的に未成熟な気質であることを立証してみせたいらしい。ふつうは、こうした騒動を起こすのは思春期の若者に限られる。若者が大人の仲間入りをするにつれて、騒動の頻度や激しさは衰える。これはちょうど、集団が掠奪的な習慣からより平和な習慣に移行する様子を、個人の生活の中で再現しているようなものと言えよう。しかし個人の精神的成長が、この幼稚な段階を脱け出さないうちに終わってしまうケースも少なくない。そうなると、好戦的な気質が大人になっても残ることになる。精神面で最終的に大人の段階に到達する人が、古い気質の段階を急ぎ足で通り抜けるのに対し、喧嘩早い人や道楽者は、その気質を死ぬまで持ち続けるのである。言うまでもなく、精神的に成熟し大人びる度合いは人によってちがう。平均に達しなかった人は、粗野な人間性を残したまま現代の産業社会にとどまり続け、生産性を高め集団の生活水準を押し上げる選択と適応のプロセスに遅れをとることになる。

この精神的発達の未熟さは、英雄気取りの若者の騒動に大人が直接参加する形で表れるほか、若者の騒動をけしかけたり支援したりする間接的な形でも表れる。こうして乱暴行為が習慣化し、大人になってからも抜けないため、平和を好むようになった社会の動きに遅れをとることになる。英雄的行為に走りがちな人が思春期の若者を指導する立場についた場合には、武勇の保存や武勇への回帰に向かわせる方向で多大な影響をもたらすにちがいない。近頃、聖職者や名士が「少年団」などと称する疑似軍隊組織で行っている育成指導は、まさにそれだ。高等教育機関で「カレッジ精神」なるものやカレッジスポーツの発展が奨励されているのも、同じことである。

こうした掠奪気質の表れは、どれも英雄的行為の一種と言える。この中には、対抗心剝き出しの闘争的な姿勢が単刀直入に表れた行為もあれば、武勇に対する評価を得ようとして意図的になされる行為もある。拳闘、闘牛、運動競技、狩猟、釣り、ヨットなどあらゆる種類のスポーツも、まさに同じ性格を備えている。技を競う競技であって、相手を傷つけるような身体能力がとくに問題とならないような場合でも、それは変わらない。スポーツは元来獲物や敵との格闘だったが、やがて技の競い合いを経て、狡猾《こうかつ》さや抜け目のなさを競うようになっていった。スポーツに熱中するのは、古い精神性すなわち掠奪的な対抗意識が相当に強いからにほかならない。大胆な英雄的行為や相手に打撃を与えることが大好きだという性癖は、俗に狩猟精神と呼ばれるものを必要とする仕事にとくによく発揮される。

掠奪的な競争に向かわせる気質が基本的には幼稚なものであることは、すでに言及した掠奪行為よりも狩猟などのスポーツのほうによく当てはまるし、すくなくとも明確に表れている。だからスポーツへの熱中は、精神的発達が途中で止まってしまったことを如実に表していると言えよう。スポーツや賭け事を好む人に固有のこの幼稚な気質を見抜くには、あらゆるスポーツに見受けられるこけおどしの要素に注意するとよい。この点でスポーツと遊びや英雄的行為は共通するのであり、子供、とくに男の子は、始終この種のことをしている。どのスポーツにも同じ程度にこけおどしが含まれているわけではないが、どれにもかなり多く含まれていることはまちがいない。とくに厳密な意味での狩猟や運動競技は、むしろ賭博などよりもこけおどしの要素が多い。ただしスポーツによって、その表れ方は異なる。たとえば狩猟に出かける人は、おだやかで実際的な紳士であっても、必要以上の銃や弾薬を持って行く。いかに大量の獲物を仕留めるか、自分に暗示をかけるためだ。また狩猟という英雄的行為に臨む際には、芝居がかった弾むような歩き方や、抜き足差し足、跳躍など、念入りに大げさな動作をする傾向がある。運動競技でも、大声を上げたり、肩をいからせたり、ことさらしく秘密めかすなど、やはり芝居がかった性質を示す動作が目立つ。これらがどれも子供じみたこけおどしの名残りであることは、言うまでもあるまい。ちなみに運動競技で使われる言葉の大半は軍隊用語からの借り物で、ひどく血なまぐさい。通信の秘密を守るためならともかく、そうでもないのに特殊な隠語を使うのは、こけおどしの要素が多いことの証拠と考えてよかろう。

スポーツが決闘など平和を乱す行為とは異なるもう一つの点は、英雄的行為や乱暴行為をしたいという衝動以外のさまざまな動機が謳われていることだ。これはスポーツに固有の特徴と言える。もっとも、何であれ他の動機があったとしても、それはごく些末なものにすぎまい。だがスポーツへの熱中に対してさかんにいろいろな理由がつけられるという事実は、付け足しながらもそれなりの理由が存在することを物語っている。たとえばスポーツマンと呼ばれる狩猟家と釣り師は、狩猟や釣りをするのは自然を愛するからだとか、気晴らしが必要だから、などと理由をつける。こうした動機はたしかに存在するだろうし、それが狩猟家や釣り師の生活を魅力的にしていることはまちがいないにしても、だからといって主要な誘因にはなりえない。このような表向きの必要性なら、何も計画的に労力を投じて彼らの愛する「自然」を成り立たせている動物たちの命を奪わなくとも、十分に満たせるはずだ。じつのところ、狩猟家や釣り師の活動がもたらす最も顕著な結果とは、できるだけ多くの動物を殺してのべつ自然を荒らすことなのである。

それでも、現代の慣習の下では、息抜きをしたり自然とふれあったりする必要性を満足させるには狩りや魚釣りをするのがいちばんだ、という彼らの主張にも一理はある。歴史を振り返ると、育ちのよい人々の規範が掠奪的な有閑階級の手本によって強要され、さらに後の世代の有閑階級の習慣を通じて維持されてきた、という経緯がある。こうした次第だから、この規範を破って他の方法で自然とふれあえば非難は免れない。狩猟と釣りは、日々の閑暇を最高の形で示すものとして掠奪文化の時代から受け継がれてきた立派な仕事であることから、作法にかなうと認められた唯一の戸外活動となっている。となれば、狩猟や釣りの直接の動機には、息抜きや戸外活動の必要性が含まれるかもしれない。だが、この目的のために計画的に動物を殺すのは、体面を保つという間接的な理由のためである。見栄や体面の要求に応えられなければ、評判を落とし、自尊心も傷つくことになる。

他のスポーツも似たり寄ったりである。その好例と言えるのが運動競技だ。運動競技に関しても、世間体の条件に適う活動や練習はどういうものかということが決まっており、慣習化している。運動に熱中する人たちやそれを称賛する人たちは、スポーツこそが娯楽と「身体鍛錬」にとって最高の手段を提供するのだと主張し、この主張は長年の慣習によって裏付けられてきた。世間体の基準からして、衒示的閑暇に相当しない活動は有閑階級の生活様式から一切排除され、必然的に社会全体の生活様式からも排除されることになる。とはいえ無目的の身体鍛錬は退屈きわまりなく、堪えがたい。そこでこのような場合には、すでに指摘したように、せいぜいもっともらしい目的を与えてくれるような活動に逃避することになる。その目的は、単なる見せかけのでっちあげでよい。ここで、もっともらしい見せかけの目的を持つ本質的に無用な行為という条件を満たしてくれるのが、スポーツである。そのうえスポーツは競争の場を与えてくれるので、この点でも魅力が大きい。どんな活動も、世間に認められるためには、自慢できる浪費という有閑階級の基準を満たさなければならない。しかし同時にあらゆる活動は、たとえ一部なりとも習慣として生活に根付くためには、何らかの有用な目的に貢献するというしごく人間的な条件にも合致しなければならない。有閑階級の基準が厳密かつ完全に無駄であることを要求する一方で、勤労本能は何かしら目的のある行動を要求する。有閑階級の世間体の基準は、本質的に有用で目的を持った行動を生活様式から選択的に排除することによって、広くゆっくりと浸透する。これに対して勤労本能は衝動的に作用するので、手近な目的を達成すれば一時的には満たされる。活動の無目的性が、合目的的なふだんの生活の営みと相容れないものとして行為者の反射的な意識に届いたとき、これを嫌悪し阻止しようとする方向に意識は影響を受ける。

個人の思考習慣は有機的な複合体を形成しており、それは生活の営みに役立つ方向をめざすようにできている。だから、組織的な浪費や無駄を生活の目的として思考習慣に受け入れさせようとすれば、たちまち反発が起きるはずだ。だが、抜け目のなさや競争心の発揮という直接的かつ直観的な目的に注意を惹き付けておくことができれば、この反発は避けられるだろう。そして狩猟、釣り、運動競技といったスポーツは、まさに抜け目のなさを発揮し、掠奪生活の特徴である荒々しさや俊敏さを競う場を与えてくれる。考えなしで自分の行動の結果を見通す能力もなく、ひたすら衝動的に行動する生活を送っている人にとって、スポーツが優越性の表現手段として持ち合わせている単刀直入な合目的性は、勤労本能を大いに満足させるにちがいない。このことは、掠奪気質に根ざす衝動的な競争心に支配されている人に、とりわけよく当てはまる。と同時に、世間体を保つという条件からしても、スポーツは申し分のない財力を備えた生活を送っている証拠として好ましい。

かくして究極の無目的性と手近な合目的性という二つの条件が満たされることによって、スポーツは、伝統にも習慣にも適う立派な気晴らしとしての地位を勝ち得るのである。繊細な感覚を身につけた育ちのよい人にとって、スポーツ以外の娯楽や鍛錬を行うことは体面上許されないため、スポーツは今日の状況で最も手軽な気晴らしの手段だと言える。

だが立派な団体に所属するスポーツ信奉者たちは、運動競技が人間の能力開発にとってきわめて有効な手段であることを根拠に、自分たちの態度を正当化することが多い。競技者の身体能力を向上させることはもちろん、競技者・観戦者双方に男らしい精神を養うというのである。運動競技の効用が話題になるときにアメリカで誰もが思い浮かべるのは、フットボールだろう。身体的・精神的鍛錬の手段としてのスポーツに賛成するにせよ反対するにせよ、現時点で多くの人の心の中に重要な地位を占めているのはこの競技だ。だからこの代表的な競技は、スポーツが競技者の性格や身体の発達におよぼす影響を解明するのに役立つと考えられる。フットボールと身体鍛錬の関係は、闘牛と農業の関係によく似ていると言われるが、これはけっして的外れではない。こうした娯楽に貢献するためには、忍耐強い訓練あるいは飼育が必要になる。動物であれ人間であれ、野生のときの特徴的な能力や性質は馴らせば失われかねないから、適した個体を慎重に選別して調教しなければならない。だからといって、野生の頃の体軀や野蛮時代の思考習慣を全面的に再現できるわけではない。むしろ野蛮時代あるいは野生への偏った回帰と言うべきだろう。つまり殺傷や破壊に向かう野生の特性は再現・強化しながらも、野生環境での自己保存や生存に役立つ特性の発達は抑制する。フットボールの鍛錬は、際立った荒々しさと抜け目のなさを身につけさせる効果がある。これは社会的・経済的な必要性の観点から見れば、未開時代の人々に特徴的ないくつかの気質を抑制しつつ、野蛮時代前期の気質を再現したと言える。

運動競技のために鍛錬すれば肉体的活力が身につくと言われているが、もしそうだとすれば、個人にとっても集団にとっても役に立つ。というのも肉体的活力は、他の条件が同じであれば、経済にとって有益だからだ。運動競技特有の精神性も、集団にとっての利益とは別に、個人にも役立つ。このことは、人々がある程度こうした特性を備えている社会すべてに当てはまる。現代の競争の大半は、掠奪的な性格特性に由来する自己主張のプロセスだと言える。この掠奪的な特性は、平和裏に展開される現代の競争の中ではいくらか上品な姿に変貌するものの、ともかくも掠奪的な要素を持ち合わせていることは、文明人の生活にほとんど必須と言ってよい。だが個人にとって必要不可欠だとしても、社会にとって直接役立つわけではない。集団生活の目的にとっての個人の有用性に関する限り、掠奪的だということは、仮に役立つとしても間接的に貢献するだけである。凶暴だとかずる賢いといったことは、他の社会と敵対しているときでない限り、集団の役には立たない。またこうした特性が個人の役に立つのも、周囲の人たちが相当に凶暴でずる賢い場合に限られる。このような状況で、掠奪的な特性を十分に備えていない人が競争に参加するのは、角のない子牛が角のある牛の群れに紛れ込むようなもので、きわめて不利になる。

掠奪的な性格特性を保有し涵養することは、もちろん経済以外の理由からも望ましいと言えるだろう。野蛮時代の能力は、芸術の領域でも倫理の領域でも広く好まれている。そして野蛮時代の特性は芸術と倫理の双方に貢献し、こうした偏愛を満足させているのだから、経済面で役に立たないマイナスは打ち消されたと言ってよかろう。しかしこのことは、当面の目的とは関係がない。よってここでは、スポーツが全体として好ましく推奨できるかどうかといったことは論じないし、経済以外の根拠に基づく価値にも言及しない。

世間では、スポーツに打ち込む生活が育てる男らしさには褒めるべき点がたくさんあると評価されている。独立心や仲間意識があるというのだが、これはかなりいい加減な言葉の使い方である。これらは、見方を変えれば好戦的とか派閥意識と呼ぶこともできよう。こうした性質が現在世間に認められ称賛される理由、さらにはこうした性質が男らしいとされる理由は、それらが個人の役に立つ理由とまったく同じである。社会の成員、とくに美的感覚の基準を定める階級はこうした男らしい性質に恵まれているため、他人がそれを持ち合わせていないと欠陥だと感じるし、並外れて男らしければ卓越した長所だと評価する。掠奪的な特性は、現代のふつうの人々の間でもけっしてすたれてはいない。ちゃんと存在していて、この特性にまつわる感情を刺激されればいつでも表出される。ただし、この刺激が日頃の職業上の行動と衝突したり、ふだんの興味の範囲からはみ出していたりすれば、効き目はない。産業社会で暮らすふつうの人々は、経済にとって有害な掠奪気質から遮断されているようにみえるが、それはめったに表に出す機会がないために、意識下の誘因として押し込められているにすぎない。人によって程度の差はあるが、通常以上に強い刺激を受ければやはり掠奪気質が姿を現し、行動や感情を攻撃的にする。この気質は、掠奪文化とは無縁の仕事に気持が占領されていない限り、いつでも強力に表出する。有閑階級や、この階級に従属する人々は、まさにそうだ。有閑階級に新たに仲間入りした人たちがさっそくスポーツをするのは、このためである。かくして、かなりの人が労働を免除されるほど富が蓄積された産業社会では、スポーツが発達し、スポーツ熱が高まることになる。

掠奪的な特性がどの階級にも同じ程度に行き渡っているわけではないことは、慣れ親しんだ手近な例からもわかる。散歩用のステッキを持ち歩く習慣がそれだ。現代生活の一つの風物と捉えればたいした意味はないように見えるかもしれないが、当面の議論に関しては、この習慣は大きな意味を持つ。というのもこの習慣が浸透している階級、すなわち散歩用ステッキがつきものと世間に認識されている階級は、厳密な意味での有閑階級、道楽者、そして下層階級の無法者なのである。ここに、営利追求型の職業に就いている人たちを加えてもよいかもしれない。生産的な職業に就いている人たちはステッキを持たない。女性も病気のとき以外は持たないし、病気のときにステッキが果たす役割はまた別である。

ステッキを持つのはだいたいにおいて儀礼的な慣行ではあるが、その慣行自体は、それを始めた階級の性癖に由来する。つまりステッキは、持ち主の手が有用な用途に使われていないことを世間に見せびらかし、ひいては閑暇の存在を証明する効用を持つ。と同時にステッキは武器でもあるから、野蛮時代の気質を持ち合わせた人たちのニーズにも適う。このようにあからさまで原始的な攻撃手段を携行することは、わずかでも乱暴な気質を備えた人にとってはじつに気分がよいにちがいない。

言葉というものの性質上、ここで検討する性質や姿勢や生活様式について、一見すると非難しているような論調にどうしてもならざるをえない。だが人間の性質や生活の営みのどの面についても、批判するつもりも称賛するつもりもないことをお断りしておく。ここでは人間の性質のさまざまな要素をあくまで経済学的な視点から取り上げており、取り上げた特徴は、集団生活への直接の経済的寄与度に基づいて評価している。集団は、現在および近い将来の経済状況に応じて環境に適応しなければならないし、制度構造にも適応しなければならない。最適な適応にとっての直接的な影響がプラスになるかマイナスになるかを経済の視点から評価する、ということだ。この目的に関する限り、掠奪文化の時代から受け継いだ特性は、思いのほか役に立たない。とはいえこの目的に関しても、掠奪的な人間が継承した積極性や活力や意志の強さにはそれなりの価値があることを見落とすべきではない。ここでは、そうした性質や能力の経済的価値（および狭い意味での社会的価値）

に限って論評することとし、他の観点から見た価値には言及しない。現代の産業社会の単調で平凡な生活様式と対比させたり、社会的に認められた倫理基準あるいは美的・詩的な基準から判断するなら、掠奪的な人間の特性にももっと別の価値が認められるのかもしれない。だがそれは当面の目的とは無関係であるから、ここで意見を述べるのは適切ではあるまい。当面の目的とは無縁の美的基準が経済的評価に影響をおよぼしてはならないのであり、ここではこの点に注意を促すにとどめよう。このことは、スポーツに積極的に参加する人にも、スポーツは観るだけだという人にも当てはまる。そしていまここで述べたことは、宗教的生活と呼ばれるものに関して後段で行う考察にも当てはまる。

前段の記述は、人間の能力や活動について論じる際には、日常的な言葉は非難や弁明を暗示せずにはおかないという事実を図らずも浮かび上がらせることになった。この事実は、スポーツや英雄的行為全般に表れる性癖に対して一般大衆がおおむね冷淡であることを示唆している点で、意味深い。運動競技を始めとして掠奪気質が色濃く表れる活動を擁護あるいは称賛する文献はおびただしく存在するが、そのどれにも、弁解がましい論調が見受けられる。これについて、ここで論じておくべきだろう。同じような姿勢は、野蛮時代の生活から継承された他の制度の擁護者にも垣間みられる。どうやら古くから受け継がれた制度、たとえば現在の富の分配制度、その結果としての身分制度、衒示的浪費と呼びうる消費（ここにはほぼあらゆる形態の消費が含まれる）、家父長制の下での女性の地位、伝統的な宗教儀式の多くの特徴（とくに宗教的信条の通俗的表現や伝承された信仰の未熟な理解）などには、釈明が必要だと考えられているらしい。となれば、スポーツそのものやスポーツ好きな人への称賛に秘められた弁解がましい態度について言えることは、いくらか適切な修正を施せば、社会に古くから受け継がれた他のものへの擁護論にも当てはまるはずである。

スポーツ自体も、スポーツ好きな性格に共通する一般に掠奪的な衝動や思考習慣も、良識にまったく反している、というのが世間の感覚である。この感情は漠然としたもので、スポーツ擁護論者自身はなかなか認めたがらないが、彼らの論調に自ずと表れている。「人殺しの大半は悪人である」[12]という警句は、まさに道徳家の立場からの掠奪気質に対する評価を示すものと言えよう。それはまた、この気質のあからさまな発露が社会秩序におよぼす影響に対する評価でもある。こうした評価からわかるのは、掠奪的な思考習慣が集団生活の目的にどの程度役に立つかに関して、成熟した大人はひどく冷ややかであることだ。掠奪的な姿勢が習慣化するような活動には何によらず反対すべきだと彼らは確信しており、掠奪気質の復活やそれを促すような活動を擁護する側には、その証拠を示す責任があると考えている。世間ではスポーツなどの気晴らしや楽しみを好意的に見る人が多いものの、その一方で、そうした感情を裏付ける根拠が必要だと感じる人も少なくない。そこでよく持ち出されるのが、スポーツは本質的には掠奪的で、社会の秩序を乱す可能性があり、直接の結果としては生産活動の役に立たないような性質に逆戻りすることはまちがいないにしても、間接的には（極性誘導とか対刺激反応とかいったしごく難解なプロセスを経て）社会や産業に役立つ思考習慣の涵養に資する、といった弁明である。要するに、スポーツは本質的には人に差をつけるための手柄争いではあるものの、いささか曖昧ながら間接的な効用として、それ以外のことにも役立つ気質を育む、と言いたいらしい。これらを経験的に証明しようとする試みがひんぱんに行われているが、むしろこれは経験則であって、この問題に関心のある人なら誰にとってもあきらかにちがいない。それに証明すると言っても、これまでのところはスポーツが「男らしさ」という徳を育むことに関して原因と結果を結ぶあやしげな推論が展開されただけで、それ以外のことに関しては、その手の推論すら回避されている。もっとも、（経済学的な）証明の対象が「男らしさ」だという時点で、証明の手だてはもともとなかったと言うべきだろう。幅広い経済の観点からすれば、これらの弁明がめざしているのは、理屈はともかくスポーツは結局のところ勤労本能の涵養をめざしているのだと立証することである。賢明なスポーツ擁護論者は、このことを自他ともに納得させられない限り、満足できまい。そして実際、彼らは満足していないと見られる。この議論をするときの彼らのひどく攻撃的な口調や、自分の主張をむやみに熱心に断定する様子に、それが表れている。

だが、そもそもなぜ弁明が必要なのか。スポーツに好意的な人が世間にたくさんいるなら、その事実だけで十分ではないか。人類は掠奪段階や準平和段階にあった長い間、武勇と知略を尊ぶ規律に縛られていた。その結果、現代の男たちにも、荒々しさや抜け目のなさをよしとする気質が受け継がれている。だとすれば、なぜ狩猟を始めとするスポーツを、正常で健全な人間本性の当然の発露として受け入れようとしないのか。現世代の感情の中に自ずと表れている気質（武勇の気質も含む）が要求するがままに行動すればよいではないか。それ以外に従うべき行動規範があるだろうか。じつは人間の行動を導く究極の要素は、勤労本能である。だからスポーツ擁護論者が主張すべきは、こちらのほうだった。勤労本能は掠奪本能よりも古く本質的な本能だ。後者は前者から派生した特殊な発展形にすぎず、絶対的には古代からのものではあるが、勤労本能と比べれば相対的に新しく、歴史が浅い。掠奪本能（あるいは狩猟本能と呼んだほうがいいかもしれない）は、おおもとの勤労本能と比べると、基本的には不安定である。だから生活や行動の規範としては、掠奪本能も、ひいてはスポーツ活動も、かなり劣っている。

有閑階級の制度はスポーツや人に差をつけるための手柄争いの保存を促すが、それをどんな方法でどんな手段を使ってするかということを説明するのは容易ではない。これまでに挙げた要素から、有閑階級は感情面でも性格的にも、好戦的な態度や意志を勤労階級より好むと考えられる。同じことがスポーツについても当てはまると言えよう。とはいえ、スポーツ活動に関して有閑階級が大衆の感情に影響をおよぼすのは、世間体のよい生活の基準を示すという間接的な効果による。この間接的な効果は、ほぼ確実に、掠奪的な気質や習慣の存続を後押しする方向に働く。そしてこのことは、上流有閑階級の品位の基準からは排除されるようなタイプのスポーツ活動、たとえば賭博気質の下劣な表れである拳闘の興行、闘鶏などにも当てはまる。近頃正統とされる礼儀作法がどう言おうと、有閑階級がよしとする世間体の基準からすれば見栄の張り合いや浪費は無条件によいことであり、その逆は無条件に恥ずべきことである。しかし無知な下層の階級では、そうした基準のこまかい点までは十分に理解されず、世間体や品位の基準はしごくおおざっぱに適用され、対象の範囲やこまかい例外規定などはほとんど斟酌されない。

運動競技への熱中は、程度の差こそあれ有閑階級の顕著な特徴となっており、直接参加する場合でも精神的に応援する場合でも、ひどく熱心である。この特徴は下層階級の無法者と共通するほか、掠奪気質をたっぷり受け継いでいる人々とも共通する。西洋の文明国には、運動競技の観戦に何の楽しみも見出さないほど掠奪本能に欠けた人間はめったにいない。しかし勤労階級に属す平均的な人たちの間ではスポーツ熱はさほど強くなく、習慣化しているとは言いがたい。この階級の人々にとっては、スポーツは生活の重要な要素ではなくて、たまさかの気晴らしである。こうしたふつうの人々にスポーツ志向が育まれているとは言えない。スポーツは、平均的な人にとっても、大多数の人の間でも、すたれたわけではない。しかし一般的な勤労階級は、あとから楽しく思い出すものとして、また時折興味を持つ気晴らしとしてスポーツを好むにすぎない。思考習慣という有機的な複合体の中でスポーツが重要な要素となるには、粘り強い興味の継続が必要だが、彼らはそうしたものは持ち合わせていない。

勤労階級のこのような傾向は、今日のスポーツ活動に表れるだけなら、さして重要な経済的要素とは見えないだろう。たしかにそれだけを取り出してみれば、生産性や個人消費に対する直接的影響はあまり大きくはない。だがこの傾向を特徴とするような人間が大量に出現する場合には、いくらか重要性を帯びてくる。経済発展の速度やその結果といった形で集団生活の経済面に影響をおよぼすからだ。世間の思考習慣がよくも悪くもこうした傾向を持つ人々に支配される以上、集団生活の経済活動の範囲、方向性、標準、理想にも、その集団の環境への適応度にも、重要な影響を与えずにはおかない。

これと似たようなことが、野蛮時代の人々の性格を形成していた他の特徴についても言える。経済学の立場からは、こうした野蛮時代の顕著な特徴は、武勇の形で表現されるような掠奪気質の派生的変種と捉えることができよう。これらはだいたいにおいて経済的に重要とは言いがたいし、経済に直接関わるわけでもない。ただし、そうした特徴を備えた人間の経済発展過程への適応度を示す役には立つ。つまり野蛮時代の特徴を含む性格が、今日の経済条件にどの程度適応できるかを示す指標となる。また、特徴が備わっている度合いに応じて個人の経済寄与度が異なる点でも、経済的に意味がある。

武勇は、野蛮時代の生活では、主に二つの形で表れていた。腕力と策略である。そしてこの二つは、近代的な戦争、営利的職業、スポーツや勝負事にも、さまざまな度合いで見受けられる。腕力も策略も、スポーツや真剣勝負を通じて鍛えられる。戦略や狡智は戦争や狩猟と同じく勝負事にも必ず見受けられるもので、いずれの場合にもだましやごまかしに発展しやすい。このためスポーツの試合や勝負事一般の手順や規定では、ごまかしや嘘や脅しの存在が前提になっている。つねに審判を置いたり、不正の許容範囲や戦略的優位の限度を規則でことこまかに定めたりするのは、相手を出し抜くための狡猾な企てや実行がけっして偶発的でないことの証と言えよう。よってスポーツが定着すれば、必然的に、策略をめぐらす能力は一段と発達するにちがいない。また人をスポーツへと駆り立てる掠奪気質が社会に蔓延するなら、狡猾なやり口や他人の利益を平然と無視する行為も、個人・集団の両面で拡がることになる。このような行為に走ることは、どう言いくるめようと、また法律や習慣でいかに正当化しようと、狭量で利己的な思考習慣の表れにほかならない。したがって、そのようなものの経済的価値について、ここで長々と論じる必要はあるまい。

これと関連するが、運動選手や道楽者に好まれる最も明白な特徴が、並外れた敏捷性だという点に注意されたい。オデュッセウスの資質や功績は、策略を一層進化させた点でも、敏捷な運動家を仲間に引き入れて栄光を与えた点でも、アキレウスに優るとも劣らない。

若者が中等教育あるいは高等教育の有名校に入学したあと、プロスポーツ選手のまねごととしてまず身につけるのが、敏捷な動作である。身体を飾る敏捷な外観は、運動競技や競馬その他の競争的な催しに重大な関心を持つ人々から、つねに真剣な注意を払われる。彼らの精神的同類である下層階級の無法者どもも、すばしこい様子をしばしばこれ見よがしに示すこと、それは運動競技での栄光をめざす若者たちを気取って誇張したものであることを付け加えておこう。ちなみにこうした敏捷な外観は、悪ぶりたがる若者たちの間で下品に「ごろつき」と呼ばれているものの顕著な特徴である。

すばしこい狡猾な男など、他の集団との駆け引きで抜け目のなさを必要とする場合を除き、社会にとって経済的価値は何もないと言ってよかろう。敏捷さを発揮したところで、本来的な生活の営みは向上しない。経済への直接的な影響としては、集団の経済の実体を、生活水準の向上とは無縁の方向に転換させることぐらいだろう。これはちょうど医学の分野で、良性と悪性を分ける境界線が不確かなせいで、悪性腫瘍が良性と呼ばれることと似ている。

野蛮時代を特徴づける荒々しさと敏捷性は、掠奪的な気質や精神性を構成する要素である。これらは狭量で利己的な思考習慣の表れであり、成功して他人に差をつけようとする個人にとってはたしかに役に立つし、美的な価値もある。どちらも金銭文化によって培われてきた。だがどちらも集団生活の目的にはまったく役に立たない。

第11章　運頼み

賭博気質は、野蛮時代の気質に伴うもう一つの特性である。賭け事好きやスポーツ好き、さらには一般に喧嘩や競争が好きな者ほぼ全員にこの気質が見受けられる。賭博気質もまた経済に直接の影響を与える。というのもこの気質が相当程度に広まった社会では、産業の生産性向上を阻むことが認められているからだ。

賭博気質が掠奪的なタイプの人間にのみ備わった特徴と言えるかどうかは、疑問である。賭博気質の中心となる要素は、運を信じ運に賭けること、つまりは運頼みということだ。そしてこの要素はあきらかに、人類の進化史において、すくなくとも掠奪文化以前の段階まで遡ることができる。運頼みが、賭博気質の主要素として、スポーツや賭け事が好きな人の気質に現在表れているような形に発展したのは掠奪文化の時代だったろうし、現在の形になったのは多分に掠奪文化に染まったからだろう。だが運頼み自体は掠奪文化より古い時代から存在しており、アニミズム的なものの見方の一種と言える。おそらくは人類史の初期の段階から野蛮時代に受け継がれ、このときに変質を遂げ、掠奪文化の干渉を受けた形でのちに伝えられたのだろう。いずれにせよ、この気質はかなり古い時代から受け継がれた特性の一つと考えるべきであり、現代の産業社会の要件とはあまり一致せず、集団的な経済活動の効率向上には大なり小なり障害になると言える。

運頼みは賭博気質の主要素ではあるが、賭け事の習慣に染まる際の唯一の要因というわけではない。力や技のせめぎ合いに賭ける動機はほかにもあるのであって、それなしには運頼みがスポーツや賭け事を好む生活の顕著な特徴となることは、まずなかっただろう。この別の動機とは、自らの勝利を期待する当事者や応援者が、敗者を犠牲にして自分たちの優位を一段と高めようとする願望である。賭けの金銭的利得と損失が大きくなるにつれて、勝利はますます輝かしく、敗北はますます苦痛で屈辱的になる。これだけでもかなりの見返りだが、さらに重要な動機がある。誰も口には出したがらないし、心の中でさえ認めようとはしないが、賭けるのは、賭け金を投じればその競争者が勝つ確率が高まるとの信念からであることが多い。つまり、勝利を信じて高い金を払い心配もしたからには、それが水泡に帰すはずはないというわけだ。ここには勤労本能が一風変わった形で顔を出しており、この本能は次のような感覚に裏付けられている。それは、当事者に成り代わってあれだけ精力的に応援・鼓舞し、勝負に内在するさまざまな力に働きかけたのだから、ものごとの霊魂的な力が同調して、応援した側に勝利をもたらすにちがいない、という至極単純な感覚である。かくして人は賭けに駆り立てられ、それは勝負事においてひいきを応援するという形で大いに発揮される。これが掠奪的な性質であることは疑いの余地がない。つまり運頼みの気持ちは、厳密な意味での掠奪本能に付随するものとして、賭けの中に表れるのである。よって、賭け事に走るという形で表れる限りにおいて、運頼みは掠奪気質から切り離せない一要素と言うことができよう。これは本質的には未開時代の未分化の人間性に属す遠い昔の気質であるが、競争的な掠奪本能に刺激されて賭博気質という特殊な形に分化・発達すると、野蛮時代の特徴の一つとみなすことが妥当になる。

運頼みとは、次々に起きる現象に予期せぬ必然性があると信じる感覚である。その表れ方は人によってちがうが、この感覚が広まっている社会では、経済効率にとって重大な意味を持つ。となれば、その起源や内容についても、経済の構造や機能への複雑な影響についても踏み込んだ議論が必要になるし、この感覚の発達・分化・維持と有閑階級との関係についてもくわしい検討が必要になろう。野蛮時代の掠奪的な人々や現代社会のスポーツ好きや賭け事好きには、高度に発展した運頼みの感覚が明確に認められる。この感覚には、アニミズム信仰と超自然的な力の信頼という二つの要素が含まれている。二つは同じ基本的な思考習慣の異なる段階と捉えることもできるし、同一の心理的要因の二つの連続する発展段階と捉えることもできる。二つの要素が異なる発展段階に属すからといって、ある人の思考習慣の中で共存できないということはない。第一の原初的なアニミズム信仰は、より原始的で古く、すべてのものに霊魂が宿ると信じ、事物を擬人化する感覚である。古代の人々は、自分を取り巻く環境で目立つ事物や重要な事物はすべて人間に近い性質を備えていると考えていた。そうした物には意志もあれば性格もあって、それがものごとの因果関係の複雑な絡まり合いの中に不可解なやり方で入り込んでくるというわけだ。スポーツ好きや賭け事好きが、運や偶然、すなわち予期せぬ必然性を信じるのも、未分化で原始的なこのアニミズム感覚と言えよう。この感覚はひどくおおざっぱに事物に当てはめられることが多いのではあるが、通常は、技量や運を競う勝負事の仕掛けや小道具を構成する事物に働きかけ、内在する性質の発露を抑える、惑わす、うまく引き出す、あるいは妨げるなどの能力を意味すると考えられている。それなりに御利益《ごりやく》があるとされている魔除けやお守りを一切身につけないというスポーツ好きや賭け事好きは、まずいないものだ。また、自分が賭けている勝負事の競技者や競技用具の「縁起の悪さ」を本能的に恐れる人、自分が応援しているのだから負けるはずはないと信じ込む人、自分が育てた幸運を呼ぶ動物《マスコット》には真剣な意味があると考える人も、けっして少なくない。

運頼みの最も単純な形は、事物の中には目的に向かう未知の力が働いているとする、こうした本能的な感覚である。つまり事物には、偶然与えられたにせよ、意図的に求めるにせよ、最終的には何らかの目的に帰着する傾向が内在しているとみなす。運頼みはこの単純なアニミズムから、次第に先ほど挙げた第二の派生形へと変化し、超自然的な力を明確に信じる気持ちに姿を変える。超自然的な力は目に見える物体に備わっており、その物体を通じて作用するが、それとして物体とは区別できる。ここで「超自然的な力」という言葉を使ったのは、力の性質が自然の法則で説明できないという意味であって、それ以上の意味はない。超自然的な力を信じるのは、アニミズム信仰の発展形にすぎない。この力を振るうものに人格があると考える必要はないが、あらゆる企て、とりわけあらゆる勝負の結果に勝手気ままに影響をおよぼす程度には、人間的要素を備えた存在である。アイスランド神話や古代ゲルマンの民間伝承に登場する幸運の守護天使（ハミンギャ、ギプタなどと呼ばれた）への信仰が広く見られることは、ものごとのなりゆきに潜む超自然的な力が信じられていたことの表れと言えよう。

　運頼みが超自然的な力を信じる形で現れる場合、この力の主はそれぞれに区別はされるものの、神格化されることはほとんどなく、むしろ周囲の環境、とくに精神的・神秘的な様相の環境には屈することもあると考えられている。運頼みの最もよく知られた衝撃的な例は、決闘裁判すなわち決闘によって黒白を決着させる制度に見られる。この例は、超自然的な力の主が神格化に近い人格化を伴う段階に見られる。決闘裁判では、超自然的な力が当事者の要請に応じて裁判官として機能し、公平性や決闘者の主張の正当性といったいくつかの根拠に基づいて、正しいほうを勝たせると考えられていた。ものごとには計り知ることのできない崇高で必然の方向が定まっているとする感覚は、今日でも人々の思考の中にぼんやりとではあるが残っている。たとえばよく知られた格言「喧嘩には理があるほうが三人力[13]」にはそれが認められる。今日の文明社会でさえ、考えの浅いごくふつうの人は、この格言に近いことを信じ込んでいる。こうした傾向は、守護天使信仰や見えざる手の導きを信じる気持ちの現代版と言えよう。とはいえこの傾向はあやふやで弱く、アニミズム信仰とは別の心理要因ともつねに混ざり合っているように思われる。

当面の目的に関する限り、運頼みに含まれる二つの要素について、古いほうから新しいほうが派生した心理学的プロセスや民族学的プロセスをこれ以上くわしく検討する必要はあるまい。これはむしろ、民族心理学や宗教史の研究にとって重要な問題だと考えられる。また、この二つがそもそも発展過程において連続する関係にあるのかどうかという、より根本的で重要な問題についても、同じことが言えよう。しかし、ここでこれらの問題の存在を指摘したのは、当面の議論の関心はそこにはないとお断りするためである。経済学に関する限り、運頼みすなわち、ものごとの中に因果関係を超越した何かの存在を信じる気持ちにおけるこの二つの要素は、質的には同じである。そしてどちらも、個人の思考習慣として捉えれば、その個人のものの見方に影響を与え、それがひいては産業への貢献度を左右する点で、経済的な意味がある。したがって、アニミズム信仰の価値や恩恵とは別に、経済的要素としての個人、とりわけ生産活動の主体としての個人の有用性に注目して、その経済的意義を論じる理由は十分にあると言えよう。

すでに述べたように、今日の産業の複雑な過程で個人が最大限の貢献をするためには、ものごとを原因と結果のつながりとして関係づけ理解する能力と習慣を身につけていなければならない。そもそも生産工程自体が、全体としても部分としても、定量的な因果関係が展開されるプロセスだと言える。だから産業の経営者にも労働者にも求められる「知性」とは、定量的に決定された因果関係をすみやかに理解して適応する能力以外の何物でもない。だが愚鈍な労働者はその能力を持ち合わせていない。そこで、労働者に生産性を高めるための教育を施すのであれば、そうした能力の開発が目標となる。

生まれつきにせよ、教育の結果にせよ、因果関係や事実関係に拠らずに超自然の力の作用として事物を理解する人の生産性は下がり、産業にとっての有用性も低下する。この原因による生産性の低下は、そうした傾向を備えた人々を集団として見たとき、一段とはっきりする。アニミズム的思考が経済にもたらす不利益は、他のどんな制度にもまして現代の大規模工業の下で顕在化し、その結果は広範におよぶ。現代の産業社会では、工業生産はさまざまな組織や機能が相互作用する包括的なシステムに組み込まれており、その範囲は拡大の一途をたどっている。したがって工業生産に携わる人たちには、生産性を高めるために、アニミズム的先入観に囚われずに事物を因果的に理解することが求められる。手工業制の時代には、労働者に備わっていた技量、勤勉、腕力、忍耐力といった美点のおかげで、思考習慣におけるアニミズムの色合いはかなり打ち消されていたとも考えられる。

労働者に求められるものが手工業に近いという点では、伝統的な農業も同類と言えよう。伝統的農業でも手工業でも、労働者は主に自分自身に頼るほかなく、作業に関わってくる自然の力はおおむね不可解で予測不能であって、その働きを制御したり操作したりすることは不可能だと考えられている。万事が機械的なしくみに委ねられる工業生産プロセスは因果関係によって理解すべきものであり、作業も労働者の動きもそれに合わせなければならないのに対し、農業や手工業は、そうした工業生産プロセスとの共通性はほとんどないと一般に理解されている。工業が発展するにつれ、手工業制時代の労働者の美点では、因果的理解ができないという知性の欠如を埋め合わせられなくなってくる。工業生産は次第にそれ自体が一つの装置のような性格を帯びるようになり、そこでは、自分の仕事に影響をおよぼす自然の力を識別・選別することが人間の役割になる。かつては自らが生産の主体だった労働者は、数量や機械の動作を判別し評価する役回りになる。となれば、自分の周囲で起きることの原因をすばやく理解し、アニミズム的先入観に囚われずに評価することの経済的重要性が相対的に増してくる。それに比例して、因果的理解の妨げとなる感覚を思考習慣に侵入させるような要因は、労働者の有用性を低下させるとして、ますます看過できないものとなる。定量的な因果関係以外の論拠でもってものごとを説明しようとする傾向は、たとえかすかなものであっても、それが積もり積もって人々の思考習慣に影響することにより、その社会の集団としての生産性は大幅に低下する可能性があるからだ。

超自然的な力で万事を説明したがる傾向は、初期段階では素朴なアニミズム信仰の形で表れ、のちの高度な段階では、ものに内在する力を人格化する擬人観という形で表れると考えられる。しかし個人の産業貢献度への影響は、どちらも同じである。ただし個人の思考習慣におよぼす影響は、その人が周囲のものごとに対処する際に、どの程度そうした感覚に頼るかによって異なる。アニミズム的な思考習慣は、どんな場合にも因果関係の理解をぼやけさせてしまうものだが、初期の本能的で未分化のアニミズム感覚のほうが、高度な擬人観よりも、知的プロセスに広く影響すると考えてよいだろう。アニミズムが素朴な形で思考習慣に根付いている場合には、どんなものにもそれが適用される。だから生活のあらゆる場面で、物質的な生活手段と関わるときはいつでも、その人の思考に作用することになる。しかし成熟した形に発展し、擬人観として洗練されると、適用対象は遠く離れた目に見えないものにおおむね限られるようになり、日常的なものごとは超自然的な力に頼らずに暫定的に説明するようになる。そもそも超自然的な完成された力というものは、日常の瑣末な出来事を説明するには都合が悪い。つまらぬことや卑近なことは、原因と結果で説明するほうがやりやすい。このようにして行き着いた暫定的な説明は、些細な事柄に関する限り、最終説明とすることが暗黙のうちに容認される。ただし、何らかの衝撃や混乱などにより超自然的な力を頼む気持ちが呼び起こされたときは、話は別だ。ことの顚末に完全な説明をつけなければならないような特別な必要性が生じた場合には、擬人観をいくらかなりとも持ち合わせた人は、万能の解決策として超自然的な力に頼りがちである。因果関係を超越する力を想定するのは、経済にとっては何の役にも立たないが、ものごとの説明に窮したときにはじつに便利な逃げ道である。とりわけ擬人観のように一貫性と専門性に裏付けられているときには、安心して頼れる逃げ道となる。しかも、因果的に説明する困難から逃れられるだけでなく、ほかにも効用がある。たとえば神の擬人化は、芸術、倫理、精神的効用の観点からも、また政治、軍事、社会政策といった卑近な観点からも利点が多い。これらの点はすでにあきらかであるし、よく知られてもいるので、ここでくだくだしく書くべきではあるまい。いま問題にしたいのは、超自然的な力を信じることの経済的価値である。これは芸術に比べれば地味で、政治に比べれば緊急でもない問題ではあるが、ともかくも超自然的な力を信じる思考習慣は、それを持ち合わせた人の産業への貢献度にどう影響するだろうか。経済という狭い領域の中でも、調査が可能なのは思考習慣が労働の担い手としての有用性におよぼす直接の影響に限られ、間接的な経済効果は追跡調査が困難なため把握できない。調べようとしても、神との精神的接触によって生活はゆたかになるという先入観が妨げとなり、結局は無駄に終わりかねない。

アニミズム的な思考習慣がその人のものの見方全般におよぼす直接的な影響は、知性を低下させることである。それも、近代産業にとくに関わりのある部分の知性を低下させる。ただしその表れ方は、超自然的な力をどの程度信じるかによってさまざまである。このことは、野蛮時代の人々や現代のスポーツ好きや賭け事好きの運頼みの傾向にも当てはまるし、彼らによく見られる事物の神格化といった、いくらか発達した感覚にも当てはまる。さらに発展し、信心深い文明人を惹き付けるような擬人神信仰にも当てはまるはずだ(この点については確実とは言えないが)。大衆がそうした宗教を信じたからといって、産業の役に立たなくなる度合いはさほど大きくないかもしれないが、しかしこの点を見落とすべきではない。西洋文明におけるこの種の高度な宗教においても、因果的理解を超越するアニミズム感覚が完全に消滅しているとは言いがたい。しかもこのアニミズム感覚は、擬人観が衰退しても残っている。たとえば、一八世紀の自然法論や自然権の主張がそうだし、その現代版とも言える進化のプロセスにおける改良という概念もそうだ。ものごとをアニミズムで説明しようとするのは、論理学者が「怠惰な理性[14]」と呼ぶ誤謬にほかならない。産業や科学の目的からすれば、怠惰な理性は、ものごとの理解と評価を妨げる邪魔者である。

アニミズム的な思考習慣は、産業への直接の影響を別にしても、次の理由から経済学にとって重要である。第一に、アニミズム的習慣に付随し、かつ経済的に重要な他の古い特性の存在を示す信頼できる指標となる。しかも存在だけでなく、ある程度は特性の強弱も示す指標となる。第二に、アニミズム信仰から擬人神信仰への発展過程で形成された宗教儀礼は、次の二点で世俗的な影響力を持つ。一つには、すでに述べたように、社会における財の消費や美的感覚の基準に影響を与える。もう一つには、優越者との関係性を習慣的に認識させ、これを維持することによって、身分や忠誠を強く意識させる。

この最後の点についてすこし述べておこう。個人の性格を形成している思考習慣というものは、ある意味で有機的な統合体である。どこか一つの点で何らかの方向へ顕著な変化が起きると、呼応して別の方向でも変化が起きて、それが生活に表れる。思考習慣にせよ、生活上の習慣にせよ、一人の人間の一つの生活の連続する局面にほかならない。したがって何らかの刺激に応じて形成された習慣は、別の刺激に対する反応の性質にも影響を与えずにはおかない。人間の性質は、どこか一点が変われば全体が変わるのである。この理由から、またおそらくはより重要だがここでは扱えない不明確な理由からも、人間の性質のさまざまな特性には複数の変化が同時に発生すると考えられる。たとえば掠奪的な生活様式が発達した野蛮時代の人々には、アニミズム的習慣、事物の神格化、強い身分感覚が見られる。一方、野蛮時代の前の時期にも後の時期にも擬人観やアニミズム感覚はさほど目立たないし、平和な社会では、身分感覚もだいたいにおいて弱い。ただし掠奪期に先立つ未開時代には、全員とは言わないまでも大半の人が、いくらか特殊な強いアニミズム信仰を抱いていた。原始未開の人々にとってのアニミズムは野蛮時代の人々や退化した未開人ほど厳粛なものではなかったため、迷信ではなく幻想的な神話を生むことになった。続く野蛮時代の文化には、狩猟精神、身分感覚、擬人観が認められる。今日の文明社会の人々の気質にも、これらの点について、似たような変化の形跡が認められることが多い。現代人のうち、スポーツ好きや賭け事好みにつながる野蛮時代の掠奪気質を持ち合わせた人々は、だいたいにおいて運頼みの傾向を備えている。すくなくともこの人たちは、事物に霊魂が宿ると信じて賭博をしており、この意味で擬人観の持ち主である。彼らが何らかの宗教を信じるとしたら、素朴で一途な人間的な神を信じることが多い。そうした神を戴かない宗教（ユニテリアンやユニバーサリストなど）に精神的やすらぎを求める賭け事好きは、あまり見かけない。

擬人観と掠奪的な思考習慣とのこうした結びつきは、擬人神観に基づく信仰は身分制に有利な思考習慣を維持するという事実と深い関係がある。とはいえこの点に関して、宗教の影響と受け継いだ気質との同時発生的変化の影響を峻別することは不可能だ。掠奪気質、身分感覚、擬人神信仰が最高の発達段階に達したのは、野蛮時代の文化の下である。そしてこの文化水準の社会にこの三つが表れる場合には、三者の間に相互的な関係が生まれる。これらが相互作用しながら今日の個人と階級の習慣や態度に繰り返し表れる様子は、個人の特性や習慣とみなされる心理現象の中に、同じような因果的あるいは有機的関係が存在することを暗示している。すでに論じたとおり、社会構造の一要素としての身分関係は掠奪的な生活習慣の落とし子であって、掠奪文化の価値観を厳格な形で表現したものが身分制だと言える。一方、擬人神信仰においては、万物に超自然的で不可解な力が宿るという理解の上に身分関係の体系が築かれている。よって、このような宗教を生んだ外的要因を探っていくと、古代の人々に広く浸透したアニミズム感覚に行き着くと考えられる。この感覚は掠奪的な生活習慣によって規定され、ある程度修正されながら発展してきたのであり、その結果として、掠奪文化に特徴的な思考習慣を全面的に備えた人格が超自然的な力に与えられることになった。

ここで経済学と直接関係があり、したがってとくに取り上げるべき重要な事項は、次のとおりである。第一に、前章でも論じたが、本書で武勇と呼ぶ掠奪的・競争的な思考習慣は、本来の勤労本能が野蛮時代に変化したものにほかならない。他人と比較し差をつけようとする習慣の下で、勤労本能は武勇という特殊な形に変貌を遂げた。第二に、身分関係は、そうした差別化に世間が認める尺度を当てはめ、等級づけを行って公的な形で表したものである。第三に、擬人神信仰は、人格化された超自然的な優等な力と劣等な人間との身分関係を特徴とする一つの制度である。すくなくとも、この宗教の初期のさかんな時期にはそうだった。この点を念頭に置くと、人間の本性や生活に関わるこれら三つの現象の間に密接な関係があることは容易に理解できよう。身分制と掠奪的な生活習慣は、他人に差をつけようとする習慣の下での勤労本能の表れであり、擬人神信仰や宗教儀式の習慣も、同じ習慣の下でのアニミズム感覚の表れなのである。となれば、他人と張り合う生活習慣と宗教の掟を守る習慣という二つの事柄は、一方で野蛮時代から受け継いだ人間本性を、他方でその現代的変種を補うものと捉えるべきだろう。二つの習慣はどちらも、さまざまな異なる刺激に応じてほぼ同じような性質が表出したことに由来するのである。

第12章　宗教儀式

現代の生活に見られる出来事をとりとめもなく列挙するだけでも、擬人神観に基づく信仰と野蛮時代の文化や気質との有機的な関係があきらかになるはずだ。さらに、そうした信仰の維持と効験や一連の宗教儀式の浸透と有閑階級の制度との関係、また有閑階級の行動の動機との関係もあきらかになろう。本章では宗教儀式にまつわるさまざまな慣行や、儀式を支える精神的・知的特性を取り上げるが、これらを褒めるつもりもけなすつもりもない。現在の擬人神信仰に日常的にみられる事柄を、あくまで経済学にとっての意義という観点から論じたい。ここで適切に検討できるのは宗教儀式の外見的特徴であって、信仰生活の倫理的価値や宗教的価値は埒外《らちがい》である。当然ながら、宗教を支える教義の正しさやすばらしさを疑うことはしない。また、その間接の経済的意義もここでは取り上げない。というのも、きわめて深遠かつ重大であるため、かんたんには論じられないからである。金銭的な価値基準が、金銭とは無関係の基準に基づく価値判断にどのような影響をおよぼすかについてはすでに述べたが、この関係はけっして一方的なものではない。価値判断の経済的な基準や条件自体も、経済以外の基準に影響される。つまりものごとの経済価値についての判断は、経済以外の重要な要素にかなり左右される。それどころか、経済的利益はより高度な非経済的利益に従属するという見方さえある。したがって本章の議論では、信仰の経済的な利益や意義を他の要素から切り離すよう配慮しなければならない。経済以外の視点は捨て、経済学とは無縁の重要な価値にできるだけ惑わされずに、経済的な価値判断を行うべく努力したい。

スポーツや賭け事を好む気質について論じた際に、事物に内在する力を信じる感覚が、そうした気質を持つ人の賭博習慣の心理的な支えとなっていることを指摘した。この感覚は、経済学の目的からすれば、アニミズム信仰や擬人神信仰の中にさまざまな形で表れる心理的要素と本質的には同じである。経済学が取り扱うべきこれらの心理的要素に関する限り、賭博気質は目に見えないほど徐々にではあるが、礼拝などの宗教儀式によろこびを感じる心理へと変質する。このことを経済学の立場から述べるなら、スポーツや賭け事を好む性格は、次第に宗教を熱心に信じる性格へと変質する。賭博好きな人たちのアニミズム感覚に何らかの伝統が重なると、この感覚は超自然的・超物質的な力の信仰へと発展する。このとき、超自然的な力はいくらか擬人化されていることが多い。そして次には、定められた手続きによって超自然的な力に接近し、折り合いを付けようとする傾向が表れるのがふつうだ。宥和を求めるこの姿勢は、歴史的な起源は異なるにしても、粗野な形の信仰と共通する心理的要素が多い。かくして超自然的な力の信仰は、迷信を信じたり縁起をかついだりする習慣へと徐々に変化していく。そこには、粗野な形の擬人神信仰との類似性がうかがわれる。

こうしたわけで、スポーツや賭博を好む気質には、宗教を信じ戒律を守るように仕向ける心理的要素が含まれている。というのも、ものごとの流れに潜む不可知な要素や超自然的な力の介入を信じるところが共通するからだ。もっとも、超自然的な力に対する信念を明確に体系化して賭けに臨んでいるとは思えないし、実際にもそうはしていない。とくに、その信念が反映されているはずの思考習慣や生活様式について、ひらたく言えば、賭け事をする人の道徳性や賭博に向かう姿勢にその信念がどう関わっているかは、明確に認識されていない。一方、スポーツ好きや賭け事好きは、運やまぐれ、あるいは疫病神や守り神として超自然的な力が存在していることを感じ、ときにそれを恐れ、逃れようとする。だがそうした力の個別性や人格に対する彼らの見方はやはり漠然としており、きちんと整理されていない。賭けるときの根拠は、だいたいにおいて勝手気ままな超自然的な力に対する直観、あるいはものごとに内在する方向性に対する直観であって、それらに人格があるとは認識されていないことがほとんどである。賭けをする人は、この素朴な意味で運頼みであると同時に、なんらかの既成宗教の熱心な信者であることが多い。とりわけ、自分が信じている神の不可解な力や恣意的なふるまいに関する教義は無条件で受け入れる傾向がある。この場合、この人はアニミズムの発展過程における二つ以上の段階を経験していると言えよう。それどころか、スポーツや賭け事を好む社会の精神構造には、アニミズム信仰の発展過程を形成するすべての段階が、そっくりそのまま見出されるはずである。この一連の発展過程では、一方の端には運やまぐれや巡り合わせを信じる最も原初的な直観が、反対の端には高度に発達した擬人神観に基づく信仰が位置づけられ、両者の間にはさまざまな段階がある。超自然的な力へのこうした信仰とともに、一方では幸運な偶然を呼び込む条件を予測してそれに従う行動を直観的にとる姿勢が、他方では神が下す一方的な命令に敬虔に従う姿勢が生まれる。

この点で、スポーツや賭け事を好む気質と無法者の気質には相通じるところがあり、どちらも擬人化した神の信仰に傾倒する気質と結びついている。一般にスポーツ好きや賭け事好きも、無法者も、社会の平均的な傾向以上に既成の宗教を信じやすく、また宗教儀式にのめり込みやすい。さらに、彼らの中で宗教を信じなかった者が何らかの既成宗教に改宗する確率は、不信心者の平均を上回る。スポーツの擁護者たちは、掠奪的な性格の運動競技を弁護しようとするときにはとくに、この事実を強調する。実際にも、習慣的に運動競技を行っている人たちが宗教の実践にまずまず熱心であることは、スポーツ活動の称賛すべき価値としてたびたび主張される。スポーツ好きや無法者が信じる宗教や、彼らの中の不信心者が信じるようになる宗教は、だいたいにおいて高尚なものではなく、もっぱら擬人神観に基づく宗教である。古い掠奪気質の人間にとって、人格が定量的な因果律に置き換えられてしまうような難解な概念、具体的にはキリスト教世界の抽象的・密教的教義において造物主、普遍知性、世界霊魂、精神世界といったもので表されるような概念は理解しがたい。運動選手や下層階級の無法者の思考習慣が欲する宗教としては、たとえば救世軍の名で知られる軍隊組織のような教会が挙げられよう。この宗派は下層階級の無法者からかなりの信徒を募っており、とくにその幹部には、スポーツに関わったことのある人間が社会全体に占める比率以上に含まれているようだ。

カレッジスポーツの経験者はその典型である。大学生活の宗教面を擁護する論客によれば、アメリカの学生団体から輩出される好ましい運動選手はみな信仰心に篤く、すくなくともスポーツにあまり興味を持っていない学生の平均に比べると、宗教儀式に参加する率が高いという。この点に反論すべき根拠は見当たらないし、理論的に予想されたとおりだとも言える。ちなみに見方によっては、先ほどの主張には大学のスポーツ活動や競技やその関係者の評価を高める意図が感じられる点には、注意しておくべきだろう。じつはカレッジスポーツの経験者が、本業あるいは副業として布教活動に打ち込むのは珍しいことではない。そうした人は、のちに擬人神観に基づく宗派の布教者になる可能性が高いことが認められる。そして布教に際しては、神を主人とし人間を僕《しもべ》として、主従関係を強調する傾向がある。

競技と宗教儀式の密接な関係が大学生や卒業生の間に見受けられることは、周知の事実である。そこにはある顕著な特徴があるのだが、これまであまり注目されてこなかった。それは、カレッジスポーツ経験者の多くに浸透している熱心な宗教心は、無条件の崇拝や、神の摂理に対する素朴で自己満足的な服従という形をとりやすいことだ。彼らのこの熱心さは、キリスト教青年会（ＹＭＣＡ）やキリスト教少年共励会（ＹＰＳＣＥ）といった一般向けの布教活動に携わる平信徒団体と結びつきやすい。この種の平信徒団体は「実践的」宗教の普及を目的としており、この目的の実現にはスポーツを好む気質と古めかしい信仰心とを結びつける必要があるかのように、スポーツの競技会を始め、運と技能の両方に左右される競争の推進にかなり力を入れている。この種のスポーツは、神の恩寵を受ける手段として効果があると考えられている節もあり、改宗を促す手段としても、改宗者の信仰心を維持する手段としても有用とみなされている。要するに、アニミズム感覚や競争心を刺激するような行事や活動は、通俗的な宗教によくなじむ思考習慣の形成・維持に役立つのである。かくしてこの種の平信徒団体では、スポーツ活動が、本来なら教会員にしか許されないような充実した精神生活を送るための修業期間あるいは誘導手段の代わりを果たすようになった。

競争を煽るような低級なアニミズム的傾向が宗教の目的に大いに役立つことに、疑問の余地はあるまい。というのも多くの宗派の聖職者たちが、この点に関して平信徒団体のまねをしているからだ。実践的宗教にこだわる点で平信徒団体に最も近い立場の教会組織は、伝統的な宗教儀式に関連して、ＹＭＣＡなどとよく似たやり方を取り入れようとしている。若い信徒に競争意識や身分感覚を植えつける狙いから、聖職者の許可の下で少年団などの疑似軍隊組織を設けていることなどは、その一例である。こうして競争や上下関係を教え込んで、主従関係を意識し受け入れる生来の感覚を強化するわけだ。かくして信者とは、よろこんで服従し体罰を受けることを教えられた人間ということになる。

だがこうした鍛錬や競争によって養われる思考習慣は、擬人神信仰の本質の半分を占めるにすぎない。信仰生活の残りの半分、すなわちアニミズム的思考習慣のほうは、やはり聖職者の許可を得て行われる他の行事や活動によって培われる。それは一種の賭博であって、教会のバザーや慈善目的の富籤《とみくじ》はその代表例と言えよう。これらの行事は厳密な意味での宗教儀式と結びつけられており、宗教心の薄い人よりも教会の信徒のほうを惹きつけるようだ。これは、バザーや富籤の正当性を示すものとして興味深い。

以上の点から、人々をスポーツに熱中させる気質は擬人神信仰にも傾倒させ、またスポーツとくに運動競技の習慣化は宗教儀式によろこびを見出す傾向を育むと言ってよかろう。逆に、宗教儀式に慣れ親しむことで運動競技や他の勝負事を好む傾向は強まり、その結果として他人と差をつけたがる習慣や運頼みに染まりやすい。これと本質的に同じ傾向は、対応する精神面にも見受けられる。掠奪本能とアニミズム感覚を特徴とする野蛮時代の人間の本性には、両方が備わっていることが多い。掠奪的な思考習慣では個人の威厳や相対的な地位が強く意識されるため、そうした思考習慣の下で制度が形成された場合には、身分制に基づく社会構造が出現する。掠奪的な生活様式を持つ社会では、優越者と劣等者、貴族と平民、支配階級と従属階級、主人と奴隷といった関係が大前提となる。擬人神信仰は社会のこうした発展段階から生まれ、同時期の経済的分化すなわち消費者と生産者の分化の影響を受けた。この信仰が主従関係の原理に貫かれているのは、このためである。この宗教が戴く神は、信仰が誕生した当時の経済分化に見合った思考習慣を持つとされ、前例のあるすべての事柄について厳格で、民の主人として思うがままに力を振るい、最後の審判者として暴力に訴えるのが常である。

この信仰がさらに成熟した形に発展すると、計り知れぬ力を持つ恐るべき存在とされてきた神は、「父なる神」へと変化する。超自然的な力に付与された精神性は、身分制の下にあったときと変わらないものの、新たに準平和段階の家父長制が反映されるようになる。このように発展した形になっても、信仰心を表す儀式が、相変わらず神の栄光を称え、服従と忠誠を誓って神をなだめることを目的としている点は注目に値しよう。神のご機嫌をとったり崇め奉ったりする行為は、信徒が神に近づこうとしながらも神の地位に敬意を払っているという印である。だからやはり、自らを卑下するような行為によってご機嫌をとり結ぶことがよく行われる。古代の特性を備えた神の人格に忠誠を尽くすことは、忠誠を尽くす側にも同様に古い特性が備わっていることをうかがわせる。経済学の目的に関する限り、相手が生身の人間であれ神であれ、忠誠関係とは、掠奪的・準平和的生活様式の大半を占める主従関係の変形とみなしうる。

野蛮時代の神の概念は、戦いを好み威圧的な支配を行う族長といったものだったが、今日ではそうしたイメージは大幅に和らげられている。これは、掠奪段階が始まった頃から今日にいたるまでのさまざまな文化を通じて、おだやかな流儀や慎み深い生活習慣の影響を受けたためだ。だがこのように神の概念が和らげられ、神の属性とされてきた苛烈なふるまいや性格がおとなしいものになっても、神性についての人々の理解の中には、野蛮時代の概念の本質的な部分が生き残っている。たとえば、神のことや人間の営みと神との関係について話したり書いたりするときには、戦争や掠奪文化から借りてきた語彙や身分差別を想起させる表現を使うことがいまだに有効だ。現代の聴衆や読者はかつてほど好戦的ではないし、穏健な宗教を信じているにもかかわらず、そうした語彙が効果的なのである。これは、現行世代がいまなお野蛮時代の価値観の重みを身近に感じている証拠であり、また信仰心と掠奪的な思考習慣はなじみがよいことの証拠でもあると言えよう。神が猛々しい復讐心や粗暴なふるまいをするとされていることに現代の信者が仮に反感を抱いたとしても、それは本能的な反感ではなく、理性から来るものである。神を形容する血なまぐさく荒々しい表現を大衆が高貴な芸術的表現と受けとめるのは、めずらしくない。そうした表現が示唆することは、直観的に受け入れやすいのである。たとえば次の歌などがそうだ。

私は見た　この道を　神の栄光が　進んでくるのを
刈り集められた　怒りの葡萄を　力強く踏みつぶし
稲妻のように　きらめく　恐るべき剣を　抜き放ち
神の正義が　行進して行く(15)

信心深い人を導く思考習慣はいまだに古代の生活様式の領域に属しているが、この様式は、今日の集団生活における経済条件の下ではもはやほとんど役に立たない。今日の集団生活の要求を満たすような経済制度はすでに身分制を脱却しており、身分関係に有利な要素は一切備わっていない。社会の経済効率に関する限り、個人の忠誠感覚やそれを生んだ思考習慣は古い時代の遺物であり、制度の現状への適応を妨げる要因となっている。平和な産業社会の目的に最も適しているのは、重要な事実の価値を、機械的な連鎖の中の単なる一要素として捉える現実的な姿勢である。こうした姿勢であれば、事物に霊魂が内在するなどと本能的に信じることもなければ、不可解な現象の説明に超自然的な力を持ち出すともなく、ものごとを人間にとって都合よく運ぶために見えざる手の助けを借りようなどと考えることもない。現代において経済効率を最大限に高めるためには、ものごとをつねに定量的、理性的に捉えなければならないのである。

最近の経済条件からすれば、信仰心というものはおそらくどんな場合にも、集団生活の初期段階の遺物であって、精神的成長が滞っている証拠とみなすべきだろう。だが経済構造がいまなお本質的に身分制に依拠していたり、個人のふるまいがおおむね身分上の主従関係に規定されていたり、伝統や継承などの理由により民衆全体が宗教儀式に熱心であったりする社会では、個人の信仰習慣は、その社会の平均からかけ離れていない程度であれば、ごく当たり前の生活習慣の一部とみなすべきである。このような場合、信心深い社会の信心深い個人はその社会ではごくふつうであるから、その人にだけ隔世遺伝が表れたとは言えまい。だが現代の産業社会という視点から俯瞰すれば、並外れた信仰心、すなわち社会の平均的な信仰心を大幅に上回る宗教への熱意は、古代の特性の復活だと断言してよかろう。

もちろん、これらの現象を別の視点から考察することも十分に可能である。別の目的から見る場合には、同じ現象がさきほどとはまた別の姿を現すことになるだろう。たとえば宗教に関心や興味を持つ立場から考察するなら、産業社会の生活によって人々に培われた思考習慣は信仰心の発達にとって不都合だったと、さきほどと同じような確信を持って断言できよう。最近の産業は「物質主義」を助長し、信仰心を排除するとして、産業の発展に異議を唱えることも可能だし、芸術の観点からも、やはり同じようなことが言えるだろう。だが、これらを始めとする考察がいかに正当かつ有意義だとしても、もっぱら経済的な観点から評価することを目的とした当面の研究にとっては、考慮の対象とはならない。

信心深いアメリカ社会では、信仰を単なる経済現象として論じることは非難を受けるにちがいない。しかし擬人神信仰への傾倒や宗教儀式への熱中は、経済にとって重要な意味を持つ。だからこの点に免じて、さらに論じることをお許しいただきたい。宗教儀式は、掠奪的な思考習慣に付随して起きる気質の推移、さらには産業にとって無用の特性をあきらかに示す点で、経済的に重要である。また個人の産業貢献度に影響をおよぼすという点でも、重要である。しかしより直接的に重要なのは、宗教儀式が社会の経済活動をいくらか変える効果を持つことである。とくに財の分配と消費について、そう言える。

宗教儀式の経済的影響は、財や労役の消費に最も顕著に表れる。神殿、寺院、教会、僧服、供物、聖餐、祭服など、どんな宗教でも必要な道具立ての消費は、物質的な目的には何の役にも立たない。だから悪いというのではないが、ともかくもこうした道具立てはおおむね衒示的浪費に分類してよかろう。儀式のために消費される個人の労役、たとえば宗教教育、勤行、巡礼、断食、祝祭日、家庭礼拝などについても、同じことが言える。また、この種の消費の対象となる儀式は、擬人神観を支える思考習慣の浸透を促し、長期化させる効果がある。これはつまり、身分制に特徴的な思考習慣を強めることにほかならない。この意味で、宗教儀式のための消費は現代の産業の効率的運営にとって重大な阻害要因となるうえ、今日の経済発展がめざすべき方向性にそもそも逆行している。当面の目的に関する限り、この種の消費は直接的にも間接的にも社会の経済効率を押し下げるような働きをする。つまり経済学的にも、また直接的な影響としても、神に仕えるための財や労役の消費は社会の活力を低下させると言える。ただし間接的あるいは倫理的影響のほうは明確に把握できるようなものではないため、ここでは取り上げない。

ただ、宗教目的の消費とそれ以外の目的の消費のおおまかな経済的特性を比較しておくことは適切であろう。宗教的な財の消費の動機や目的がどのようなものかがわかれば、消費自体や、そうした消費をよいものとみなす思考習慣の価値を評価するうえで役に立つと考えられる。神に仕えるための消費と、野蛮時代の社会の上位階級に属す有閑紳士（具体的には族長や酋長）に仕えるための消費とは、動機が本質的に一致するとは言えないとしても、驚くほどよく似ている。どちらの場合にも、奉仕対象のために特別に用意された高価な建造物が存在する。こうした建造物も、それを補う設備や道具類も、ありきたりの種類や格式であってはならず、どれもつねに衒示的浪費の品目として際立っている。また宗教建築がまず必ず古代を模した構造や設備を備えていることも、注目に値する。さらに、族長に仕える者も神に仕える者も、奉仕の際には特別に華美な衣装をまとわなければならない。こうした衣装の経済的特徴は、衒示的浪費をことさらに強調することだが、もう一つの特徴として、必ず古代の様式を模していることが挙げられる。後者の特徴に関しては、神の僕《しもべ》のほうが野蛮時代の族長の僕よりも顕著である。ふつうの人々が族長なり神なりの前にまかり出るときにも、普段着より高価な衣服を身に着けなければならない。ここでも、族長の館と神殿における儀礼的習慣の共通性がうかがえる。つまり儀式のための衣装には、ある種の「穢《けが》れのなさ」が求められるのである。その本質を経済的な観点から言えば、そうした衣装は、生産的職業や物質的効用のある職業に従事していることを極力想起させないようなものでなければならない。

衒示的浪費や、生産活動の痕跡を遮断した「穢れのなさ」といった条件は、衣服のみならず、宗教上の祝祭日に供される食物にも多少は当てはまる。宗教上の祝祭日とは、神や聖人のために捧げられる特別な日を意味し、その日には何らかの禁忌が定められている。経済学的には、宗教上の祝祭日は神や聖人に成り代わって閑暇を代行する日と解釈できる。祝祭日に冠された神や聖人の名によって禁忌が課され、その栄光を称えるために、その日には有用な労働を行わないことが習慣化したわけだ。こうした宗教的な代行閑暇に充てる祝祭日の特徴は、人間の役に立つ活動を、程度の差こそあれ厳格に禁じることである。たとえば断食日には、有用な仕事や生活を物質的に満たす活動が、傍目にはっきり分かるように差し控えられる。この禁忌をいっそう強めるかのように、消費者の生活の快適度や満足度を高めるような消費も禁じられる。

ついでに言えば世俗の祝祭日も、やや迂遠ではあるが、宗教上の祝祭日と起源は同じだと言ってよかろう。当初は真の意味での聖なる祝祭日だけだったのが、聖人に列せられるようになった王や偉人の誕生日を祝う半ば神聖な祝祭日を経て、記念すべき出来事や驚くべき事柄などを記憶に残すべく、人為的に考案された祝祭日が定められるようになった。この場合、そうした出来事や事実に一層の名誉を与えるとか名誉を回復するといった意図の下に、祝祭日が設定されている。名誉を高める手段として代行閑暇を用いるこうした手法は一段と高度化しており、その代表例として、一部の国で最近祝祭日として制定された「労働者の日」が挙げられよう。この日もまた代行閑暇のための日にほかならない。この祝祭日は、有益な労働の強制禁止という古代の掠奪的手法により、労働者の地位を一段と高めることを狙って定められた。この日に労働を禁じることで、財力に与えられるべき名誉を労働全般に与えるという事実が一段と強調されるわけである。

宗教上の祝祭日も一般の祝祭日も、国民にあまねく課される人頭税のようなものだ。この税は代行閑暇の形で支払われ、それが祝祭日の対象となった人物や出来事に名誉として捧げられる。代行閑暇という名の税は聖人の特権であり、その名声にとって欠かせないものだ。「民衆が仕事を休んでくれなくなった聖人(16)」とは、忘れられた聖人、名誉を失墜した聖人を意味する。

俗人には代行閑暇という税が課されるが、僧侶や巫女といった特別な階級は、時間の全部を代行閑暇にとられる。彼らは低級な労働、とりわけ儲けになる仕事や世俗の幸福に寄与する活動を禁じられる。それだけでなく、一段と厳格で手の込んだ禁忌も課され、品格を落とすような生産活動に従事しなくとも得られるような現世の利得でさえ、求めることを禁じられる。僧侶が物質的な利得を追い求めたり俗事に頭を悩ませたりするのは、神の僕にふさわしくない行為だからである。いや正しくは、彼が仕える神の尊厳にふさわしくない。「およそ軽蔑すべきもののなかで、神の僕を装いながら、己の快楽や野心に仕える者ほど軽蔑すべきものはない」のである。

人間の生活をよりよくするための行動と神の栄光に貢献する行動とは別物であり、宗教儀式の心得のある者であれば、両者を区別することはむずかしくない。野蛮時代の理想の生活様式では、僧侶階級の活動はすべて後者に属す。経済学の範疇に属す前者の活動は、よき僧侶であれば考えるべきでない事柄である。この分類に反する事例ももちろん存在する。たとえば中世の修道僧は、ある種の有益な労働に従事した。だがこうした例外があるとしても、分類そのものに疑念を差し挟む余地はない。そもそも末端の修道僧などは、完全な意味での聖職者とは言えまい。さらに、修道僧が生活費を稼ぐことを容認したこうしたいかがわしい僧侶階級は、共同体の良識に反するとして信用を失った点にも注目すべきである。

僧侶は習慣的な生産活動に手を染めるべきではないが、消費は大いにしなければならない。とはいえその消費は自分自身に快楽や満足をもたらすものであってはならず、代行消費の項目ですでに述べた約束事にしたがわなければならない。僧侶たるものが肥え太っていたりひどく陽気だったりするのは好ましくない。それどころか多くの洗練された宗教では、代行消費を除く消費は禁じられ、さらには禁欲が命じられるほどである。現代の産業社会で新しい教義の下に組織された新しい宗派においてさえ、現世の享楽を軽々しく熱心に追い求めるのは、およそ聖職者に似つかわしくないとされている。神に仕える者が、主人である神の栄光に尽くさずに己の目的に躍起になっているとうかがわせるような兆候は、必ず世間の感情を逆なでするのであり、何か未来永劫根本的にまちがったことと受けとめられる。僧侶はこのうえなく高い位の主人に仕える者として、主の威を借りて社会的に高い地位を保っているが、所詮は従僕なのである。だから彼らの消費は代行消費である。そして洗練された宗教では、彼らの主人は物質的利益を必要としないから、僧侶の仕事はあらゆる意味で代行閑暇にほかならない。「だから、あなたがたは食べるにしろ飲むにしろ、何をするにしても、すべて神の栄光を現すためにしなさい」(17)

加えて、平信徒もまた神の僕として僧侶と同一視される限りにおいて、僧侶が行う代行行為は平信徒の生活にも入り込む。このことはかなり広い範囲について言えるが、とくによく当てはまるのは、厳格で禁欲的な宗教、たとえば人が神の直接の僕として生殺与奪の権を握られているような宗教の復興運動である。つまり僧侶が不要になるとか、生活のそこかしこに神の存在が直接生々しく感じられるといった場合には、平信徒であっても神の直接の僕であるとされ、その生活は神の栄光をいっそう高めるための代行閑暇とみなされる。このような宗教が復活した場合には、信仰を支配する要素として、自発的な服従関係への回帰が見られる。この場合には質素で禁欲的な代行閑暇が重視され、恩寵を賜る手段としての衒示的消費はなおざりにされる。

聖職者の生活様式のこのような説明には反論する向きもあろう。というのも現代の聖職者の生活は、多くの点でいま述べたこととかけ離れているからだ。古い時代に確立された信仰や儀式からかなり隔たった宗派の聖職者は、禁欲的とは言いがたい。彼らはうわべだけにせよ、容認された範囲内に限られるにせよ、平信徒の現世の幸福のみならず自分自身の幸福も追求する。また公私ともに、表面的な禁欲の点でも服装や用具の点でも世俗の人々とさしてちがわない。このことは、古い信仰から遠い宗派ほど、よく当てはまる。こうした反論に対しては、それは聖職者の生活様式が理論上の矛盾を来したわけではなく、聖職者の大半が様式にきちんと従っていないからだと答えておこう。とはいえ彼らは聖職者階級を適切に代表するどころか、ほんの一部にすぎず、聖職者全体の生活様式を適切に示していると考えるべきではない。むしろそうした新しい宗派はまだ発展段階にあり、その聖職者も正式の階級に位置づけられていないと言ってよかろう。彼らが属す非遵奉派

（非国教会）などの新しい宗派の目的には、人道や慈善などアニミズムや身分関係以外の要素が入り込んでおり、異質な動機や伝統が混在しているために、聖職者としての仕事の本質がわかりにくくなっている。

こうした事柄は、聖職者のあるべき姿についてしかるべき判断力を備えた人たちに委ねるべきかもしれないし、聖職者に許される行為について自由に考えたり批判したりできる社会であれば、聖職者のあり方をめぐる世論に委ねるべきかもしれない。とはいえ、ひどく世俗化した宗派であっても、聖職者の生活様式と平信徒の生活様式は異なるものと考えられているのがふつうだ。そうした宗派の聖職者が伝統的な慣行から逸脱し、禁欲的でない行動におよび、古風でない衣服を着用したら、敏感な人の大半は、理想から遠ざかっていると感じるにちがいない。西洋文化圏に属す社会や宗派では、まず例外なく、聖職者に許される快楽の範囲は平信徒よりもずっと厳格に定められている。そして聖職者が自らに限度を課すことができないような感覚の持ち主であれば、社会の良識が黙ってはいない。その聖職者に限度を守らせるか、辞めさせるか、どちらかになる。

また、いかなる宗派の聖職者であれ、利得のために公然と俸給の引き上げを求める者は、いたとしてもごくわずかである。聖職者が恥ずかしげもなくそうした要求を行ったら、その教会の会衆は良識に反すると感じることだろう。また、説教中の冗談には、よほどの皮肉屋かのろまでない限り、誰もが心の中で本能的に嫌悪感を感じるものだし、生活の中で軽薄な兆候を示すようなことがあれば、ぎこちない演出だとわかる場合を除き、その聖職者に対する敬意はいくらか失われるものだ。教会や聖職者に固有の言葉遣いも、卑近な日常を暗示するものであってはならないし、現代の商工業の語彙を使ってもいけない。同様に、産業を始め世俗的な事柄に聖職者がひどくくわしかったり、手慣れた様子で扱ったりすると、人々はやはり違和感を感じる。説教の作法に敏感な人からすれば、聖職者が世俗のことを論じても許される限度というものが厳然と存在し、それを越えることは許されない。説教の中で俗人や世俗に関する事柄を話すときには、あまり立ち入らずにごく一般的な内容にとどめ、自分は主の代弁者であって許容範囲内のことにしか関心はないのだと示さなければならない。

ここで論じているのは非遵奉派とそのさまざまな分派の聖職者であるが、彼らが聖職者としての理想の生活様式に従う度合いは宗派によって異なる点に注意しなければならない。一般にこの点で最も不一致が大きいのは、比較的新しい宗派、とくに中・下流階級を主な信徒に抱えるような宗派である。こうした宗派は、宗教とは無縁の人道、慈善といった動機を持つことが多い。また信徒たちは学習や社交を求めるなど、現実的なことに関心を抱いている。非遵奉派を始めとする非国教徒運動の多くはこうしたさまざまな動機から出発しているが、その中には従来の聖職者の身分意識と対立するものもある。というよりも一部の宗派は、身分制に対する反発が設立動機の大半を占めている。このような宗派では、設立の過程で聖職者という制度のすくなくとも一部は消滅する。そうした宗派の主導者は、発足当初は組織を代表すると同時に雑用係であって、聖職者という特別な階級のメンバーであるとか、主人たる神の代弁者であるとは言いがたい。宗派の主導者が権威を身につけ、閑暇を代行する禁欲的で古風な生活様式を実現して聖職者としての地位を固めるまでには、数世代にわたって徐々にそれらしくなる過程を経なければならない。身分制への反発から生じる聖職者制度の部分的な消滅と再統合についても、おおむね同じことが言える。宗教はこうあるべきだという人間の感覚は根強いものである。その感覚が強まるとともに、またおそらくはその宗派が裕福になって有閑階級の価値観を身につけるとともに、聖職者の仕事や生活様式、宗教儀式のやり方は、細部に修正を施されつつ復活することになるが、その進行は目に見えないほどゆるやかなものとなろう。

聖職者階級の上位には、下から順に聖人、天使（民族宗教の場合にはこれに相当するもの）などが位置づけられる。こうした存在は、超人間的代行閑暇階級と呼んでもよかろう。この上位の階級では、緻密な身分制に従って一段ずつ位が上がるしくみになっており、身分の決まりごとは人間も超人間も含めてすべての階級に適用される。超人間の階級でも、より高位の栄光のために代行消費や代行閑暇の形で捧げ物をすることが要求され、そのために家来や従者といった下位の者に閑暇を代行させることが多い。これは、家父長制の下で家長に扶養される有閑階級とまったく同じである。

宗教儀式そのものや儀式を熱心に行う気質、宗教にまつわる財や労役の消費といったものは、現代社会における有閑階級とどのような関係にあるのだろうか。また現代の生活様式に表れている彼らの経済的動機とどう関係づけられるのだろうか。これらの問いに答えるのは容易ではないが、ここでは解明に役立つと思われるいくつかの事実を概観しておくことにしよう。

すでに論じたように、今日の集団生活の目的、とりわけ現代社会の産業の生産性という点からすると、信仰心に篤い気質特性は、役に立つどころか邪魔であるように思われる。となれば現代の産業活動においては、こうした特性は、生産工程に直接携わる階級の精神構造から選択的に排除されるはずだ。そして効率的な産業共同体と呼べるような社会の成員の間では、信仰心は薄らぎ、古びていくと言ってよいはずである。その一方で社会生活の産業面に直接または主には関与しない階級においては、信仰の精神や習慣は一段と力強く存続すると考えられる。

産業に携わるのではなく産業に依存して生活している後者の階級は、すでに指摘したように、おおまかに二つのカテゴリーで構成される。一つは厳密な意味での有閑階級である。この階級は、経済的な逼迫とは縁がない。もう一つは、下層階級の無法者を含む貧困層である。こちらはつねに不当に経済的に窮している。前者の場合には、経済的困窮とは無縁で産業社会への移行に思考習慣を適応させる必要がないため、古代の思考習慣が維持される。後者の場合には、栄養不足が原因で、適応ができない。生産性向上の要求に円滑に応じられるだけのエネルギーが足りないのである。それに、現代の価値観を身につける機会にも恵まれていない。どちらの場合にも、選択・適応プロセスからはまったく同じ結果が導かれる。

現代の産業社会では、ものごとは機械論的・定量的に捉えるように教え込まれる。しかし貧困層には、こうしたものの見方を含む最新の科学知識を習得する時間がほとんどない。そのうえ経済的優越者に依存または従属していることが多いため、身分制に固有の思考習慣からなかなか脱することができない。その結果、そうした思考習慣に伴う特徴として、強い身分意識や信仰心を持ち続けることになる。

ヨーロッパ文化圏の中でも古い社会では、世襲の有閑階級と多数を占める貧困層は、どちらも宗教儀式に熱心である。その熱心さの度合いは、生産活動に従事する中流階級(こうした階級が存在すればの話だが)の平均を上回る。しかし中には、人口のほぼ全部が先の二つで占められている国もある。そのような国では両者の傾向が世論を支配し、わずかばかりの中流階級が異なる傾向を備えていたとしても抑圧される。こうして社会全体に、世襲の有閑階級と貧困層の信仰が押し付けられていく。

だからといって、宗教儀式にひどく熱心な社会や階級が、一般に信仰心と結びつけて考えられている道徳則をきちんと守る、などと考えるのは的外れである。信仰習慣の大半は十戒の厳守など求めていないし、法律の遵守さえ要求しない。それどころかヨーロッパの犯罪社会にくわしい人の間では、犯罪者や放蕩者のほうが平均的な市民よりも信心深く、無邪気に神を敬っていることが知られている。信仰心の薄い人間を探すなら、経済的な中流階級や法律を遵守する市民に注目することだ。こんなことを言うと、信仰を気高く貴いものと考える人々はまっこうから反論し、下層の無法者の信心など見せかけだとか、せいぜいのところ縁起担ぎの信心にすぎないと主張するだろう。この主張は的を射ているし、彼らの狙いには適っている。だが彼らの論点にとっていかに有効かつ決定的であっても、本章の目的からすれば、経済や心理と無縁の主張は無視しなければならない。

実際にも、信仰習慣から離れていったのは職工や職人たちだった。その証拠に、教会は職工階級にそっぽを向かれ、彼らに対する影響力も失いつつある、と聖職者たちが嘆いている。同時に、いわゆる中流階級も、教会を支えることに熱心でなくなってきたようだ。とくに中流の成人男性にその傾向が強い。これらは現在確認されている現象であり、これだけでも、先ほど述べた仮説の証明として十分であろう。教会への出席や会衆の数といった一般的な事柄を取り上げれば、当面の証明には十分に説得力があると思われる。それでもなお、今日の進んだ産業社会において精神性の変化をもたらした具体的な出来事や要因について、多少くわしく分析しておくほうがよいと考える。そうすれば、経済的な要因が人々の信仰離れにどのように作用したのかが明らかになるだろう。この点でアメリカ社会からは、とくに役立つ事例が発見できるにちがいない。というのもこの国は、産業面で同じく重要な他国に比べ、外部環境からの制約を受ける度合いが最も小さかったからである。

現時点でのアメリカの状況は、例外やたまさかの偶発現象を除外するなら、ごくおおざっぱに次のように概括できる。経済力か知性またはその両方が乏しい階級は、一般に信仰心が篤い。たとえば南部の黒人、下層階級の移民、農村部の住民がそうだ。中でも教育が遅れているとか、産業の発展が鈍いとか、他地域の産業との接点が乏しいといった不利な条件を伴う場合には、とくに信心深い。また、貧困から抜け出せない人々や代々貧しい人々、被差別人種の犯罪者や放蕩者の一部もそうだ。ただし後者の信仰習慣は、確立された宗教に正規に入信する形をとらず、験かつぎや呪術などを信じる素朴なアニミズム信仰になりやすい。一方、職工階級は、確立された擬人神信仰からも、あらゆる宗教儀式からも、はっきりと距離を置きつつある。この階級は、現代の組織化された産業の知的・精神的緊張につねにさらされており、人間味のない事実の連続をつねにありのままに認識せねばならず、因果律に無条件に従わなければならない。それにこの階級は、産業社会の環境に適応できないほど栄養不良でもないし、過労でエネルギー不足になるほど働いているわけでもない。

アメリカの下位有閑階級、つまり一般には中流階級と呼ばれているうさんくさい有閑階級の場合には、事情はいくらか特殊である。信仰生活の点ではヨーロッパの中流階級と異なるものの、それは本質的なちがいではなく、程度や方法のちがいにすぎない。彼らが容易に受け入れる宗教は擬人神信仰の色合いがかなり薄れているのだが、教会はいまだにこの階級から経済的支援を受けている。とはいえ中流階級の実質的な信徒は、いずれは婦女子で占められることになりそうだ。この階級の成人男性は、生まれたときから信じてきた宗教の大枠に対して体面上の無頓着な賛同はまだそれなりに抱いてはいるものの、信仰への熱意は失っている。というのも彼らの日常生活は、程度の差こそあれ、産業と密接に結びついて営まれているからだ。

宗教儀式を婦女子に任せるこうしたアメリカ固有の男女の役割分担の一因は、中流階級の女性が代行を期待される有閑階級だということに由来する。これより下の職工階級の女性にも、やや度合いは小さいながら同じことが当てはまる。女たちは産業発展の初期段階から受け継いだ身分制度の下で暮らしており、全体として古代の価値観に近い精神性や思考習慣の枠組みを維持している。しかも産業活動に直接関与するわけではないから、現代の産業にとって邪魔な古い思考習慣を放棄する理由がない。言い換えれば、文明国の女性がことさらに信心深いのは、恵まれた経済事情のおかげで保守主義であることの表れなのである。現代の男性にとって、家父長制の身分関係は、もはや日常生活において重要な要素ではない。だが女性、とくに上位中流階級の女性は、規範や経済的事情により女の領分である家庭に閉じ込められているため、生活の中で身分関係の重みが大きく切実である。このため、宗教儀式に熱心になる精神構造や、ものごとを身分関係の観点から解釈する思考習慣が生まれた。女性の家庭生活の論理や思考過程は、超自然の領域で行われると言ってよかろう。男にとってはおおむね無縁でばかげていると考えられる観念の領域で、女たちはくつろぎ満足する。

もっともこの階級の男性の多くは、熱狂的な信心ではないにしても、完全に信仰を失っているわけではない。上位中流階級の男性は、おおむね職工階級の男性よりも、宗教に満足感を抱いている。これは部分的には、この階級の女性について言えることが男性にもいくらか当てはまることで説明できるだろう。上位中流階級は、社会の変化からかなりの程度遮断された階級であり、彼らの結婚生活や召使いを使う習慣などには、家父長制時代の身分関係の名残が見受けられる。よって古い思考習慣が保存され、宗教離れに歯止めをかけていると考えられる。アメリカのこの階級の男性は、経済環境ときわめて密接かつ緊迫した関係にあるが、彼らの経済活動自体、その多くが家父長的で半ば掠奪的な性格を相当程度に備えている。この階級で世間体のよい職業と言えば営利的な職業であり、すでに述べたように、この職業がこの階級の思考習慣を形成している。営利的な職業では横暴な命令服従関係が広く存在し、謀略まがいの掠奪的で狡猾な手口も珍しくない。これらはすべて、信仰心の篤かった野蛮時代の掠奪的な文化と共通する。加えてこの階級にとっては、世間の評判を得る目的からも、宗教儀式への参加は好ましい。なお、信仰を促す後者の要因は、それ自体として論じる価値があるので、後段で取り上げることにしたい。

アメリカ社会では、それなりに影響力のある世襲の有閑階級は、南部にしかいない。南部で生活する世襲の有閑階級は宗教儀式に熱心であり、その熱意は、同等の財力を持つ他地域の人々を上回る。よく知られているように、南部の信仰の教義は、北部よりもだいぶ古めかしい。南部のこうした古風な信仰生活と呼応するように、産業の発展も遅れている。南部の産業は、現在もそうだが、とくにごく最近まで、アメリカ全体と比べれば原始的な性質のものだった。機械設備は貧弱で粗雑な点で手工業に近く、親方と徒弟のような関係が多い。こうした南部独特の経済事情のために、人々の篤い信仰心が産業発展の初期段階を思わせるような生活様式と結びついている点は注目に値しよう。このことは、白人にも黒人にも当てはまる。また彼らの間では、決闘、喧嘩、同士討ち、泥酔、競馬、闘鶏、賭博、男の浮気（白人男性と黒人女性の間に生まれた混血児の数がこれを証明している）など、古い時代の悪行が他の地域よりもひんぱんに見られ、しかもあまり非難されない。この傾向はいまだに残っている。名誉に敏感であることも特徴で、これは狩猟精神や掠奪生活の名残りと言える。

北部の富裕層、すなわちいい意味でのアメリカの有閑階級についてまず言っておかなければならないのは、この階級の宗教心の伝統を論じることはほぼ不可能だということである。というのもこの階級はごく最近台頭したので、信仰に関して代々受け継がれた習慣というものは存在しないし、家ごとのしきたりといったものもないからだ。もっとも、確立された宗教の一部に、すくなくとも名目上（見かけはいかにもほんとうらしく）入信する傾向は認められる。また、結婚式、葬式などこの階級の大切な行事は、ほぼ一様に、特別に宗教的なしつらいを整えて厳粛に執り行われる。宗教のこうした信奉がどこまで本気の信仰習慣への回帰なのか、それとも外来の理想にかぶれて表向きだけでも体面を整えようとする保身のための物まねなのかは、はっきりしない。上流階級の信仰において発展しつつあるかなり特殊な儀式の偏重から判断すると、何か本質的な信仰の傾向が存在するようにも見える。上流階級で宗教を信じる人は、礼拝の壮麗な儀式的雰囲気や道具立てに惹かれる傾向が顕著である。そして上流階級の会衆が多い教会では、宗教儀式の司式や用具の理論的裏付けは無視してまで、儀式的な面を強調する傾向が見られる。このことは、その教会の属す宗派が儀式や用具を控えめにする傾向があってもなお、当てはまる。儀式的要素がこのような独自の発達を遂げたのは、一つにはまちがいなく華美な浪費を見せびらかしたいからだが、その一方で、信仰の一端を示しているとも考えられる。後者が正しいとするならば、その信仰の習慣はかなり古い時代の形式を踏襲していると言えよう。ひどく豪華で人目を引く宗教儀式は、やや原始段階の文化で知性が未発達の宗教共同体に共通してみられる。とりわけ野蛮時代の文化がそうだ。この段階の文化では、宗教儀式において、五感のすべてを通じて感情に訴える傾向がほぼ例外なく見受けられる。そして上流階級の信徒の多い今日の教会では、感覚に訴えるこの素朴な方法に立ち戻る傾向が顕著に認められるのである。下位有閑階級や中流階級を信徒に獲得しようとする宗派でも、この傾向がいくらかは見受けられる。そこでは色とりどりの灯火やきらびやかな装飾の使用、象徴や図像、管弦楽、香料のふんだんな使用といった古代への回帰が認められるだけでなく、入退場の行列賛美歌や礼拝のためのさまざまな動作の中に、宗教舞踊のような礼拝の古めかしいしきたりに立ち帰る傾向すら、うかがわれる。

華々しい宗教儀式への回帰が最も顕著に見受けられ、また最も強調されているのは、財力や社会的地位が高い層であるが、だからといって上流階級が信じる宗派に限られるわけではない。南部の黒人や一部の移民など低い階級の宗派にも、儀式張った壮麗な効果や象徴の多用に走る傾向が認められる。この階級の祖先や文化水準からすれば、これは当然のことかもしれない。彼らにとっては、儀式や擬人神信仰の普及は過去への回帰ではなくて、過去からの継続的発展の延長線上にある。ただし、儀式の活用を始め信仰に関連する特徴は、これ以外の階級にも拡がっている。アメリカ社会の初期段階で有力な宗派は、発足当時には儀式も用具も質素で簡便なものだった。だが周知のとおり、程度の差こそあれ、時代が下るにつれて次第に華美な方向へ、つまりかつては自らが非難していた方向へと進んできている。この流れはおおむね信者の富の増大や生活の向上と歩調をそろえており、富と名声が最も高い階級で頂点に達した。

信仰の形態にこのように財力による階層化が出現した理由は、すでに階級による思考習慣のちがいを説明した章で、おおまかに説明した。階級による信仰のちがいは、全体的なちがいが宗教に関して特殊な形で表れたにすぎない。下位中流層の忠誠心の低下、すなわち僕として神に仕える気持ちの欠如がはっきり表れているのは、都市部に住み機械制工業に従事する労働者たちである。今日では、技術者や機械技師などの職業に就いている人たちに神に仕える気持ちを見出すことは、まずもって不可能だ。こうした機械制工業は現代の産物である。以前の手工業者は今日の技術者に相当すると言えるが、彼らはいまの技術者とは異なり、宗教で律することが可能だった。しかし近代的な生産方式が導入されて以来、機械制工業に従事する者が日常的に行う仕事は、知的な側面で大幅に変化した。彼らが日々の仕事で接する規範は、仕事以外の場面でも、考え方や価値観に影響をおよぼさずにはおかない。現代の高度に組織化された非人間的な生産工程に慣れ親しむことで、アニミズム的な思考習慣は覆される。そして彼らの仕事は、個人の感情を受け付けない機械的なプロセスの中で決定し監督することに限定されていく。こうしたプロセスを動かす主力が個人である限り、またこうした生産工程を特徴づけるものが個々の職工の手腕である限りは、個人の動機や性質からものごとを解釈する習慣が大幅な修正を迫られ、ついにはすたれてしまうことはありえない。だが産業の発展によって、プロセスを動かす主力や機械装置が非人間的・没個性的なものにとって代わることになれば、話はちがってくる。ものごとを一般化する見方がつねに労働者の頭を占めるようになるし、さまざまな事柄を理解する場合にも、事実の連続をひたすら認識するということになる。その結果として、彼らの信仰生活においては、不敬な懐疑主義が根を下ろす。

以上のように、信心深い思考習慣は古代色の濃い文化の下で最もよく発展するように見える。なお、「信心深い」という言葉はあくまで民族学的な意味合いで使っているのであって、宗教儀式に熱心だという事実以上の精神的態度を含意するものではない。またこうした信仰の姿勢からは、近年になって発達した組織的産業に適応する生活よりも、掠奪的な生活のほうによくなじむタイプの人間性がうかがわれる。さらに言えば、信仰習慣は古代の身分感覚、すなわち主従関係の一つの表れであり、掠奪段階や準平和段階の生産活動には適合しても、現代の産業制度には適合しない。現代社会では、日常生活が産業の機械的なプロセスから最も離れている階級に最も強く信仰習慣が根付いており、この階級は他の面でもきわめて保守的である。一方、現代の産業に日常的に直接接しており、そのために思考習慣が技術上の必要性に制約されているような階級にあっては、宗教儀式の維持に必要なアニミズム的理解や身分関係を尊重する姿勢が薄れてきている。そして当面の議論にとくに大きな意味を持つことだが、富と閑暇が最も著しく増えている社会階層において、信仰習慣はより普及し、洗練の度合いを高めているように見受けられる。近年の産業の発展は、古代の人間性の類型や古代文化の要素を排除する傾向があるが、有閑階級の制度は、信仰に関しても、また別の事柄に関しても、それらを保存し、さらには復活させる方向に働く。

第13章　差別化に無関心な気質の保存

擬人神観に基づく信仰も、宗教儀式の決まりごとも、時代が下るにつれて経済的条件の圧力や身分制度の衰退の影響を受け、次第にすたれていく。これに伴って、必ずしも信仰に由来せず、また身分制度とも無縁の動機や刺激が、人々の信仰習慣に入り込んできた。こうした異質の動機はやがて信仰習慣に溶け込んでいくのだが、だからといって完全に一致するわけではないし、擬人神観とも一致しない。そもそも宗教に由来しないのだから、信仰生活への影響も宗教と同じではないのである。宗教儀式の典礼や教会・聖職者制度を支えてきたのは、身分制や代行閑暇・代行消費を旨とする生活規範だが、異質の動機は多くの点でこれらを妨害する。こうして社会的な身分制度は次第に解体され、主従関係という大前提は長い伝統の裏付けを失うことになった。身分制に縛られていた領域に、それとは無縁の習慣や嗜好が侵入し、ついには教会・聖職者制度の一部は、信仰が最もさかんだった時代の宗教生活の目的とは別のことに向かうようになる。

宗教ののちの発展に影響をおよぼすこの異質な動機としては、慈善、社交、親睦などを挙げてよいだろう。これらは、より広くは連帯感や共感の表現と言うことができる。付言すれば、教会組織が宗教以外のこうした目的に活用されたことは、信仰をすぐにも捨てかねない人々の間でさえ、教会という名称や形態の保存に大いに役立っている。また信仰生活の形式的な維持に寄与してきた動機の中で、一段と広く見られる特徴的なものとして、周囲との感覚的な調和というものがある。これも信心とは無縁の感覚であるが、擬人神信仰の要素が失われた現代の信仰の中にいまも残っている。この動機は、神への服従という動機と相俟って、教会制度の維持に貢献した。調和を求めるのは経済的な動機とは言いがたいが、産業発展の後の段階では、経済目的に適した思考習慣を形成するうえで重要な間接的効果を持っていた。中でも目立った効果は、かつて身分制が堅固だった頃から受け継がれてきた利己的な傾向を和らげたことである。となればその経済への影響は、擬人神信仰の影響とは正反対になる。調和志向は自己と他者の対立を抑制し、利己的傾向を消し去るとは言わないまでも、和らげる。これに対して擬人神信仰は神と人との主従関係の表現であるから、自他の対立を強調し、自己の利益と集団の利益とを乖離させる。

周囲との調和、すなわち一般的な生活の営みとの調和を求める感覚は、他人に差をつけようとする気質とは無縁のものである。宗教生活に残っているこの感覚に慈善や社交を求める動機が重なって、経済目的に適した思考習慣の形成に寄与している。その作用は漠然としており、効果のほどを正確に突き止めることは困難だが、すでに述べた有閑階級の思考習慣を支える原理と方向性が逆であることはあきらかだと言えよう。有閑階級の思考習慣の根底にあるのは、文化の発展過程でこの階級に根付いた擬人神信仰であり、また、他人と比較し差をつけようとする習慣である。そしてこの習慣は、比較や差別化をしない習慣とは、当然ながら調和しない。有閑階級の生活様式で必須の条件は、財と時間の衒示的浪費であり、生産活動の回避である。一方、いま論じている感覚は、経済面では浪費や無為な生活への批判として、また経済面を含むあらゆる面では生産活動への参加として表れる。

他人に差をつけることに無頓着で、周囲との調和を求める感覚も、それを促すような生活習慣も、有閑階級の生活様式に反することはあきらかである。だが最近の発展段階で見られる有閑階級の生活様式が、この感覚を抑圧する傾向や、そのもとになった思考習慣から乖離する傾向を備えているかどうかは、はっきりしない。有閑階級の生活様式は、直接的な影響としては、差別をしない習慣や調和を求める感覚とはまったく逆の方向に作用する。そして強制や選択的排除を通じ、生活のあらゆる局面で浪費や差別化を最優先するよう促す。だが間接的な影響のほうは、必ずしもそうとは言えない。こちらは財力の体面を保つために、産業活動に関与することを禁じるという形で作用する。この禁忌により、有閑階級の人間は、貧しい人々が勤勉に働く領域に足を踏み入れることを禁じられる。とくに女性、中でも先進産業社会の上流階級と上位中流階級の女性は、営利的職業に就くことさえ禁じられる。あのほとんど掠奪的なやり方で財を蓄積する競争に参加することは、まずもって女性には許されない。

金銭文化すなわち有閑階級の文化は、もともとは勤労本能に強い競争志向の備わった変種として出現したのだが、最近になって能力や財力を比較して差をつけようとする習慣が薄れ、自らの基盤を弱体化させている。その一方で、有閑階級に属す人間は、男女を問わず、生存競争の中で食い扶持を稼ぐ必要性からある程度免除されているおかげで、競争に勝つ能力を備えていなくとも生き延びることはもちろん、制限付きではあるが好きなことを追求する余地が残されている。言い換えれば、有閑階級が十分に発達した近年においては、掠奪的な成功者に備わっている能力を持ち合わせていなくとも、あるいはそうした能力を絶えず発揮していなくとも、この階級の人間は暮らしていくことができる。となれば、掠奪的な能力を備えていない人間は、上位の有閑階級に属している場合のほうが、ふつうの人々のように競争の中で生き抜かなければならない場合よりも、生き延びられる可能性が高い。

古代の性質の保存を論じた章では、有閑階級においては、文化の初期段階に特徴的な人間の性質の保存に適した条件が整っていることをあきらかにした。有閑階級は経済的に逼迫しておらず、したがってこの点で、経済状況への適応を迫る苛酷な要因に翻弄されることがない。掠奪文化を思わせる特質や類型が有閑階級で保存されることはすでに論じたとおりで、掠奪的な能力や習慣はこの階級の生活様式にとくによくなじむ。経済的に保護された立場の有閑階級では、現代の産業に必要な能力を持ち合わせていない人も生き残れる状況が用意されると同時に、世間の評判を維持するために、ある種の掠奪的な能力を見せびらかすことが要求される。こうした状況では、掠奪能力を発揮できる職業は、富や出自を誇示するうえでも、生産活動に携わっていないことを示すうえでも、有用である。このように有閑階級の文化の下では、間接的には産業活動の忌避によって、直接的には体面を保つ基準の維持によって、掠奪気質が保存される。

ただし、掠奪文化に先立つ未開文化の特性の保存に関しては、話はちがってくる。経済的に保護された有閑階級の状況は、平和や善意を愛する未開の特性の保存にも有利である一方、そうした特性の発揮は、この階級の規範からすると好ましくない。平和な未開文化を想起させるような気質を持ち合わせた人は、本来であれば、他の階級に属すより有閑階級に属しているほうがましにちがいない。生計を立てる必要に迫られないので、競争と無縁の生活にふさわしいこの気質を抑え込まずに済むからだ。そうはいっても、この階級の規範は掠奪気質に基づく生活習慣を押し付けるので、平和を好む気質の持ち主は心理的圧迫を感じることになる。身分制が残っている限り、そしてあきらかに無目的の暇つぶし以外にやるべき非生産的活動がある限りにおいて、有閑階級にふさわしい生活様式からの大幅な逸脱は望まれていない。こうした状況で有閑階級に平和を好む気質が出現するとすれば、それはたまさか見られる隔世遺伝と言うべきだろう。だが、有閑階級の欲求に応えていた体裁のいい非生産的活動は、経済の発展、大型獲物の絶滅、戦争の減少、植民地支配の消滅、聖職の衰退などを通じてまもなく機能しなくなるはずだ。そうなったとき、状況は変わり始めるだろう。人間の生活は必ず何らかの様式をとるものであり、掠奪的でなくなれば、他の形をとることになる。

先ほど述べたように、先進的な産業社会における有閑階級の女性は、他のどの集団よりも、生計を立てる必要性から遮断されている。となれば、女性のほうが男性よりも、他人に差をつけることに無関心な気質に回帰しそうなものである。だが実際には有閑階級の男性の間でも、自己利益の追求や差別化とは無縁の活動がさまざまな領域で広く行われるようになっている。たとえば、営利企業の経営に携わるような男性が、そうした試みがうまくいき、事業として効果を上げることに興味を持ち、その結果としての利益とは関係なく、誇りを抱く例が増えている。分け隔てなく産業界の改善に尽くす経営者クラブや製造業団体などもよく知られている。

差別化とは別の目的を求める傾向は、慈善や社会改良をめざすさまざまな団体を生み出した。これらの団体は宗教絡みであることが多く、男女を問わず参加者を受け入れている。その例は枚挙にいとまがないが、いま論じている傾向の範囲と特徴を示すために、具体例をいくつか挙げておくほうがよかろう。たとえば、禁酒その他の社会改革、刑務所の改善、教育の普及、悪の追放、調停や軍備縮小などを訴える反戦運動がそうだ。また、セツルメント運動、隣保事業のほか、キリスト教青年会（ＹＭＣＡ）やキリスト教少年共励会（ＹＰＳＣＥ）、裁縫奉仕団、社交クラブ、美術クラブ、さらには商業団体などさまざまな組織も、ある意味では該当しよう。慈善、教育、娯楽を目的とし、個人からの寄付で成り立っている半ば公共の財団も、宗教団体でない限りは、ここに含めてもよかろう。

もちろん、これらの事業が全面的に利他的な動機で運営されていると言うつもりはない。たいていは他の動機も入り込んでいる。とはいえ、この種の活動が堅固な身分制度の下よりも現代の産業社会で広く見られることは、見栄を張り合う生活の正当性に対して強い疑念が存在することを示していよう。この種の活動に利己的な動機や優位に立とうとする下心などが混ざっていることは周知の事実であって、物笑いの種になっているほどだ。表向きは無私の公共精神を掲げた事業の多くが、じつは発起人の名声を高めるとか、さらには利益を得るといった目的で運営されていることはまちがいない。この種の相当数の団体や機関では、他人に差をつけ優位に立つということが、発起人やその協力者の主な動機となっている。このことは、大学、公共図書館、美術館の設立といった、巨額の寄付を通じて慈善家の名を広めるような大規模な事業にとくに当てはまるが、あきらかに上流階級に限定された組織や運動に参加するといった月並みな行為についても、おそらく同じように当てはまるだろう。こうした組織のメンバーであることは、財力の評判を裏付けてくれるだけでなく、社会改良の対象たる下層階級と自分たちとの対比を際立たせ、その優越性を印象づけることにも役立つ。近年はやりのセツルメント運動はその代表例だ。そうは言っても、こうした組織や運動から利己心や優越のための動機をすべて差し引いたあとには、何かしら見栄とは別の動機が残るはずである。そもそもこうした公共に資する方法で他人に差をつけ名声を求めようとすること自体、見栄や差別化とはちがう動機を正しいと受けとめる感覚が現代社会の思考習慣に根を下ろしている証拠であり、実際にもそうした動機が確実に存在していると考えてよかろう。

近年の有閑階級が差別化とも宗教とも無縁の姿勢で行っているこうした活動には、女性のほうが男性より熱心に継続して参加している。ただし、女性は経済的に男性に依存しているため、巨額の出資を必要とする活動はできない。社会改良事業全般に関しては、近代的あるいは世俗化した宗派の聖職者が有閑階級の女性と行動を共にしている。これは理に適っていると言えよう。それ以外のことでも、こうした宗派の聖職者は、有閑階級の女性と、同階級で経済活動に携わる男性との中間のあいまいな立場にある。聖職者と上流階級の女性は、伝統からしても、品位を保つうえでも、代行を果たす立場に位置づけられる。両者の思考習慣の形成に影響をおよぼす重要な関係性は、主従関係である。この関係は、経済的な扶養・被扶養関係を人間関係として捉えたものと言える。その結果、どちらも因果関係より人間関係からものごとを解釈しがちになる。世間体を保つために、聖職者も上流階級の女性も営利追求の不浄な営みに関与することを禁じられており、今日の産業活動に参加することはまずもってありえない。そこで彼らは、エネルギーの大半を自己目的以外の活動に注ぐことになった。階級の不文律からして、合目的的な活動をしたければ、それ以外に選択の余地はないからである。そこで産業に役立つ活動をつねに禁じられた有閑階級の女性たちは、営利活動以外のことに大いに勤労本能を発揮することになる。

すでに指摘したように、上流階級の女性や聖職者の日常生活には、一般の人、とりわけ現代の産業活動に従事する人の場合よりも、身分を意識させられる要素が多い。その結果彼らの間では、現代社会の平均的な男性の場合よりも、信仰習慣がよく保存される。となれば、彼らがエネルギーのはけ口として求める非営利的な活動が結局は宗教に関することになるのは、当然の成り行きと言えよう。前章で触れた女性のとくに篤い信仰心も、その一因となっている。しかし現在の議論にとってより注目すべきは、こうした信仰姿勢が非営利目的の運動や組織におよぼす影響である。つまり、宗教心といったものが絡んでくると、運動や組織に経済的な目的がある場合には、ただちにその効率は低下するのである。多くの慈善団体や社会改良事業では、恩恵を施す対象の人々の宗教上の幸福と世俗の幸福とを分けて考えている。もし世俗の幸福の向上にのみ努力を尽くすなら、こうした団体や事業の経済価値がずっと大きくなることはまちがいない。誤解を恐れずに言えば、これらの団体がよく掲げている世俗の目的で邪魔されなければ、宗教上の幸福を高める効果はもっとずっと大きかったということも言えるだろう。

このように、公平無私な活動の経済価値からは、宗教的利害が絡んでいる分を差し引かねばならない。経済価値をかなり損ねる動機はこのほかにも存在しており、それらもまた考慮する必要がある。こうしてくわしく見ていくと、本来の目的である個人や集団の生活向上という点に照らせば、この種の試みにほんとうに経済価値があるのか、大いに疑わしいとも言えそうだ。たとえば大都市の困窮者の生活改善を図ることを謳ったこのところ評判の事業の多くは、布教活動の性格を備えている。このやり方で、上流階級の生活の一部を効率よく下層階級に押し付けようというわけだ。またセツルメント運動は、貧困者に職業訓練を施し手近な手段の活用を教えることに熱を入れる一方で、上流階級の作法や習慣を実地の手本によって教え込むことにも熱心である。そして彼らの習慣の経済的意義はと言えば、よく調べてみれば、往々にして時間と財の衒示的浪費なのである。困窮者を教え導こうとする善良な人々は、作法や世間体にひどく几帳面で、暗黙のうちにそうしたものを強要する。この人たちはまず例外なく模範的な生活を送っており、日用品についても形式的な穢れのなさを頑なに重んじる。なるほど時間と財の消費に関して正しい思考習慣を教え込むことの文化的価値は、どれほど高く評価してもしすぎるということはないし、そうした高尚な理想を身につけることの経済価値もけっして無視できまい。現在のような金銭文化の下では、日頃の時間や財の浪費をうかがわせるような巧みなふるまいや消費のやり方が、個人の評判や成功を大きく左右するからである。だがこうしたやり方を身につけることの経済的意義は、結局のところ、実質的な結果は経済価値の多寡で決まるという枠組みにおいて、同じ結果を出すためにより費用がかかる方法あるいはより非効率な方法に置き換えることにほかならない。善良な人々が行う文化的宣伝活動の大半は、上流階級の生活に採り入れられた新しい美意識、というよりもむしろ作法や習慣の新しい心得を教えることに費やされる。その新しい心得はと言えば、有閑階級の身分意識や体面の流儀に基づいてこしらえられたものだし、これを貧困層に教え込もうとする上流階級は、産業活動とは無縁の人たちである。となれば、このように外から押し付けられる作法が、すでに貧困層に定着している流儀以上に彼らの生活条件に適うとは考えられない。まして、現代の産業社会の圧力を受けて形成された流儀以上に適うはずもあるまい。

だからといって、善良な人々が押し付けようとする作法が旧来のものより上品であることに疑念を呈するつもりはない。疑念を呈したいのは、こうした社会改良事業の経済的有用性に対してである。言い換えれば、個人ではなく集団としての生活の改善という点からみて、効果のほどをある程度自信を持って主張できるような、物質的・直接的効果という意味での経済的有用性には、疑問符がつく。だから、この手の社会改良事業の経済的有用性を評価する際には、実質的な活動内容を額面通りに受けとってはならない。たとえその事業が主として利益追求を目的とする場合でも、また利己的な動機や他人に差をつけようとする動機とは無縁だったとしても、この種の活動がもたらす経済的改善とは、結局のところ、衒示的浪費の姿形を少々変えるだけのことなのである。

金銭文化に固有の思考習慣に影響されたこれらの事業については、その無私の動機や運営方法の特徴に関してもうすこし踏み込んでおく必要がある。それによって、さきほどの結論を一段と強化できるだろう。すでに論じたように、金銭文化の下で評判あるいは世間体を保つ必須条件は、無駄なことに労力を使い、自分は金銭に関して何も困っていないのだと示すことである。その結果として、有益な職業を軽蔑することが習慣になったほか、生活に必要な世俗的な事柄にむやみにくわしいのはよろしくないとする伝統も生まれた。この伝統は、世間に受けのよいことをしようとする集団の運営に重大な影響をもたらす。募金をしたり委員会を組織したりして、下賤な者どもの幸福に現実的な関心を持つのは結構なことかもしれない。下賤な者どもの美意識を向上させ、高尚な精神を養う機会を与えて、彼らの文化水準の向上に心を砕くのは、さらに結構なことであろう。だからといって、そうした活動を実際に有益な方向に向かわせるほど下賤な者の生活や思考習慣に精通し、それを表に出すのは好ましくない、というわけである。そこで、貧困層の生活状態をあまりよく知らないふりをすることになる。この傾向はもちろん人によってちがうが、いま論じている組織や団体にはあきらかに存在しており、その活動の方向に重大な影響を与えている。貧困層の生活にくわしいと下品だと非難されかねず、多くの人がそれを避けようとし、やがて慣例や前例となる。こうして次第にその組織の当初の目的は脇に押しやられ、名声を求める方針にすり替わる。これは結局のところ、金銭的価値を追求することにほかならない。こうした次第で、長く続いてきた組織では、貧困層の生活改善という当初の目的がだんだんと表向きだけになり、実効性の高い仕事がやがて形骸化していくことになる。

公平無私な活動を行う組織の実効性について当てはまることは、同様の動機を持つ個人の活動にも当てはまる。ただし、個人についてはより多くの留保条件をつけねばなるまい。さきほど述べたように、上流階級には、浪費を重視し、下層階級の生活に生産・消費両面で無知であることを上品だとする価値基準が存在するが、何か人々の役に立つことをしたいと願う個人にも、この基準に従って価値判断をする習慣が当然ながら染み付いている。この習慣を忘れて実利のある卑しい目的に向けて努力し始めると、上流階級の常識つまり金持ちらしい体面を重んじる感覚によってたちどころにその試みは拒絶され、この階級にとって正しい方向に向かわせることになるだろう。その一例を、遺産の運用に見ることができる。公共心に富む人が、人々の生活のある面を改善したいという（すくなくとも表面的には）たった一つの目的でもって、遺産を残したとしよう。こうした人が遺産を残す目的の多くは学校、図書館、病院、貧窮院の建設であり、遺贈主は人々の生活をよりよくすることを願って、そのことを遺書に明記する。ところがいざ実行の段になると、当初の目的とは相容れないような他の動機が多々現れ、施設建設のために遺産から取りのけられていた資金の大半について、勝手に使途を決めてしまうということが往々にして起きる。たとえば孤児院や廃兵院を建設するために、一定の資金を遺産から取りのけておいたとしよう。このような立派な無駄遣いに資金を投じるのはとくに珍しいことではないから、驚きや物笑いの種になることはない。ところがこの資金の大半は、芸術的には大いにうさんくさいがともかくも高価にはちがいない石で表面を飾り、不釣り合いな奇怪な装飾で覆い尽くし、銃眼付きの胸壁、小塔、重厚な門扉、戦略的に配置された車寄せなど、どこか要塞を思わせるように設計された大建築物に費やされるのである。その内部も、衒示的浪費や掠奪的英雄行為という彼らの絶対条件に適うような造りになっている。くわしくは立ち入らないが、たとえば窓は、たまたま通りかかった人に金のかかった様子を見せつける目的で設置されており、中で暮らす人の快適さや使い勝手などの当初の表向きの目的はほとんど考慮されていない。室内のさまざまな家具や設備も、金がかかっていて立派でなければならず、本来の目的とは食い違う要件を満たすような造りになっている。

だからといって、故人が文句を言うだろうとか、もし生きていて陣頭指揮を執ったらちがう風にしただろう、などと考えるのは妥当ではなかろう。本人が直接指示を出す場合、すなわち遺贈ではなく、本人による出資と監督が行われる場合であっても、やり方にさしたるちがいはなかっただろうと思われる。それに、別のやり方で資金を使ったところで、寄贈の受益者も、直接恩恵を受けない部外者も、喜びはしないだろう。当初の実質的な目的実現をめざし、手持ち資金を最大限に有効活用する方針でその事業を遂行したら、誰もうれしがるまい。関係者はみな、直接自分に関わる場合であれ想像上の利害にとどまる場合であれ、次の点で意見が一致するはずだ――予算のかなりの部分は、掠奪的英雄行為や浪費によってちがいを見せつける習慣に則り、もっと高尚な精神的使途に充当すべきだ、と。だがこれは結局のところ、見栄の張り合いや財力の評判の要求が広く浸透している社会では、表向きは無私の精神で始められた事業であっても、この要求から逃れられないことを証明している。

この種の事業が遺贈者の名声を高める手段として誇ってよい徳を備えているのは、こうした無私の動機が存在するからだとは言えるだろう。だがだからといって、他人にちがいを見せつけようという動機が予算配分の決め手にならないとは言い切れない。この種の事業に見栄や見せびらかしの動機が存在していることは、これまでに挙げた組織や運動について存分に証明できると考えられる。そうした動機は、芸術・倫理・経済分野の名を借りて紛れ込んでいることが多い。金銭文化の申し子と言えるこれらの動機は、無私の努力が効果を上げないように密かに作用する。しかもこのとき、当人の善意の感覚を惑わすこともなければ、その事業が本質的に無意味だと感じさせることもない。上流階級の公的な生活様式を特徴づける、見せびらかしのための博愛的な社会改良事業においては、こうした作用の痕跡をあらゆる部分に認めることができる。その理論的な裏付けはすでに十分あきらかなので、これ以上説明の必要はあるまい。なお、こうした事業のうち高等教育機関の設立については、次章でくわしく取り上げることにする。

以上のように、有閑階級の置かれている経済的に保護された状態では、他人に差をつけることに無関心だという、平和な未開文化に特有の気質に回帰する傾向がいくらか見受けられる。この回帰を成り立たせているのは、一つには勤労本能であり、もう一つには怠惰や親愛の情だと言えるだろう。しかし現代の生活様式では、財力や差別化を重んじる基準の下で、そうした気質の発露は妨げられる。そして、差別化とは無縁の動機から始めた事業が、金銭文化のよりどころである差別化の方向にねじ曲げられることさえある。金銭的な体面を保つという条件は、こうした事業の中では浪費や無益や頑迷という形で表れる。社会改良事業においても、他の活動同様、体面を保つ必要性が厳然と存在し、あらゆる活動の実行・管理の細部に選択的に作用するのである。その結果として、無私の精神から始めた努力がすっかり無意味になってしまうほどだ。有閑階級には、無目的をよしとするおよそ人間らしくない怠惰な行動原理が浸透していて、勤労本能に属すと言える未開時代の気質の発露を妨げるように効果的に作用する。だがそうした行動原理が存在するからといって、未開時代の気質への回帰や維持を完全に食い止められるわけではない。

金銭文化がさらに発展すると、有閑階級は世間体が悪いとして産業活動への関与を回避するようになり、生産的な職業に就くことを疎んじるようになった。この段階では、生産的な職業に比して、競争的で掠奪的な、つまり営利的な職業の価値が評価されるようになり、他人に差をつけることに無頓着な気質は不利になる。すでに指摘したように、有用な職業に就いてはいけないという不文律は、他のどの階級にもまして上流階級の女性に厳格に適用される。ただし聖職者は例外で、おそらくは実際以上に見かけ上、有用な仕事をすることが禁じられている。上流階級の男性ではなく女性に対して無為な生活が強要されるのは、代行の役割が委ねられているからだ。こうしたわけで、上位有閑階級の女性は二重の理由でもって有用な労働から遠ざけられている。

どんな社会においても、女性の位置づけは、その社会や、おそらくはその階級が到達した文化水準を示すわかりやすい指標となる。大衆的な著述家や評論家は、社会学者の知識を借用してたびたびそう言っている。とはいえこの発言は、文化よりも経済発展の水準によく当てはまるだろう。社会や文化の別を問わず、何らかの生活様式の中で女性に割り当てられた立場は、その大部分が、発展の初期段階に形成された伝統の表れである。だがこの伝統は、現在の経済状況には部分的にしか適応しておらず、したがってその中で生きる女性に求められる気質や思考習慣の条件にも、部分的にしか適応していない。

現在の経済状況下で女性の置かれた立場は、同じ階級の男性に比べ、勤労本能の要求からつねに大幅に乖離している。このことは、経済制度の発展について一般的に論じた箇所でも、また代行閑暇や衣装について論じた箇所でも、付言したとおりである。勤労本能は平和を好み無駄を嫌うが、女性の気質にこの本能が相当程度含まれていることはまちがいない。だから現代の産業社会に生きる女性が、押し付けられた生活様式と経済状況に適応する必要性との間に矛盾を強く感じるのは、けっして偶然ではない。

こうした「婦人問題」のいくつかの面は、現代社会、とくに上流階級に属す女性の生活が、経済発展の初期段階で形成された常識にいかに縛られているかを浮き彫りにした。文化・経済・社会面から見た女性の生活は、いまだに基本的には代行の役割を果たす生活だと言ってよい。その性格上、女性たちの生活の評価は、善きにつけ悪しきにつけ、彼女を所有または庇護する立場の人物に帰属する。したがって、たとえば妻が世間の常識に反するような行動をとった場合には、ただちに所有者たる夫の名誉に跳ね返ると受けとられる。なるほど、中には女性をこのように歪められた弱い立場に置くことに違和感を感じる人もいるだろう。しかしこの種の事柄に関しては、社会の常識的判断は迷うことなく下されるのがふつうであり、妻のせいで夫の立場が台無しにされたと感じることを誰もが当然と受けとめる。一方、庇護者たる男の行為によって女が不面目を被ることはまずない。

慣れ親しんでいるがゆえに正しい生活様式は、男の行動に従うという「仕事」を女に割り当てる。そして、定められた義務の伝統から逸脱しようものなら、女らしからぬこととみなされる。常識すなわち一般的な生活様式から導き出される論理的帰結は、次のようなものだ。市民権や参政権に関して言えば、女は国家や法の前では世帯主を介して代表されるべきであって、直接自らを代表すべきではない。自分の意志で自分の決定によって生活するなど、女にあるまじきことである。市民活動であれ産業活動であれ、社会的な活動に女が直接参加するのは、社会秩序すなわち金銭文化の伝統の下で形成された思考習慣に対する重大な挑戦である……云々。「『女を男への隷属から解放する』といった空疎な主張は、エリザベス・キャディ・スタントンの意味深長な一言を逆手にとって言うなら、『まったくの戯言』である。男女の社会的関係は自然によって定められたものだ。われわれの文明はすべて、つまり文明のよきものはすべて、家庭の上に成り立っている」(18)。そしてこの「家庭」とは、男を主とする世帯のことである。このような見方は、おおむねもうすこし控えめに表現されはするものの、女性の身分に関する通説として、文明社会の男性一般の間に広く行き渡っている。それどころか、女性の間にも広まっているのだ。というのも女性は、世間の規範が自分に何を要求するかということに非常に敏感だからである。なるほど多くの女性が、あれこれやかましい決まりごとを不快に感じていることはたしかだ。それでも、既成の道徳秩序という不可侵の影響力の下では、女は必然的に男に従属する立場にあると認めない女性はほとんどいない。結局のところ、女性の価値観や美的感覚によれば、女の生活は男の生活を間接的に表現するものであるし、理論的にもそう言える。

しかし女性のあるべき姿についてこうした見方が行き渡っている中で、女が男の庇護下に置かれて代行役を果たし、女の評価がすべて庇護者のものになるというあり方はまちがっているのではないかという感情も、かすかながら生まれている。そのような女性のあり方は、出現した時と場所においては自然で適切だったかもしれないし、外見的にも好ましいかもしれないが、現代の産業社会では日々の生活の目的に適うとは言いがたい。中・上流階級の出身で、育ちがよく、伝統的な礼節をしっかりと身につけ、こうした身分関係は本質的に正しいと受けとめている保守的な女性の大多数でさえ、現在自分が置かれている状況とあるべき状況の間にいくらか矛盾を感じている。まして、若さや教育や気質を備え、野蛮時代の文化から受け継がれた伝統的な身分制度とあまり縁がなく、自己表現に駆り立てられる衝動や勤労本能がひょっこり顔を出すような御しがたい女性たちは、強い不満を感じていて、行動せずにはおれない。

かくして女性に太古の地位を取り戻そうとする盲目的で支離滅裂な運動が起き、「ニューウーマン」運動と呼ばれるようになった。この運動には、経済的な性格を持つふたつの要素あるいは動機が見受けられ、「解放」と「仕事」という標語に集約されている。どちらの言葉も、社会に充満する何かしらの不満を表すものと解釈できよう。今日の状況に対して不満を抱くべき理由など何もないと考えている人たちも、不穏な空気が拡がっていることは認めている。正すべきこの不満が最も強く最もひんぱんに噴出するのは、産業が高度に発達した社会の上流社会の女性の場合である。言い換えれば、こうした女性たちは、身分や庇護や代行生活といったあらゆる関係からの解放を相当真剣に求めている。このような反発は、身分制時代から受け継がれた生活様式の下で代行を強要される階級の女性たちや、経済発展の結果、こうした伝統的な生活様式がふさわしかった状況からかけ離れた社会に生きる女性たちに、とくに顕著に表れる。世間体を維持する必要上、有用な仕事から除外され、代行消費と代行閑暇の生活に縛りつけられた女性たちが、まさにそうだ。

この「ニューウーマン」運動の動機を誤解した評論家は少なくない。人気の高いある社会問題評論家は、それなりに誠実に、アメリカの「ニューウーマン」の問題を最近次のように総括している。「彼女は世界で最も愛情深く最も働き者の夫にかわいがられている……そして教育でも、その他のほとんどについても、夫より秀でている。彼女にはこまやかな心づかいが数限りなく注がれる。それでも彼女は満足しない……アングロサクソンの『ニューウーマン』は現代の最も滑稽な申し子であって、世紀の大失敗に終わるだろう[19]」。この発言に含まれているおそらくは的を射た軽蔑を除けば、このような物言いは問題をますます混乱させるだけだ。運動を総括したこの典型的な発言の中で、満足すべき理由として挙げられているものこそ、新しい女性の不満の種なのである。彼女はかわいがられ、当然の庇護者たる夫の代行として派手な消費を見せびらかすことが許されている——というよりは、要求されている。彼女は卑しい有用な仕事を免除されている——というよりは、禁じられている。必然の（経済的）庇護者の世間体を保つために、閑暇の代行役を果たさなければならないからだ。昔からこうした役割は自由を持たない者の象徴であり、合目的的な行動をしたいという人間の本能に反するものだった。だが女性は、おそらく男性以上に勤労本能を持ち合わせていると思われる。だから無為に生活を送ったり無駄な出費をしたりするのは不快にちがいない。自分が接する経済環境からの刺激に、庇護者を介すのではなく直接に反応して生活を営みたい、自分のやり方で自分の人生を生き、もっと直接に産業活動に携わりたいという欲求は、おそらく男より女のほうが強いと考えられる。

女性は、退屈な労役をする立場に一貫してとどめおかれる限り、だいたいはその運命に甘んじるものである。やるべきことが具体的に決まっているうえに、自分のことは自分で決めたいという生まれながらの欲求について深く考える時間もないからだ。女が辛い労働を引き受けなければならない時代が過ぎ去ると、今度は苦役を伴わない代行閑暇が上流階級の女性の役割として受け入れられるようになる。そして金持ちの体面を維持する必要上、形式的に無目的の行動をする役割を強要されるようになった。こうして高い志を持つ女性たちは、長い間、自己表現や「役に立つこと」をしたい気持ちにならないよう仕向けられていたのである。このことは金銭文化の初期にとくに当てはまるが、この段階で有閑階級が閑暇に行うのはまだおおむね掠奪的な活動であり、自らの力を誇示することであって、そこには他の階級に差をつけるという具体的な目的がはっきりとあった。だから、誰がやってもすこしも恥ずかしくない仕事として大まじめに考えられていた。この状況が一部の社会で現在まで続いていることはあきらかで、身分感覚の強さや勤労本能の乏しさに応じて度合いはちがうものの、個人の中にいまも根付いている。だが社会の経済構造が発展し、身分制度に基づく生活様式が時代遅れになると、もはや主従関係が唯一「自然な」人間関係とは受けとられなくなり、合目的的な活動を志向する古い時代の習慣が復活し始める。この古い習慣は、掠奪的な金銭文化がもたらした最近の習慣や価値観を快く思っていない人に強く表れる。掠奪的・準平和的社会の規範に従うこうした思考習慣や価値観は、表面的で一過性のものであるから、発展した経済状況に適さなくなると、社会や階級に対する強制力をたちまち失ってしまう。現代社会の勤労階級を見れば、このことはあきらかだ。もはや彼らは有閑階級の生活様式の大半から解放されており、とりわけ身分感覚には束縛されていない。そして上流階級でも、形こそちがえ、同じ流れが見受けられる。

掠奪的・準平和的文化に由来する最近の習慣は、種族の基本的な特性や気質の変種によるもので、あまり長続きしないと考えられる。もとになった基本的な特性や気質は、初期の原始的な文化段階で長期にわたって条件づけられるうちに獲得されたものである。その頃はおおむね質素な変化に乏しい物質環境で、未分化の経済活動が平和裏に営まれていた。やがて競争的な生活に誘発されて新しい習慣が生まれても、経済条件に合致しなくなればすぐに衰えていく。こうして、新しく発展した種族本来でない習慣は、古い時代のより根源的な習慣に席を譲ることになる。

こう考えると、ニューウーマン運動は、ある意味で種族本来の人間性へ、あるいは人間性のより未分化な発現への回帰を示していると言えよう。それは、原人のような人間性、形態はともかく本質はまだ未分化の時期に属しているような人間性への回帰である。いま論じている運動も、進化の過程も、最近の社会の発展過程とこの点で共通する。社会の発展が、初期の未分化の経済に特徴的な精神構造へ回帰する兆候を示す場合には、とくにそうだ。他人に差をつけようとする性癖が薄れる傾向を示す兆候はそう多くはなく、決定的とも言いがたいが、しかしまったくないわけではない。たとえば、現代の産業社会で身分感覚が全体的に弱まってきたことは、この流れを示すものだ。また、生活における無目的な活動を再び批判するようになったことや、社会全体や他の社会集団を犠牲にして個人の利益のみを追求することへの批判が復活したことも、そうである。さらに、苦痛を与えることを非難し、掠奪的な企てをよしとしない風潮もそうだ。そうした企てが、社会にも、そこに属す個人にも何ら物質的損害を与えないとしても、やはり非難される。現代の産業社会に生きるごくふつうの冷静な人間が理想とするのは、平和や善意や経済効率を高める人間であって、利己心や権力や不正や支配を追求する人間ではない、と言ってよかろう。

有閑階級の影響は、こうした人間性の原型の復活に一貫して有利に作用するとか、不利に作用するということはない。未開時代の無私の気質をとりわけ多く備えた人が生き延びる可能性について言うなら、有閑階級は保護された立場にあって経済的競争に関与しなくて済むので、そうした人にとって直接的には有利だと言える。しかし間接的には、有閑階級の制度は財や労力の衒示的浪費を必須条件とするため、未開の気質を色濃く備えた人が有閑階級に属していない場合には、生存が困難になろう。体面を保つために浪費をせねばならぬということになると、人々の余ったエネルギーは他人に差をつけるための競争に吸い取られ、無私の精神を発揮する余地は失われる。それに伴う抽象的・精神的で迂遠な効果もまた同じように作用し、おそらくはより効果的に同じ結果をもたらすだろう。体面の維持という条件は他人と比較し差をつける欲求の洗練された形であるから、そうでない行動を妨げ、利己的なふるまいを促す方向に作用する。

第14章　金銭文化の表現としての高等教育

社会の良識は、ある種の適切な思考習慣を次世代に受け継ぐために学問教育を必要とみなし、一般の生活様式に組み入れている。こうして教師や学問の伝統に導かれて思考習慣が形成され、個人の有用性を左右する経済価値を持つようになる。その価値は、日々の生活の実践のうちに形成される思考習慣の経済価値に劣らぬ重みがある。有閑階級の好みや金銭的な価値基準に従って行われる学問や教育の特徴は、何であれ彼らの思考習慣の産物であり、こうした教育が何らかの経済価値を持つとすれば、それもまたその思考習慣の価値を忠実に反映することになるからだ。となれば、有閑階級の生活様式に由来する教育制度の特徴、たとえば教育の目的・方法や教える知識の範囲・内容などをここで挙げておくことは、けっして無用ではあるまい。有閑階級の理想の影響が最も顕著に表れているのは、厳密な意味での教育、とりわけ高等教育である。本章の目的は、金銭文化が教育におよぼす影響について膨大なデータを検証することではなく、有閑階級が教育にどのように影響をおよぼすかを解説することにある。そこでここでは、この目的に役立つような高等教育のいくつかの特徴を取り上げるにとどめる。

学問は、その起源や発展の初期段階においては、社会の信仰心と密接な関係があった。とくに、超自然的有閑階級である神に捧げる宗教儀式と関係が深かった。超自然的な力を宥《なだ》めるために行われる原始宗教の儀式は、社会の時間と労力を生産活動に役立てているとは言いがたい。したがってそのような儀式はだいたいにおいて、超自然的な存在に代わってなされる代行閑暇だと言える。この存在は、祈りと服従の誓いを捧げて善意を引き出す交渉の相手と位置づけられる。初期の学問の大部分は、こうした儀式の知識や手腕の獲得に費やされていた。だからそれは、世俗の主人に対する家内奉仕に必要な訓練とよく似た性質のものだった。原始社会において聖職者が教師として教えた知識は、その大部分が宗教や儀式に関する知識であり、つまりは超自然的な存在に近づき傅《かしず》くための最も適切かつ効果的で好ましい方法に関する知識にほかならない。この超越的な権力を持つ存在にとっていかに自分を必要不可欠なものとするか、事が何であれ、いかにしてとりなしあるいは不介入を求め、さらにはこちらから要求できる立場を獲得するか、ということを学んだわけである。最大の目的は神を宥めることであって、この目的を果たすためには、僕《しもべ》として仕える術を学ぶことが大部分を占めていた。これ以外の要素が聖職者や呪術師による教育の中に入ってくるまでには、かなりの時間を要した。

この世の外から働く底知れぬ力に仕える聖職者は、この力の持ち主と無学な大衆との間をとりもつ役割を果たすようになる。聖職者は超自然的な存在と交渉するための知識を備えており、直接やりとりすることが許されているからだ。そして支配者の仲介役が思いつきそうなことだが、支配者が人間であれ超自然的存在であれ、ともかくも願いごとを何でも叶えてくれると凡人にわからせるような手段があったらじつに具合がいい、と考えるようになる。そこで、ある種の自然現象に関する知識と巧妙なごまかしの技術が聖職者の学問に取り込まれるようになる。こうした知識は、驚くべき出来事を説明するのに役立つからだ。この種の知識は「不可知」の知識とされ、その深遠な性格ゆえに聖職者の目的に大いに貢献した。学問が一つの制度として出現したのは、こうした契機からだったと考えられる。宗教や魔術や呪術的詐術といった母胎から学問が分離する過程はゆるやかで、最も進んだ高等教育機関であっても、分化はまずもって完了していない。

学問に備わった深遠さは、かつてもいまも、無学な者に感銘を与え威圧するのにじつに効果的で都合がいい。字が読めない人たちは、だいたいにおいて、神秘的なことに通じているかどうかで学者の偉大さを判断する。典型的な例を挙げれば、ノルウェーの農民たちは一九世紀半ば近くまで、マルティン・ルター、フィリップ・メランヒトン、ペーター・ダスから最近のニコライ・グルントヴィにいたる神学者たちの博学ぶりを、黒魔術に通じているかどうかで直観的に判断していた。彼らも、これほど有名でない大勢の学者たちも、みな魔術の専門家として名高かったのである。また教会で高い地位にいる聖職者も魔術のやり方や神秘的な知識に通じているのだと、善良な人々は考えていた。つまり大衆の頭の中では、博識とは神秘的な知識を備えていることだった。このことを示すより身近な例として、今日の有閑階級では神秘学に傾倒する人がふつう以上に多いことが挙げられよう——もちろん神秘学に惹かれるのは有閑階級に限ったことではないが。この事実は、有閑階級の生活が知的関心に与える偏向を示していると言ってよいだろう。現代の産業に携わらずに思考習慣が形成された人たちは、神秘的な知識こそが、唯一とは言わないまでも究極の知識だと信じ込んでいる。

このように、学問はある意味で、代行閑暇を行う聖職者階級の副産物だった。そして高等な学問は、すくなくともごく最近まで、聖職者階級の副産物あるいは副業にとどまっていた。しかし体系化された知識が増えるにつれて、神秘的な知識と通俗的な知識とが区別されるようになる。これが起きたのは、教育の歴史のかなり初めの頃である。両者が区別される限りにおいて、前者は経済や産業に何の影響もおよぼさない知識から成り、後者は産業や生活の物質的目的に役立つ自然現象についての知識で成り立っていた。この境界線は、すくなくとも大衆の理解によれば、やがて高級な学問と低級な学問を分けるものとなっていく。

原始的な社会では、賢者や古老は形式、前例、序列、儀式、礼服その他の道具立てにひどうるさい。この事実は、彼らが聖職者の知識に精通しているとともに、その仕事の大部分が作法や儀礼としての衒示的閑暇に相当することを示している点で、重要である。つまり当然予想されるように、高等学問の初期段階では、それは有閑階級がやるものだったと言ってよい。より正確には、超自然的な存在に仕えて代行閑暇を演じる階級のやるものだった。このような偏りは、聖職者と学者が近いこと、あるいは兼任していることを示唆する。おおざっぱに言えば、学問も聖職者の仕事と同じく、始まりはある種の呪術にあった。このため必然的に、形式や儀式の魔術めいた仕掛けや道具立てが学問につきものになる。儀式や小道具は、魔術や呪術に神秘的な効験を発揮する。だから、魔術や学問の初期段階ではそれらは不可欠の要素だったし、その存在は単に象徴として好まれる以上に、実際に役立っていた。

象徴としての儀式の有効性や、伝統的な道具立ての巧妙な演出によって実現される呪術的効果がとりわけ顕著に感じられたのは、科学の領域ではなく、神秘学の領域ですらなくて、魔術の実践の場である。とはいえ、教養のある人が学問の価値を考えるときに、こうした儀式的な小道具をまったく無用だとは言うまい。西洋文明における学問の歴史を振り返ってみれば、こうした儀式的な小道具が、その後の発展過程でも執拗に残っていることがよくわかる。学問の世界では、今日でさえ、学帽とガウン、入学・入会・卒業の儀式、使徒継承の大学版のような学位・位階・特権の授与が慣例的に行われている。学問の世界でこのような衣服や聖餐式めかした儀式や頭の上に手を置く按手礼《あんしゅれい》によって学位その他を授けることが慣例化したのは、聖職者階級の慣行に端を発していることはあきらかだ。だがその源泉は、一方で聖職者が魔術師から分化し、他方では現世で主人に仕える卑しい僕から分化して、厳密な意味の聖職に特化した時点まで遡ることができる。こうした慣例や、それを支える概念は、その起源も心理的要素も、呪い師や雨乞い祈禱師以前の文化段階に属している。のちの宗教儀式や高等教育機関にこの種の慣例が残っているのは、人間性の発展過程でアニミズムの要素が残っていることと呼応する。

現在および近い過去の教育制度において儀式的な性格が主に出現するのは、技術や実践を教える下等な学校ではなく、自由主義的かつ古典的な高等教育機関であると言ってよかろう。名もない下等な教育機関が儀式的な要素を持ち合わせているとすれば、それはまちがいなく高等教育機関からの借り物である。古典的な高等教育機関が手本を示し続けなかったら、下等な学校に儀式めいたものが存続するかどうかは、控えめに言っても大いに疑わしい。実用教育を行う学校が高等教育機関の慣行を導入し維持するのは、つまりは擬態である。教育機関の学問的評判の基準は、儀式という飾りものの特徴を代々正統的に受け継いできた格上の学校が維持しており、格下の学校もできるだけそれに合わせたいと望んでいる。

この分析はさらに進めることができよう。儀式的要素の保存や復活がどこよりも力強く自発的に表れるのは、聖職者や有閑階級の教育を主に行う学校である。だから近年の大学（総合大学および単科大学）の発展状況を調べてみたら、下層階級にすぐに役立つ知識を教えるために設立された学校が高等教育機関に移行する場合には、実用的な分野から高度な古典的分野に教育内容が移行するのと並行して、儀式や小道具だの手の込んだ学内行事だのが発達していることがわかるはずだし、実際にもそうなっている。実用学校の当初の目的は、勤労階級の若者を労働に適応させることであり、発展の初期段階で主に教えたこともそれであった。これらの学校も、いずれは高等な、つまり古典的な学校へ移行していくのが通例であり、そこでは聖職者階級や有閑階級（成り上がりも含む）の若者に消費の準備をさせることが主目的となる。世間で認められたやり方に則って評判を獲得できるように、有形無形の財を消費する準備である。苦学生を支援する目的で「人民の友」の類いの団体が設立した学校は、こうしたよろこばしい経過をたどるのが常道だった。これがうまくいった場合には、だいたいにおいて、学校生活に儀式的な要素が増えるという変化が同時に起きた。

今日の大学生活で学位授与などの儀式がおおむね最もよく定着しているのは、主に一般教養を教える大学である。近年発展してきたアメリカの大学の生活史をひもとくと、両者の関係をはっきりと見受けることができる。とはいえ例外も少なくない。とくに名高い教会が設立し、当初から保守的かつ古典的な形態だったか、短期間のうちにそうなった学校の中には、例外が目立つ。だが比較的新しいアメリカの都市に今世紀中に設立された大学に関しては、おおむね次のように言える。すなわち、その地域が貧しいままである間や、学生の出身階層が勤勉と倹約の習慣を備えている間は、呪術めいた儀式的な要素が学内で受け入れられることはほとんどなかった。だが富の蓄積が進み、有閑階級出身の学生が増えるにつれて、儀式的な要素が目立つようになり、服装や式典に関しても、古い形式に従うことが重視されるようになる。たとえば、中西部の大学で学生の出身階層における富の蓄積が進むと、ほぼ時を同じくして、学内行事や学生サークルの社交シーズンに男子学生は燕尾服、女子学生はローブ・デコルテの着用が、最初は容認され、のちに義務づけられて定着した。富の蓄積と儀式の関係を検証するのは、そうした膨大な作業に伴う技術的困難を別にすれば、さしてむずかしいことではあるまい。同じことが、学帽とガウンについても言える。

学帽とガウンは学問を修めた者の証として、ここ数年間にこの種の大学の多くで採用されてきた。このような現象は、もっと早い時期には起こりえなかったと言ってよい。というのも、有閑階級の気風が地域社会で十分に発達し、教育の正統的な目的に関して古い見方に回帰する気運が高まるのを待たねばならなかったからだ。大学の儀式を特徴づけるこれらの品目が、荘厳な効果を好む懐古趣味や象徴主義に適うという点で有閑階級の好みと一致しただけでなく、衒示的浪費としても目立つため、彼らの生活様式とも一致していた点に注目すべきだろう。学帽とガウンへの回帰現象が起きるやいなや、それが多くの大学に波及したのは、伝統を守り体面を重んじる隔世遺伝的な感覚が当時社会に拡がっていたこととといくらか関係があると考えられる。

この奇妙な回帰現象が起きたのは、教育以外の分野でも懐古的な感情や伝統尊重の気運が高まった時期と一致すると言っても、あながち的外れではあるまい。回帰の気運を最初に刺激したのは、南北戦争が人々の心理にもたらした転機だったと考えられる。戦争が日常になると、思考習慣は掠奪的になるものだ。それとともに、連帯意識に代わって排他的な党派主義が幅を利かせ、公平な奉仕の精神も競争と差別の意識に駆逐される。こうした要因が重なった結果、南北戦争以後の世代では、社会生活においても、宗教儀式を始めとする象徴的・儀礼的な事柄でも、身分感覚が復活した。半ば掠奪的な取引習慣、身分への固執、擬人神観、保守主義の風潮が、一八七〇年代から徐々に、八〇年代にはしっかりと根付いていった。野蛮時代の気質の露骨な表れとして、無法者の復活や、ある種の実業家による掠奪まがいの詐欺行為といった現象も出現したが、これらは先ほどの風潮よりも早く頂点に達し、七〇年代末にはかなり下火になっていた。擬人神観の復活も、八〇年代末になる頃には最盛期を過ぎていたと考えられる。一方、いま問題にしている大学の儀式や小道具は、野蛮時代のアニミズム感覚の間接的な表現であるため、これらが流行し洗練されていくまでには時間がかかり、頂点に達したのはもっとあとのことである。その頂点も、すでに過ぎ去ったと考えてよい。新たな戦争体験による刺激でもない限り、あるいは増え続ける富裕層が浪費や身分のちがいを誇示しうる儀式を強力に後押ししない限り、近年発達した学問の象徴だの儀式だのといったものは、次第に衰退するだろう。しかし、学帽とガウンを始めとする大学の作法の一段と厳格な遵守が、野蛮時代への回帰という南北戦争後の流れに乗ったものだとしても、同時に資産階級において富の蓄積が進まなかったら、儀式への回帰は起きなかったにちがいない。というのも、富が蓄積されて初めて、高等教育に対する有閑階級の要求に沿ってアメリカの大学を整備する動きに、十分な資金援助が得られるようになったからである。学帽とガウンの採用は、現代の大学に見られる注目すべき回帰現象の一つであると同時に、これらの大学が現実の学業においても、将来の構想においても、有閑階級の御用機関になったことを示している。

教育制度とその社会の文化水準との密接な関係を示すもう一つの例として、近年では高等教育機関の長に、聖職者に代わって実業家を据える傾向が出てきたことが挙げられよう。もっとも全面的な傾向ではなく、またさほど明白な現象でもない。学長に最も好ましいのは、聖職者の役割を果たせると同時に経営手腕も持ち合わせた人物である。また似たような傾向として、あまり目立たないけれども、営利の才のある人間を教授に指名する傾向もある。つまり大学で教える者の条件として、事業を運営し宣伝する能力が以前よりずっと重視されるようになったということだ。このことは、日常生活の事象と関連の深い科学分野や、経済が最優先される社会に創立された大学に、とくによく当てはまる。聖職者の能力を経営手腕で一部置き換える現象は、評判を得る主な手段が衒示的閑暇から衒示的消費へ移行したことに伴って起きた。この二つの現象の相関性はあきらかであり、これ以上分析する必要はあるまい。

女性の教育に対する学校や知識階級の態度を見れば、かつては聖職者と有閑階級の特権だった学問の位置づけがどのように変わってきたかがよくわかる。また、現代の経済や産業の問題に、誠実な学者たちがどのように取り組んできたかを知ることもできる。高等教育機関は、つい最近まで女性の入学を禁じていた。これらの機関はもともと聖職者と有閑階級の教育を行うことを目的としており、その後もおおむねそれを貫いてきたという背景を持つ。

すでに述べたように、女性はもともと従属者の立場に置かれていたが、とくに名目的・形式的な地位に関する限り、今日にいたるまでそうだと言ってよい。エレウシスの秘儀にもなぞらえられる高等教育の特権を女なぞに与えることは、学問の尊厳を傷つけるものと考えられていた。こうしたわけで、格の高い学校が女性に門戸を開いたのはつい最近になってからのことであるし、それも産業が高度に発展した社会に限られていた。しかも、現代の産業社会のように事態が急を要する場合でさえ、格調高い有名大学は、女性の受け入れにひどく気乗り薄である。階級を重んじる身分意識は、知性に優劣を設けて男女を差別しようとする意識となって、学問の特権階級を形成する人たちの間にしぶとく生き残っている。そして、女性が獲得すべき知識は次の二項目に限られると考えられていた。第一は、家事に、すなわち家庭の領域ですぐに役立つ知識である。第二は、代行閑暇として実行できるような似非学問や似非芸術の技能の類いである。学習者自身の生活に役立つ知識は女らしくないとされた。また、礼節を守るためでもなく、学習の成果の活用や見せびらかしによって主人の満足や評判を高めるためでもなく、単に学習者自身の知的関心から学ばれる知識も、同罪だった。同様に、代行でない閑暇を示すような知識も、大半が女らしくないとされた。

こうした高等教育機関と社会の経済活動との関係を理解するに当たっては、先ほど検討した現象は経済学的に意義があるというよりも、あくまで高等教育機関の一般的な姿勢を示す点で重要であることに注意されたい。具体的には、知識階級が産業社会の傾向に対して抱く本能的な感覚や敵意を示すと同時に、高等教育機関と知識階級が発展過程のどの段階に位置づけられるかを表してもいる。したがってこれらのことから、この階級の学問と生活が社会の経済活動や生産性により直接的に関わる局面や、時代の要求に対して生活様式を調整せざるをえなくなる局面で、この階級がどうふるまうかを類推することが可能になる。知識階級にいまだに残っている過去の遺物は、復古的とは言わないまでも保守的な思想が浸透していることをうかがわせる。この傾向は、伝統的な学問を教える格の高い教育機関にとくに顕著である。

高等教育機関には、こうした保守志向のほかに、同じ方向へ向かう宗教的な特徴がもう一つある。儀式や形式のような枝葉末節へのこだわりに比べれば、こちらのほうがはるかに影響は大きい。たとえばアメリカの大多数の大学は何らかの宗派と結びつき、宗教儀式を行っている。大学は科学的な方法や科学的な思考に通じているのだから、よほどのことがない限りアニミズム的な思考習慣に染まることはあるまい。とはいえ多くの大学は、古い文化の擬人神信仰や儀式への執着を露呈している。宗教心の表明は、学校組織としても個々の教官としても、多分に形ばかりの便宜的なものにすぎないにせよ、高等教育機関に信仰の要素がかなりの程度存在することはまちがいない。となればこれは、古い時代のアニミズム的思考習慣の表れと考えるべきだろう。それは教育にいくらかなりとも反映されるにちがいないし、その限りにおいて、学生の思考習慣を保守主義や復古主義寄りにする影響をおよぼすはずだ。それは、学生の科学的思考、すなわち産業に最も役立つ思考の進歩を妨げる結果となる。

有名大学で今日さかんなカレッジスポーツにも、同様の傾向が認められる。スポーツは、心理面でも規律面でも大学の宗教的傾向と共通点が多い。とはいえ、スポーツにおける野蛮時代の気質の発露は、学生個人の気質によるものであって、大学の気風に帰すべきではあるまい。ただし、よく見かけるように、大学当局や理事たちがスポーツ振興に積極的な場合は別である。いくらか趣を異にするが、これと似たことが大学の社交クラブや友愛会といった学生組織にも当てはまる。カレッジスポーツはだいたいにおいて掠奪本能の発揮に終始するが、学生組織のほうは、野蛮時代の掠奪気質の特徴である排他的な党派意識が前面に出る。また、学生組織と大学のスポーツ活動の間には密接な関係がある。スポーツと賭博習慣についてはすでに述べたとおりであり、スポーツや学生組織の訓練の経済価値について、これ以上論じる必要はあるまい。

もっとも、スポーツも学生組織も、大学にとってはおまけにすぎない。大学というものは、表向きは研究と教育のために存在しているのであって、スポーツその他がそれらと切り離せない要素であるとは言いがたい。とはいえ、そこに表れる徴候から、経済的観点から見た教育・研究の特徴について仮説を立てることは可能だ。また、大学の庇護下で行われる教育・研究が、大学に逃避した若者におよぼす偏向的影響についても、仮説を立てることができる。すでに述べたことから仮定できるのは、高等教育機関は、その教育・研究においても、儀式的な要素においても、保守的になりがちだということである。この仮説を検証するには、実際に行われている教育・研究の経済学的な比較や、高等教育機関が保存しようとする学問の検討が必要になる。保守的ということに関して言えば、世評の高い大学が最近まで保守的な立場をとってきたことは、よく知られているとおりだ。彼らは、何であれ新しいものを嫌う。新しい視点や新しい知識体系が大学の中で認められ、支持を得るのは、大方の場合、それらが大学の外で認められてからである。主な例外は、伝統的な価値観や生活様式に何ら重要な影響を与えない些末な修正や革新ぐらいだろう。たとえば数学や物理学のこまかい事実、古典の新しい読み方や解釈、それも、言語学や文学にのみ関わる場合などだ。名のある大学や学者たちは、ありとあらゆる革新を疑いの目で見てきたと言ってよく、例外はと言えば、狭い意味の「一般教養」の範囲に属す事柄や、革新的な学説の提唱者が一般教養の伝統的なものの見方を不問に付した場合にとどまっている。まったく新しい学説や、既存の学説からの乖離、とりわけ人間性に関わる理論の新説が大学で歓迎されることはなく、かなり遅れて、それも渋々受け入れられるだけである。知識の地平を拡げようと努める学者は、だいたいにおいて同時代の知識人からよく思われない。格の高い大学ほど、学問の方法や知識の重大な進歩を認めようとしない。ようやく認めるのは、それらが陳腐化し使い古されてから、つまり学外で生まれた新しい知識や視点の下で生まれ育ち、それによって思考習慣が形成された新しい世代にとって、ごく当たり前の知的手段になってからだった。これが、近い過去における事実である。現在についてもこれが当てはまるかどうかは、断言できかねる。というのも、現在の事実は、その相対的重要性を公平に判断できる立場からは見られないからだ。

ここで、これまで取り上げていなかった富裕層のメセナ（文化・芸術活動への支援）について触れておこう。文化や社会の発展を扱う専門家や評論家は、折りに触れてメセナについて長広舌をふるってきた。富裕層によるメセナは、当然ながら高等教育や知識・文化の普及に大きな影響を与えており、彼らの後援が学問の振興に貢献したことはよく知られている。メセナ活動に精通し、これを広めようとする人たちは、活動の文化的重要性を熱心に説いてきた。だが彼らの関心は文化や世評に偏りがちで、経済面の関心は乏しかった。よって経済的視点や産業上の有用性の観点から、富裕層のこの役割や学問に対する姿勢を評価することには、それなりの意味があると考えられる。

メセナで後援する側とされる側の関係を考察するに当たっては、単純に経済や事業の関係性として捉える限りにおいて、これが身分関係だということに注意されたい。パトロンの庇護を受けた学者は、パトロンの代行として学究生活を送り、パトロンになにがしかの名声をもたらす。ちょうど、主人のために何らかの形で代行閑暇を演じれば主人の評判が上がるのと同じである。また過去を振り返ってみると、メセナによって後援を受けた教育・研究は、古典や一般教養の奨励が最も多かったことに注意する必要がある。こうした知識は、産業の生産性を押し下げる方向に作用する。

さらに、有閑階級が知識の習得に直接取り組む場合についても述べておこう。有閑階級にとっては世間体がよいかどうかが基準であるため、社会の産業活動と関係のある学問よりも、古典や博学に知的好奇心が向かいやすい。古典以外で有閑階級の人々がよく取り組むのは、法律学や政治学、中でも行政に関する学問である。この種の学問は、本質的には、有閑階級が独占的に統治を行うのに都合がよい原理原則の集合体だと言ってよい。したがってこうした分野に対する興味は、純粋に知的なものではなく、この階級が直面する支配関係の必要性に根ざした実用的なものである。統治とは起源をたどれば掠奪であり、掠奪行為は古い時代の有閑階級の生活様式と融合していた。平たく言えば、有閑階級は下位階級を支配し、強制して、生活の糧を得ていた。このため統治にまつわる学問は、それに肉付けを与える実践的知識とともに、有閑階級にとって他の学問とはまた別の魅力を持つのである。統治という仕事が、形式的あるいは実質的に彼らに独占されている場合には、とくにこのことが当てはまる。また有閑階級による独占的な統治がすたれてきた現代の社会でも、こうした古い時代の統治形態がまだ残っている場合には、やはり当てはまる。

純粋に認識的・知的関心から取り組まれる学問分野、すなわち厳密な意味での科学分野に関しては、有閑階級の姿勢も、金銭文化の影響も、さきほどの分野とはちがってくる。知識のための知識を追究する人、すなわち確たる目的なしに知的能力を発揮しようとする人は、そうした探求から物質的利益を得る必要のない人だと考えられる。有閑階級は生産活動を行う必要がないので、知的探究心を自由に発揮できるはずだ。したがって、多くの専門家が自信を持って断言するように、学者や科学者や知識人の多くが、有閑生活の修養によって知的探究心を刺激された有閑階級の出身であっておかしくない。たしかにこうした結果は、いくらか期待できる。だがすでに何度も述べたように、この階級の知的関心を科学研究から逸らす要因が存在する。まず、有閑階級の生活を特徴づける思考習慣は主従関係の上に成り立っており、名誉、財産、価値、地位など、他人との差別化に結びつく派生的な概念に左右される。科学の主要素である因果関係を理解するには、こうした思考習慣は適していない。そのうえ有益な知識は品がないとされ、尊敬を得られない。となれば有閑階級の関心は、もっぱら財力など世間の評判になる要素で差をつけることに向かい、知的な方面はえてしてないがしろになりがちだ。また知的好奇心が発揮される場合でも、科学的知識の探求ではなく、名声を得られる無益な知識の探求に向かいやすい。事実、外から体系的な知識が持ち込まれない限り、聖職者階級や有閑階級の学問は長らくそうだった。だが、主従関係がもはや社会の生活を支配する要素ではなくなってからは、学者も、従来とは異なる生活観や価値観を受け入れざるをえなくなっている。

上流の有閑紳士の世界観は身分関係に基づいていると考えられるし、実際にもそうである。このような紳士が知的好奇心を持ち合わせている場合には、この世界観に基づいてものごとを理解しようとするはずだ。有閑階級の理想が染み付いている古い流儀の紳士はまさにそうだし、子孫の代にも、上流階級の美点をすべて受け継いでいるなら、同じことが当てはまる。とはいえ遺伝というものは気まぐれであり、紳士の息子がみな紳士とは限らない。とくに、有閑階級の気風にまだ染まっていない子孫に、掠奪的な家長の思考習慣が伝達される場合には、きちんと伝わらないことがままある。有閑階級の中で、先天的であれ後天的であれ知的探究心を最もよく発揮するのは、祖先が下流か中流階級だった人たちである。言い換えれば、勤労階級に固有の性質を受け継いだ人たちや、産業社会において有用な性質を備えているおかげで有閑階級にのし上がった人たちである。もっとも、このように成り上がった人たち以外にも、科学的探求に向かった人たちは少なくない。身分意識があまり強くない人は論理的なものの見方ができたし、論理志向が強い人は科学に取り組んだ。

格調高い学問の中に科学が入り込む一つの原因をつくったのは、有閑階級の変わり種の子孫である。彼らは、人間関係の新しい伝統の影響を受けて育ち、身分社会に特徴的な気質とははっきり異なる傾向を備えていた。だがこのような変わり種が存在したこと自体には別の原因があり、こちらのほうが重要である。それは、勤労階級の中に、裕福な環境に育ち、食い扶持を稼ぐ以外のことに関心を向けられるような人たちがいたことだ。この人たちは身分社会より前の時代の価値観を受け継いでおり、学問に取り組む際に身分意識や擬人神信仰に囚われなかった。科学の進歩に大きく貢献したのはこの二つの集団、つまり有閑階級に成り上がった人たちと裕福な勤労階級に育った人たちであるが、より貢献度が高かったのは後者である。いずれにせよ両方について、次のことが言えよう。現代の生活条件や機械制産業の要求に直面した社会は、理論的知識を形成できるよう思考習慣の変容を迫られたのであるが、その媒介役を果たしたのがこの二つの集団だった、ということである。彼らは知識を生み出したわけではないが、理論的知識に転換する役割を果たした。

自然現象であれ、社会事象であれ、その因果律を明確に認識するという意味での科学が西洋文化の一大特徴となったのは、西洋の社会で産業が発展して機械化が進み、人間の仕事が物理的な力の識別と評価になってからのことである。産業活動がほぼこのようなパターンで進化し、産業に対する関心が社会生活の中心になるのとほぼ歩調をそろえて、科学もさかんになった。そして生活や知識のさまざまな面が次々に産業活動や経済に結びつくのに呼応して、そこに科学、とりわけ科学理論が取り込まれていった。より正確には、生活や知識のさまざまな面が次々に主従関係や身分意識の影響を逃れ、擬人神観や世間の評判といった身分制度に伴う条件に縛られなくなるのに呼応して、取り込まれていったと言うべきだろう。

現代の産業活動では、自然現象や社会事象を因果関係で理解することが差し迫って必要とされる。そこで人々は、そうした現象や自分自身との関係性を、原因と結果で理解し体系化するようになったのだと考えられる。こうしたわけだから、高度な学問が最盛期に達してスコラ哲学と古典主義がみごとに花開いたのが聖職者と有閑階級の副産物だったとすれば、さしずめ近代科学は産業の発展の副産物だったと言えよう。多くは大学の庇護を受けずにめざましい業績を残した研究者、科学者、発明家、思想家たちを介して、現代の産業活動に求められる思考習慣が一貫して表現され、体系化されていき、さまざまな現象の因果関係を説きあかす理論科学の柱となった。そして大学の外でなされたこうした科学的思索から、学問の方法や目的に変革がもたらされ、それらは折々に学者の世界に侵入することになったのである。

これに関連して、初等・中等学校で行われる教育と大学で行われる教育との間には、その内容にも目的にも大きな乖離があることを指摘しておかねばなるまい。教える知識の実用性や習得する技術のちがいもたしかに重要であり、注意を払う価値はあるし、実際にも折りに触れて注目されてきた。だがもっと本質的なちがいは、初等教育と高等教育それぞれによって導かれる精神的・心理的な方向性にある。このことは、先進的な産業社会で近年発達した初等教育に顕著に見受けられる。現代の産業社会の初等教育では、科学的事実の因果関係を重視し、その理解と活用に関する技能の獲得と熟達に力が入れられているのである。初等教育を受けられるのがまだ有閑階級に限られていた頃の伝統では、ふつうの小学校であっても、勉学を促すために競争がさかんに行われていた。だが、初等教育が宗教や軍事教育の影響を受けない社会では、競争のこうした便宜的な活用でさえ、目に見えて減っている。教育制度の中でも、幼稚園の手法と理想から直接影響を受けた学校には、とくにその精神面について、このことがよく当てはまる。

幼稚園教育はとりわけ競争や差別化とは無縁であり、同じような傾向が幼稚園の枠を超えて初等教育にも見られる。こうした傾向は、すでに述べた現代の経済環境における有閑階級の女性独特の精神性と関連づけて考えるべきだろう。幼稚園教育は、先進的な産業社会で最もよく発達している。これはつまり、古い家父長制時代の教育の理想から最も遠ざかっているということだ。先進産業社会には暇を持て余した知的な女性が大勢いるうえ、産業化の影響や軍事的・宗教的伝統が薄れているために、身分制度がいくぶん弱体化している。幼稚園教育を精神的に支えているのは、こうした暮らし向きの楽な女性たちである。世間体のよい生活をして財力を誇示する役割に居心地の悪さを感じているこうした女性たちは、幼稚園の目的や教育方法にことのほか惹き付けられる。こうした次第で、幼稚園に限らず幼稚園教育の精神が活かされている教育の場にはどこでも、「ニューウーマン」運動と同じく、無意味な行為や身分差別に対する女性たちの反発が反映されていると言ってよい。この反発は、現代社会において有閑階級の規律に縛られている女性の間に生まれやすい。ここでもまた有閑階級の制度は、身分意識に背を向ける精神を間接的に育てる。それは長期的には有閑階級の制度自体の安定を揺るがし、ひいては、それを支える私有財産制を脅かす可能性がある。

このところ、大学の教育内容にあきらかな変化が起きている。それは主に、教養科目、すなわち伝統的な「文化」や人格や美的感覚や理想を高めるとされている学問の一部を、事実を扱う学問、すなわち市民や産業の効率向上に役立つ学問に置き換えるという変化である。言い換えれば、消費を増やし、生産性を押し下げ、身分制度にふさわしい性格を養う学問を押しのけて、効率ひいては生産性を高める学問が優勢になったということだ。こうした変化に対して、高等教育機関はどこも保守的な姿勢を変えず、やむなく譲歩するという形で受け入れてきた。こうして科学が、内からではなく外から大学の教科に侵入してきたのである。科学に渋々席を譲った教養科目が、どれもこれも自己本位の伝統的な消費生活に適した学生を育てるべく手を加えられていたことは注目に値する。この伝統的な消費生活とは、「高貴なる暇」を理想とする礼節と身分の規範に従って、真善美を思索し享受する生活様式を意味する。教養科目の擁護者が使う古きよき価値観に染まった婉曲な言い回しによれば、彼らは「生まれついての無為徒食[20]」という理想に固執している。有閑階級の文化の下で設立され、それに依存している大学にこのような姿勢が見受けられるのは、驚くにはあたるまい。

伝統的な文化の基準や方法をできる限り変えまいとしてさまざまなことが主張されたが、その根拠にも、やはり古代の気質や有閑階級の生活観が表れている。たとえば、古代の有閑階級に広まっていた生活、理想、思索、財と時間の消費の仕方に由来する楽しみや好みは、現代社会の一般大衆に広まっている生活や知識や願望に由来する楽しみや好みより、「高級」で「上品」で「価値がある」とされる。現在の人間や事物に関する単なる知識を扱う学問は、相対的に「低級」で「下品」で「卑しい」とされる。それどころか、「人間が学ぶに値しない」という軽蔑の言葉が投げかけられることさえある。

教養科目に関する限り、有閑階級の代弁者の言い分は本質的にはまともであるように見える。古代の紳士たちは、宗教や党派活動や暇つぶしの自己満足のために日常的に思索を行っていたし、アニミズム的迷信やホメロスの英雄たちなどの野蛮行為に精通していた。その結果としての彼らの快楽や教養、精神構造や思考習慣は、審美的な基準からすれば、事実に関する知識や現代の市民や勤労者の能力で行う思索の結果よりも、基本的には正統なものと言ってよかろう。前者の思考習慣のほうが芸術的であるとか自慢できるといった点で有利であり、したがって、比較評価の基準となる「価値」の点で上回ることに疑いの余地はない。美意識の基準、とりわけ名誉の基準は、その性質上、遺伝や伝統によって受け継がれた種族の過去の経験や環境に依拠する。過去において長く優勢だった掠奪的な有閑階級の生活様式に基づいて種族の思考習慣や価値観が形成されたという事実は、現代でも美意識にまつわる多くの事柄に、そうした生活様式が正統な優越性を保っていることの十分な根拠となろう。当面の問題に関する限り、美意識の基準とは、長年にわたる事物の是非と美的な好悪の判断の習熟を通じて得られた種族の習慣にほかならない。他の条件が同じであれば、習熟の期間が長くて中断がないほど、美意識の基準は正統として定着する。以上のことは、一般的な美意識よりも価値や名誉に関する判断に、よりよく当てはまると考えられる。

だが、教養科目の擁護者が新しい学問に下す否定的な判断が、いかに審美的正統性を備えていたとしても、また古典的学問のほうが高尚で教養と品格をもたらすという主張がいかに本質的に正しいとしても、当面の問題には関係がない。当面の問題は、こうした学問や教育制度におけるその位置づけが、現代の産業社会の効率を高めるのか、足を引っ張るのか、ということだ。言い換えれば、今日の経済環境への円滑な適応を促進するのか否か、ということである。つまり問題は経済であって、美意識ではない。したがって有閑階級の学問に関する基準、これは高等教育機関が事実を扱う学問に否定的な態度を示す現象に如実に表れているのであるが、ともかくもその基準は、当面の目的に関する限り、この視点からのみ評価しなければならない。そしてこの目的のために使われる「高貴」、「卑しい」、「高級」、「低級」といった表現は、単に論者の意図や立場を示しているだけで、それ以外の意味はない。どの表現を使うかによって、新しい学問の価値を認めているかいないかを示すだけである。いま挙げた形容詞はどれも尊敬か軽蔑のどちらかを表す。つまり比較し差別するときの言葉であって、最終的には良い評判か悪い評判のどちらかに分類されることになる。となれば、これらの言葉は身分制社会の生活様式を特徴付ける観念の領域に属し、本質的には狩猟精神すなわち掠奪的でアニミズム的な思考習慣を表現していることになる。つまりこれらの言葉は、古代の価値観や生活観を暗示しているのである。しかしそのような価値観は、掠奪段階の文化とそこから生じる経済状況には適しているとしても、広く経済効率の観点から言えば無用の時代錯誤にほかならない。

格調高い大学が偏愛する古典と、それが教育に占める特権的な地位は、新しい学問を学ぶ世代の知的な方向性を定めるとともに、彼らの経済的能力を低下させる役割を果たした。古典を教わる者は、男らしい古代の理想を受け継ぐ一方で、知識を尊敬に値するものとそうでないものとに峻別することを叩き込まれる。古典の教育は、次の二つのやり方で学習者の経済的能力を低下させる。第一に、箔《はく》がつくだけの学問に対して実用的なだけの知識の習得を嫌うことを教え、それによって、産業や社会に役立たない学問に知性を発揮することにのみ心から喜びを見出すような偏向を初学者に植えつける。第二に、何の役にも立たない知識の修得に学習者の時間と労力を消費させる。ただし、学者の素養として必要な学問に古典が慣例的に組み込まれ、実用的な知識分野で使われる用語や語法にまで影響を与えている場合は、話が別になる。こうした用語や語法の定着は、古典がかつてさかんであったことの証拠であるが、ともかくもそのような語法上の困難を引き起こす以外には、古典にいまや実用的価値はない。たとえば古代語の知識は、言語学関係の研究をする学者以外には、何ら有用ではあるまい。だからといって、古典の文化的価値にけちをつけるつもりは毛頭ないし、古典の教科や古典学習が学生にもたらす好みを軽蔑するつもりもない。なるほど古典を愛することは、経済的には役に立たないように見えるし、これはおそらく周知の事実でもある。だからといって、古典の研究に喜びと勇気を得る幸運に恵まれた人は、この事実に惑わされる必要はない。格調高い理想の追求を勤労精神の発揚より重視する人にとっては、古典を学ぶことが学習者の勤労意欲を妨げる方向に作用するという事実など、とるに足らないことだろう。

信頼、平和、名誉、そして古来の謙遜が
いまここに立ち帰る、捨て去られた徳とともに(21)

この種の知識の修得が教育の必須条件となったがために、いまや死語となっている古代語を理解し使いこなす能力は、それを見せつける機会のある者にとっては自己満足の種となっている。そのうえこの種の知識を備えていることは、学のある聴衆にも、ない聴衆にも、学者の権威を見せつける効果がある。本質的には無用の知識を得るために膨大な時間が費やされているにちがいないのだから、それを備えていない人間は急ごしらえのいい加減な学問しかしていないと決めつけられる。と同時に、学問や知性のまっとうなあり方からすれば、にわか知識に劣らず見苦しいとされる低俗な実用知識しか、持ち合わせていないのだとみなされることになる。

このことは、材料や技法にあまりくわしくない買い手が何か品物を買うときに起きることとよく似ている。素人の買い手は、品物の本質的な有用性とは直接関係のない装飾部分の仕上げに金がかかっているように見えるかどうかで、価値を判断する。本質的な価値と、買い手の目を引くために付け加えられた装飾の費用の間には、何かしら相関性があると考えるからだ。同じ伝で、古典と教養の知識が欠けている人はまっとうな学問をしていないという見方は、ごくふつうの学生たちをそうした知識の修得に向かわせ、時間と労力の衒示的浪費を強いる。このように、尊敬を得られる学問の条件として、衒示的浪費が慣習的に強要されてきたわけである。人々の美意識の基準や学問の有用性の基準はこうした慣習に影響されているが、これは、装飾への衒示的浪費が品物の有用性の判断に影響を与えるのとまったく同じと言えよう。

世間の評判を得る手段として衒示的閑暇よりも衒示的消費が有効になってからは、死語の習得がかつてほど必須でなくなり、それに伴って、学識を裏付ける証文のような役割が薄れてきたことは事実である。だがそうはいっても、古典が尊敬に値する学者の証拠としての絶対的価値をほとんど失っていないことも、また事実だ。なにしろ学者が尊敬を勝ち得るには、無用に時間を費やした証拠と従来みなされてきたある種の知識を誇示すれば事足りるが、古典はこの目的をいともあっさり実現してくれる。実際、古典が高等教育において特権的な地位を確保し、最も格調高い学問として敬意を払われているのは、時間と労力の浪費の証拠となるからにちがいない。それはまた、そのような浪費をするだけの財力を持ち合わせている証拠でもある。古典は、他のいかなる知識よりも、箔をつけるという有閑階級の学問の目的に適っているし、ひいては評判を得るための有効な手段となる。

この点に関して、古典に太刀打ちできるものは最近までほとんど見当たらなかった。ヨーロッパ大陸に関する限り、古典を脅かす強敵はいまだに存在しないが、ここに来て大学では、運動競技が学業の公認の一分野としての地位を確立している。このようなものを学問に分類してよいとするならばの話だが、運動競技は古典の強敵となり、英米の大学での有閑階級の教育において最優位の座を争うようになった。運動競技は、有閑階級が行う学問の目的からすると、あきらかに古典より有利である。というのも、時間の浪費になるうえにお金の浪費にもなるからだ。しかも運動競技には、生産活動には役に立たない古代の性格や気質も求められる。ちなみにドイツの大学では、有閑階級の学業の一環としての運動競技や学生社交クラブの役割が、飲酒競争や形式的な決闘で一部代用されている。

高等教育に古典が導入された経緯は、有閑階級そのものとも、この階級が金科玉条とする復古主義や浪費ともほとんど関係はないだろう。だが高等教育機関が古典に固執し、古典がいまなお大いに尊敬されているのは、有閑階級の金科玉条にみごとに応えているからだということはまちがいない。

「古典」という言葉には、つねにこの復古主義と浪費の響きがつきまとう。死語を指す場合はもちろんのこと、現在の言葉で表される時代遅れの思想や表現を指す場合であっても、あるいは古典と呼ぶにふさわしくないような学問や概念を指す場合であっても、である。

英語の古い慣用表現を「古典」英語と呼ぶのもこのためだ。重大なテーマについて語ったり書いたりするときは古典英語を使うことが至上命令となっており、これを使いこなすことができれば、凡庸でつまらぬ話も格が上がる。英語の最新の語法を使って文章を書くなど、もってのほかである。ひどく無学で下品な物書きでさえ、古めかしい表現をよしとする有閑階級の不文律を心得ており、そのようなしくじりは犯さない。一方、古代の語法の中でもとりわけ格調高く伝統的で、ひどく特異な語法は、神とその僕との問答でのみ使われる。有閑階級の日常的な会話や文学表現は、この特異な語法と最新の語法の中間に位置づけられる。

書くにせよ話すにせよ、上品な言葉遣いは高く評価されやすい。ただし、どの場合にどの程度古めかしい言い回しが要求されるかをきちんとわきまえておくことが大切だ。説教壇と市場では当然ちがう。市場では、よほど口うるさい人でも、実用的な新しい言葉遣いを容認するだろう。新奇な言葉を注意深く避ける話しぶりが評価されるのは、すたれた言葉遣いを身につけるまでに時間を浪費したことのみならず、古めかしい言い回しを使う人に子供の頃から接していたことの証拠になるからだ。これは、先祖代々有閑階級であったことの証明になる。言葉の遣い方が決定的な証拠になるとは言えないにしても、新語の入り込まない言葉遣いをする人は、役に立つ卑しい職業には代々無縁だったと推定できる。無駄な古典主義の典型的な例として、英語の慣習的な綴り方である正書法が挙げられる。

これは、極東を除く地域に浸透している。正書法に精通している人の目から見ると、違反や逸脱はたいへん不快なものであり、どんな書き手もたった一つの誤りで信用を失墜してしまう。英語の正書法は、衒示的浪費によって体面を維持しなければならないという有閑階級の必須条件をみごとに満足させると言えよう。正書法というものは、古めかしくて厄介で、しかも非効率なので、修得には膨大な時間と労力を要する。そのうえ、ちゃんと修得していないとたちまち露見してしまう。こうしたわけで正書法は、学問に取り組む人にとって最初の手近な試金石となる。これをきちんと守ることが、誰からもばかにされずに学究に勤《いそ》しむ必須条件なのである。

端正な言葉遣いに関しても、慣習を重んじる人たちは本能的に自分たちの立場を擁護する。これは、彼らが金科玉条とする復古主義と浪費に則った他の慣習の場合と同じであるが、ともかくもその主張はこうだ。古代に確立された語法をきちんと使えば、現代の話し言葉を剝き出しに使う場合よりも、適切かつ正確に考えを伝えることができる。今日の考えを効果的に表現するには今日の俗語のほうが適していることは認めるにしても、古典の語法はやはり品格の点で尊敬に値する。古典の言葉を使いこなせるということは、生産活動を免除されている証であるからして、これこそが有閑階級の生活様式において正統とされる伝達方法である。よって、聞き手は注意を払い、敬意を払うにちがいない。正統な語法を使えば、世間に評価されるという余録もある。なぜ評価されるかと言えば、ひどく厄介で、時代遅れで、したがって時間を浪費した証拠になるからだ。また、単刀直入で粗野な言葉遣いをする必要がないことの証明にもなる。

訳注

（1）Nota notae est nota rei ipsius.
アリストテレスの言葉とされる。

（2）Summum crede nefas animam praeferre pudori
et propter vitam vivendi perdere causas.
古代ローマ帝国時代の風刺詩人デキムス・ユニウス・ユウェナリス『諷喩詩集』による。

（3）中世イングランドの神学者・政治家・教育家ウィカムのウィリアムの言葉。彼が創設したウィンチェスター・カレッジとオックスフォード大学ニュー・カレッジのモットーとなっている。

（4）otium cum dignitate
キケロの演説『セスティウス弁護』（紀元前五六年）による。

（5）ジョン・スチュアート・ミル『経済学原理』（一八四八年）による。

（6）新約聖書「ヘブライ人への手紙」九章二四節。

（7）ジョージ・サンタヤーナ『美的感覚（The Sense of Beauty）』（一八九四年）によると思われる。

（8）第二三代アメリカ大統領ベンジャミン・ハリソンの議会での発言による。正確には「安い外套は、その外套の下に安物の男がいることを意味する（A cheap coat means a cheap man under the coat.)」だった。この発言は、高い外套を注文して仕立職人の生計の足しにしてやろうとしない男を非難したものである。

（9）アリストテレス『自然学』第四巻（二二〇年頃）による。

（10）アレキサンダー・ポープ『人間論』（一七三四年）による。

（11）古くからの諺であるが、この形ではベンジャミン・フランクリンの言葉として知られる。

（12）トマス・ド・クインシー『芸術の一分野として見た殺人』（一八二七年）による。

（13）シェークスピア『ヘンリー六世』第二部第三幕第二場にこの台詞がある。

（14）イマヌエル・カント『純粋理性批判』（一七八一年）による。

（15）南北戦争当時のアメリカの国民的愛唱歌『レパブリック讃歌』による。

（16）一七世紀フランスの詩人レニエの『風刺詩集』による。

（17）新約聖書「コリントの信徒への手紙一」一〇章三一節。

（18）Warren Samuels "The Founding of Institutional Economics" によれば、これは議会発言であろうとされている。ただし発言者は不明。なお発言の中に出てくるエリザベス・キャディ・スタントンは、婦人参政権運動の指導者である。

（19）マックス・オーレル『ペチコート・ガバメント（The Petticoat Government）』（一八九六年）による。マックス・オーレルはフランスの作家レオン・ポール・ブルーエのペンネーム。ちなみにペチコート・ガバメントとは、「かかあ天下」といった意味である。

（20）fruges consumere nati

古代ローマの詩人クィントゥス・ホラティウス・フラックス『書簡集』（紀元前二〇年頃）による。
（21）Iam fides et pax et honos pudorque
Priscus et neglecta redire virtus
Audet.
ホラティウス『百年祭讃歌』（紀元前二〇年頃）による。

訳者あとがき

『有閑階級の理論』は一八九九年に書かれ、ヴェブレンの処女作にして代表作として何度も版を重ねながら読み継がれてきた古典的名著である。本書の分析とヴェブレンの生涯については、冒頭に掲げたガルブレイスのみごとな序文にあますところなく語られており、ここで訳者がよけいなことを書き加える余地は何もない。

そのガルブレイスの序文が書かれたのは一九七三年で、『有閑階級の理論』が世に出てから七〇年以上経ってからのことである。ヴェブレンが事実上の創始者とされる制度学派は、ジョン・コモンズ、ウェスレイ・ミッチェルといった後継者を得て一時期は勢いがあったが、短期間で勢力を失い、ガルブレイスは「最後のアメリカ制度学派」と言われる。よって、序文の書き手としてガルブレイス以上の人物はいないと言ってよいだろう。

その序文には、「ヴェブレンはひどくひねくれた言葉の使い方で読み手をぎょっとさせる」とある。そして「学術的な見せかけや皮肉たっぷりの用意周到な説明」を使ったのは身を守るためだったという。過度に難解な言葉も抽象的な表現も、敵の目をくらませるためだったというのである。訳者は全文を訳し終わってからこの序文を読んだのであるが、翻訳に七転八倒した理由がこれで得心できた。とはいえ訳者たるもの、原文がわざとわかりにくく書いてあるからわかりません、では済まない。ガルブレイスの忠告に従い「十分に時間をかけ」、できる限りの奮闘努力はした。その結果が本書である。あとは読者の批判を待ちたい。

読み進むうえでの一助となるよう、「ひねくれた言葉」については冒頭に「訳語について」という項を設け、原文中の別の説明を引きながらかんたんに解読した。また、わかる限りで引用の出典も示した。これがよけいなおせっかいでなければ幸いである。

なお翻訳に当たっては、既存の訳書も参照した。ここに、先人の功績に敬意と感謝を表したい。とりわけ岩波文庫の小原敬士訳が正確で参考になった。

最後になったが、適切な助言を与え、訳語の相談に乗り、最後まで励ましてくださった筑摩書房の増田健史さん、ガルブレイスのすばらしい序文を発見してくださった藤岡泰介さんに心から感謝申し上げる。

村井章子

た

な

は

さ

索　引

本書は「ちくま学芸文庫」のために新たに訳出したものである。

独裁体制から民主主義へ
ジーン・シャープ　瀧口範子訳
すべての民主化運動の傍らに本書が。独裁体制を研究しつくした著者が示す非暴力による権力打倒の実践的方法。「非暴力行動の198の方法」付き。本邦初訳。

国家と市場
スーザン・ストレンジ　西川潤／佐藤元彦訳
国際関係を「構造的権力」という概念で読み解いた歴史的名著。経済のグローバル化で秩序が揺らぐ今、持つべき視点がここにある。（鈴木一人）

私の憲法勉強
中野好夫
戦後、改憲論が盛んになった頃、一人の英文学者が日本国憲法をめぐる事実を調べ直し、進行する事態に警鐘を鳴らした。今こそその声に耳を傾けたい。

法の原理
トマス・ホッブズ　高野清弘訳
ホッブズ最初の政治理論書。十七世紀イングランドの政治闘争を背景に、人間本性の分析を経て、安全と平和をもたらす政治体が考察される。（加藤節）

タイムバインド
A・R・ホックシールド　坂口緑／中野聡子／両角道代訳
仕事と家庭のバランスは、時間をうまくやりくりしても問題は解決しない。これらがどう離れがたいものなのかを明らかにした社会学の名著。（筒井淳也）

戦略の形成（上）
ウィリアムソン・マーレー／マクレガー・ノックス／アルヴィン・バーンスタイン編著　石津朋之／永末聡監訳　歴史と戦争研究会訳
戦略の本質とは！　統治者や国家が戦略を形成する際の錯綜した過程と決定要因を歴史的に検証・考察した事例研究。上巻はアテネから第一次大戦まで。

戦略の形成（下）
ウィリアムソン・マーレー／マクレガー・ノックス／アルヴィン・バーンスタイン編著　石津朋之／永末聡監訳　歴史と戦争研究会訳
戦略には論理的な原理は存在しない！　敵・味方の相互作用であり、それゆえ認識や感覚の問題である。下巻はナチス・ドイツから大戦後のアメリカまで。

アメリカ様
宮武外骨
占領という外圧によりもたらされた主体性のない言論の自由の脆弱さを、体を張って明らかにした、ジャーナリズムの記念碑的名著。（西谷修／吉野孝雄）

組織の限界
ケネス・J・アロー　村上泰亮訳
現実の経済において、個人より重要な役割を果たす組織。その経済学的分析はいかに可能か。ノーベル賞経済学者による不朽の組織論講義！（坂井豊貴）

企業・市場・法
ロナルド・H・コース
宮澤健一／後藤晃／藤垣芳文訳
「社会的費用の問題」「企業の本質」など、20世紀経済学に決定的な影響を与えた数々の名論文を収録。ノーベル賞経済学者による記念碑的著作。

貨幣と欲望
佐伯啓思
無限に増殖する人間の欲望と貨幣を動かすものは何か。経済史、思想史的観点から多角的に迫り、グローバル資本主義を根源から考察する。（三浦雅士）

意思決定と合理性
ハーバート・A・サイモン
佐々木恒男／吉原正彦訳
限られた合理性しかもたない人間が、いかに最良の選択をなしうるか。組織論から行動科学までを総合しノーベル経済学賞に輝いた意思決定論の精髄。

「きめ方」の論理
佐伯胖
ある集団のなかで何かを決定するとき、望ましい方法とはどんなものか。社会的決定をめぐる様々な理論・議論を明快に解きほぐすロングセラー入門書。

増補 複雑系経済学入門
塩沢由典
なぜ経済政策は間違えるのか。それは経済学の理論と現実認識に誤りがあるからだ。その誤りを正し複雑な世界と正しく向きあう21世紀の経済学を学ぶ。

発展する地域 衰退する地域
ジェイン・ジェイコブズ
中村達也訳
地方はなぜ衰退するのか？ 日本をはじめ世界各地の地方都市を実例に真に有効な再生法を説く、地域経済論の先駆的名著！（片山善博／塩沢由典）

市場の倫理 統治の倫理
ジェイン・ジェイコブズ
香西泰訳
環境破壊、汚職、犯罪の増加——現代社会を蝕む病理にどう立ち向かうか？ 二つの相対立するモラルを手がかりに、人間社会の腐敗の根に鋭く切り込む。

じゅうぶん豊かで、貧しい社会
ロバート・スキデルスキー／エドワード・スキデルスキー
村井章子訳
ケインズ研究の世界的権威による喜びのある労働と意味のある人生の実現に向けた経済政策の提言。目指すべきは、労働生産性の低下である。（諸富徹）

アマルティア・セン講義 経済学と倫理学
アマルティア・セン
徳永澄憲／松本保美／青山治城訳
経済学は人を幸福にできるか？ 多大な学問的・社会的貢献で知られる当代随一の経済学者、セン。その根本をなす思想を平明に説いた記念碑的講義。

アマルティア・セン講義 グローバリゼーションと人間の安全保障
アマルティア・セン 加藤幹雄訳

貧困なき世界は可能か。ノーベル賞経済学者が今日のグローバル化の実像を見定め、個人の生や自由を確保し、公正で豊かな世界を築くための道を説く。

大企業の誕生
A・D・チャンドラー 丸山恵也訳

世界秩序の行方を握る多国籍企業は、いったいいつ、どのようにして生まれたのか？　アメリカ経営史のカリスマが、豊富な史料からその歴史に迫る。

日本資本主義の群像
栂井義雄

渋沢栄一、岩崎弥之助、団琢磨ら。明治維新から太平洋戦争終焉まで、日本資本主義を創建・牽引した10名の財界指導者達の活動を描く。（武田晴人）

日本の経済統制
中村隆英

戦時中から戦後にかけて経済への国家統制とはどのようなものであったのか。その歴史と内包する論理を実体験とともに明らかにした名著。（岡崎哲二）

交響する経済学
中村達也

それぞれの分野ですぐれた処方箋を出した経済学者にスポットライトをあて、経済学をどう理解し、どう使えば社会がうまく回るのかを、指し示す。

ポランニー・コレクション 経済と自由
カール・ポランニー 福田邦夫ほか訳

二度の大戦を引き起こした近代市場社会の問題点をえぐり出し、真の平和に寄与する社会科学の構築を目指す。ポランニー思想の全てが分かる論稿集。

経済思想入門
松原隆一郎

スミス、マルクス、ケインズら経済学の巨人たちは、どのような問題に対峙し思想を形成したのか。その今日的意義までを視野に説く、入門書の決定版。

自己組織化と進化の論理
スチュアート・カウフマン 米沢富美子監訳 森弘之ほか訳

すべての秩序は自然発生的に生まれる、この「自己組織化」に則り、進化や生命のネットワーク、さらに経済や民主主義にいたるまで解明。

人間とはなにか（上）
マイケル・S・ガザニガ 柴田裕之訳

人間を人間たらしめているものとは何か？　脳科学界を長年牽引してきた著者が、最新の科学的成果を織り交ぜつつその核心に迫るスリリングな試み。

ユダヤ人の起源
シュロモー・サンド
高橋武智監訳
佐々木康之／木村高子訳
〈ユダヤ人〉はいかなる経緯をもって成立したのか。歴史記述の精緻な検証によって実像に迫り、そのアイデンティティを根本から問う画期的試論。

中国史談集
澤田瑞穂
皇帝、彫青、男色、刑罰、宗教結社など中国裏面史を彩った人物や事件を中国文学の碩学が独自の視点で解き明かす。怪力乱「神」をあえて語る！（堀誠）

ヨーロッパとイスラーム世界
R・W・サザン
鈴木利章訳
〈無知〉から〈洞察〉へ。キリスト教文明とイスラーム文明との関係を西洋中世にまで遡って考察し、読者に歴史的見通しを与える名講義。（山本芳久）

消費社会の誕生
ジョオン・サースク
三好洋子訳
グローバル経済は近世イギリスの新規起業が生み出した！　産業が多様化し雇用と消費が拡大する産業革命前夜を活写した名著を文庫化。（山本浩司）

図説　探検地図の歴史
R・A・スケルトン
増田義郎／信岡奈生訳
世界はいかに〈発見〉されていったか。人類の知が全地球を覆っていく地理的発見の歴史を、時代ごとの地図に沿って描き出す。貴重図版二〇〇点以上。

レストランの誕生
レベッカ・L・スパング
小林正巳訳
革命期、突如パリに現れたレストラン。なぜ生まれ、なぜ人気のスポットとなったのか？　その秘密を膨大な史料から複合的に描き出す。（関口涼子）

ブラッドランド(上)
ティモシー・スナイダー
布施由紀子訳
ウクライナ、ポーランド、ベラルーシ、バルト三国。西側諸国とロシアに挟まれた地で起こった未曾有の惨劇。知られざる歴史を暴く世界的ベストセラー。

ブラッドランド(下)
ティモシー・スナイダー
布施由紀子訳
民間人死者一四〇〇万。その事実は冷戦下で隠蔽され、さらなる悲劇をもたらした――。圧倒的讃辞を集めた大著、新版あとがきを付して待望の文庫化。

同時代史
タキトゥス
國原吉之助訳
古代ローマの暴帝ネロ自殺のあと内乱が勃発。絡みあう人間ドラマ、陰謀、凄まじい政争を、臨場感あふれる鮮やかな描写で展開した大古典。（本村凌二）

ちくま学芸文庫

有閑階級《ゆうかんかいきゅう》の理論《りろん》［新版《しんぱん》］

二〇一六年十一月十日　第一刷発行
二〇二五年　二 月五日　第四刷発行

著　者　ソースタイン・ヴェブレン
訳　者　村井章子（むらい・あきこ）
発行者　増田健史
発行所　株式会社　筑摩書房
東京都台東区蔵前二―五―三　〒一一一―八七五五
電話番号　〇三―五六八七―二六〇一（代表）
装幀者　安野光雅
印刷所　信毎書籍印刷株式会社
製本所　株式会社積信堂

ISBN978-4-480-09750-7 C0133